에듀윌과 함께 시작하면,
당신도 합격할 수 있습니다!

오랜 직장 생활을 마감하며 찾아온 앞날에 대한 막연한 두려움
에듀윌만 믿고 공부해 합격의 길에 올라선 50대 은퇴자

출산한지 얼마 안돼 독박 육아를 하며 시작한 도전!
새벽 2~3시까지 공부해 8개월 만에 동차 합격한 아기엄마

만년 가구기사 보조로 5년 넘게 일하다, 달리는 차 안에서도
포기하지 않고 공부해 이제는 새로운 일을 찾게 된 합격생

누구나 합격할 수 있습니다.
시작하겠다는 '다짐' 하나면 충분합니다.

마지막 페이지를 덮으면,

에듀윌과 함께
공인중개사 합격이 시작됩니다.

15년간 베스트셀러 1위
에듀윌 공인중개사 교재

탄탄한 이론 학습! 기초입문서/기본서/핵심요약집

기초입문서(2종)

기본서(6종)

1차 핵심요약집+기출팩(1종)

출제경향 파악, 실전 엿보기! 단원별/회차별 기출문제집

단원별 기출문제집(6종)

회차별 기출문제집(2종)

다양한 문제로 합격점수 완성! 기출응용 예상문제집/실전모의고사

기출응용 예상문제집(6종)

실전모의고사(2종)

* 2023 대한민국 브랜드만족도 공인중개사 교육 1위 (한경비즈니스)
* YES24 수험서 자격증 공인중개사 베스트셀러 1위 (2011년 12월, 2012년 1월, 12월, 2013년 1월~5월, 8월~12월, 2014년 1월~5월, 7월~8월, 12월, 2015년 2월~4월, 2016년 2월, 4월, 6월, 12월, 2017년 1월~12월, 2018년 1월~12월, 2019년 1월~12월, 2020년 1월~12월, 2021년 1월~12월, 2022년 1월~12월, 2023년 1월~12월, 2024년 1월~12월, 2025년 1월~3월 월별 베스트, 매월 1위 교재는 다름)
* YES24 국내도서 해당분야 월별, 주별 베스트 기준

합격을 위한 비법 대공개! 합격서&부교재

이영방 합격서
부동산학개론

심정욱 합격서
민법 및 민사특별법

임선정 합격서
공인중개사법령 및 중개실무

김민석 합격서
부동산공시법

한영규 합격서
부동산세법

오시훈 합격서
부동산공법

신대운 합격서
쉬운민법

심정욱 핵심체크 OX
민법 및 민사특별법

오시훈 키워드 암기장
부동산공법

핵심 테마를 빠르게 공략하는 단기서

이영방 합격패스 계산문제
부동산학개론

심정욱 합격패스 암기노트
민법 및 민사특별법

임선정 그림 암기법
공인중개사법령 및 중개실무

김민석 테마별 한쪽정리
부동산공시법

오시훈 테마별 비교정리
부동산공법

시험 전, 이론&문제 한 권으로 완벽 정리! 필살키

이영방 필살키

심정욱 필살키

임선정 필살키

오시훈 필살키

김민석 필살키

한영규 필살키

신대운 필살키

더 많은
공인중개사 교재

* 해당 교재의 이미지는 변경될 수 있습니다.

eduwill

공인중개사, 에듀윌을 선택해야 하는 이유

9년간 아무도 깨지 못한 기록

합격자 수 1위

합격을 위한 최강 라인업

1타 교수진

공인중개사

합격만 해도 연 최대 300만원 지급

에듀윌 앰배서더

업계 최대 규모의 전국구 네트워크

동문회

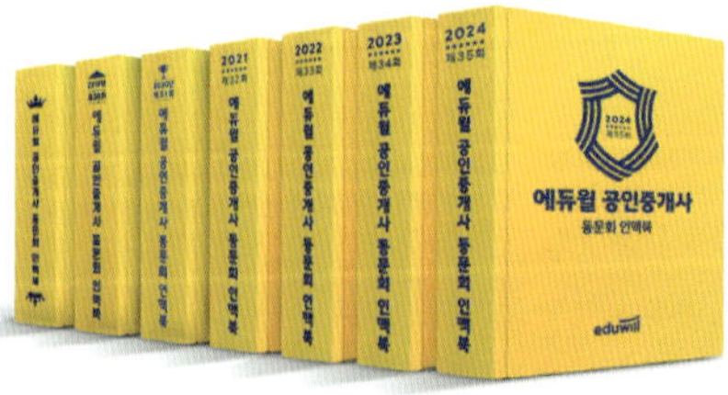

* 2023 대한민국 브랜드만족도 공인중개사 교육 1위 (한경비즈니스)
* KRI 한국기록원 2016, 2017, 2019년 공인중개사 최다 합격자 배출 공식 인증 (2025년 현재까지 업계 최고 기록) * 에듀윌 공인중개사 과목별 온라인 주간반 강사별 수강점유율 기준 (2024년 11월)
* 앰배서더 가입은 에듀윌 공인중개사 수강 후 공인중개사 최종 합격자이면서, 에듀윌 공인중개사 동문회 정회원만 가능합니다. (상세 내용 홈페이지 유의사항 확인 필수)
* 에듀윌 공인중개사 동문회 정회원 가입 시, 가입 비용이 발생할 수 있습니다. * 앰배서더 서비스는 당사 사정 또는 금융당국의 지도 및 권고에 의해 사전 고지 없이 조기종료될 수 있습니다.

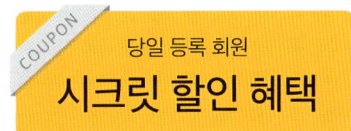

합격자 수 1위 에듀윌
7만 건이 넘는 후기

고○희 합격생

부알못, 육아맘도 딱 1년 만에 합격했어요.

저는 부동산에 관심이 전혀 없는 '부알못'이었는데, 부동산에 관심이 많은 남편의 권유로 공부를 시작했습니다. 남편 지인들이 에듀윌을 통해 많이 합격했고, '합격자 수 1위'라는 광고가 좋아 에듀윌을 선택하게 되었습니다. 교수님들이 커리큘럼대로만 하면 된다고 해서 믿고 따라갔는데 정말 반복 학습이 되더라고요. 아이 둘을 키우다 보니 낮에는 시간을 낼 수 없어서 밤에만 공부하는 게 쉽지 않아 포기하고 싶을 때도 있었지만 '에듀윌 지식인'을 통해 합격하신 선배님들과 함께 공부하는 동기들의 위로가 큰 힘이 되었습니다.

이○용 합격생

군복무 중에 에듀윌 커리큘럼만 믿고 공부해 합격

에듀윌이 합격자가 많기도 하고, 교수님이 많아 제가 원하는 강의를 고를 수 있는 점이 좋았습니다. 또, 커리큘럼이 잘 짜여 있어서 잘 따라만 가면 공부를 잘 할 수 있을 것 같아 에듀윌을 선택했습니다. 에듀윌의 커리큘럼대로 꾸준히 따라갔던 게 저만의 합격 비결인 것 같습니다.

안○원 합격생

5개월 만에 동차 합격, 낸 돈 그대로 돌려받았죠!

저는 야쿠르트 프레시매니저를 하다 60세에 도전하여 합격했습니다. 심화 과정부터 시작하다 보니 기본이 부족했는데, 교수님들이 하라는 대로 기본 과정과 책을 더 보면서 정리하며 따라갔던 게 주효했던 것 같습니다. 합격 후 100만 원 가까이 되는 큰 돈을 환급받아 남편이 주택관리사 공부를 한다고 해서 뒷받침해 줄 생각입니다. 저는 소공(소속 공인중개사)으로 활동을 하고 싶은 포부가 있어 최대 규모의 에듀윌 동문회 활동도 기대가 됩니다.

다음 합격의 주인공은 당신입니다!

더 많은
합격 비법

* 에듀윌 홈페이지 게시 건수 기준 (2025년 3월 기준)
* 2023 대한민국 브랜드만족도 공인중개사 교육 1위 (한경비즈니스)

시작하는 방법은

말을 멈추고

즉시 행동하는 것이다.

– 월트 디즈니(Walt Disney)

합격할 때까지 책임지는 개정법령 원스톱 서비스!

법령 개정이 잦은 공인중개사 시험. 일일이 찾아보지 마세요!
에듀윌에서는 필요한 개정법령만을 빠르게! 한번에! 제공해 드립니다.

에듀윌 도서몰 접속 (book.eduwill.net)	▶	우측 정오표 아이콘 클릭	▶	카테고리 공인중개사 설정 후 교재 검색

개정법령
확인하기

2025

에듀윌 공인중개사

기출응용 예상문제집 2차

공인중개사법령 및 중개실무

eduwill

왜 기출응용 예상문제를 풀어야 할까요?

기출지문에만 익숙해지면 안 됩니다. 개념을 정확하게 이해했는지 예상문제를 풀어보면서 점검해야 완전히 내 것이 됩니다.

합격생A

응용문제와 고난도 문제를 반복적으로 충분히 연습하고 가시면 본 시험에서 문제없이 푸실 수 있습니다.

합격생B

그래서 에듀윌 기출응용 예상문제집은?

1 | 익숙한 기출문제를 기출응용문제로 새롭게 점검!

핵심 기출문제를 변형한 문제로 학습하면서 약점을 파악하고 응용력을 기를 수 있습니다.

제35회 공인중개사법령 및 중개실무 기출문제

23. 부동산 거래신고 등에 관한 법령상 부동산 거래계약의 변경신고사항이 아닌 것은?

① 거래가격
② 공동매수의 경우 매수인의 추가
③ 거래지분비율
④ 거래대상 부동산의 면적
⑤ 거래지분

완벽 응용

2025 에듀윌 기출응용 예상문제집
공인중개사법령 및 중개실무 p.161

13. 부동산 거래신고 등에 관한 법령상 부동산 거래계약의 변경신고사항이 아닌 것은?

① 거래가격
② 개업공인중개사의 전화번호 · 상호 또는 휴대전화번호
③ 거래지분비율
④ 거래대상 부동산의 면적
⑤ 거래지분

저는 문제를 많이 풀면서 모르는 문제, 처음 보는 문제에 대한 두려움을 없애보고자 노력했던 것이 도움이 되었습니다.

합격생C

최근 단어나 말을 살짝 바꾼 함정문제가 나오는 과목도 있어 정확하게 연습하는 것이 중요합니다.

합격생D

2 | 실제 시험 유형 · 지문과 유사한 예상문제로 학습!

공인중개사 시험의 출제경향에 맞추어 실전감각을 키우는 연습이 가능합니다.

제35회 공인중개사법령 및 중개실무 기출문제

39. 개업공인중개사가 토지를 매수하려는 중개의뢰인에게 분묘기지권에 관하여 설명한 내용으로 옳은 것을 모두 고른 것은? (다툼이 있으면 판례에 따름)

> ㉠ 분묘기지권을 시효취득한 사람은 시효취득한 때부터 지료를 지급할 의무가 발생한다.
> ㉡ 특별한 사정이 없는 한 분묘기지권자가 분묘의 수호와 봉사를 계속하는 한 그 분묘가 존속하는 동안은 분묘기지권이 존속한다.
> ㉢ 분묘기지권을 취득한 자는 그 분묘기지권의 등기 없이도 그 분묘가 설치된 토지의 매수인에게 대항할 수 있다.

① ㉡ ② ㉠, ㉡
③ ㉠, ㉢ ④ ㉡, ㉢
⑤ ㉠, ㉡, ㉢

유형 일치

2024 에듀윌 기출응용 예상문제집 공인중개사법령 및 중개실무 p.184

03. 개업공인중개사가 중개의뢰인에게 분묘가 있는 토지에 관하여 설명한 내용으로 틀린 것을 모두 고른 것은? (다툼이 있으면 판례에 따름)

> ㉠ 분묘는 장래의 묘소로서 설치하는 등 그 내부에 시신이 안장되어 있지 않거나 평장 또는 암장되어 있어 객관적으로 분묘로 인식할 수 있는 외형을 갖추고 있지 아니한 경우에도 분묘기지권은 인정된다.
> ㉡ 시효취득에 의한 분묘기지권이 성립되기 위해서는 해당 분묘가 「장사 등에 관한 법률」이 시행(2001.1.13.)되기 전에 설치되어 있어야 한다.
> ㉢ 자기소유 토지에 분묘를 설치한 사람이 그 토지를 양도하면서 분묘를 이장하겠다는 특약을 하지 않음으로써 분묘기지권을 취득한 경우 특별한 사정이 없는 한 분묘기지권자는 분묘기지권이 성립한 때부터 토지소유자에게 그 분묘의 기지에 대한 토지사용의 대가로서 지료를 지급할 의무는 없다.

① ㉠ ② ㉢ ③ ㉠, ㉢
④ ㉡, ㉢ ⑤ ㉠, ㉡, ㉢

이 책의 구성 및 활용법

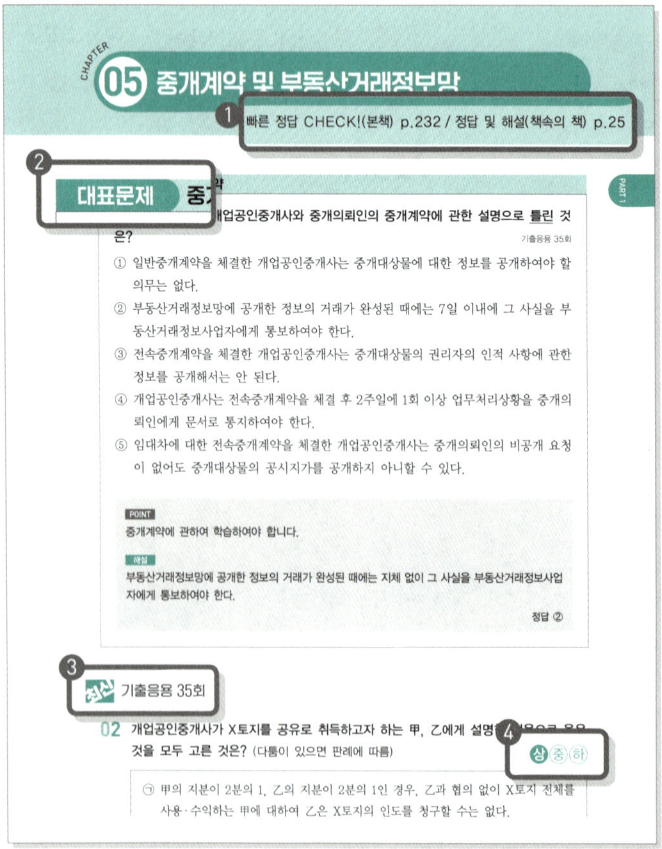

CHAPTER 05 중개계약 및 부동산거래정보망

1 빠른 정답 CHECK!(본책) p.232 / 정답 및 해설(책속의 책) p.25

2 대표문제 중개계약

개업공인중개사와 중개의뢰인의 중개계약에 관한 설명으로 틀린 것은? 기출응용 35회

① 일반중개계약을 체결한 개업공인중개사는 중개대상물에 대한 정보를 공개하여야 할 의무는 없다.
② 부동산거래정보망에 공개한 정보의 거래가 완성된 때에는 7일 이내에 그 사실을 부동산거래정보사업자에게 통보하여야 한다.
③ 전속중개계약을 체결한 개업공인중개사는 중개대상물의 권리자의 인적 사항에 관한 정보를 공개해서는 안 된다.
④ 개업공인중개사는 전속중개계약을 체결 후 2주일에 1회 이상 업무처리상황을 중개의뢰인에게 문서로 통지하여야 한다.
⑤ 임대차에 대한 전속중개계약을 체결한 개업공인중개사는 중개의뢰인의 비공개 요청이 없어도 중개대상물의 공시지가를 공개하지 아니할 수 있다.

POINT
중개계약에 관하여 학습하여야 합니다.

해설
부동산거래정보망에 공개한 정보의 거래가 완성된 때에는 지체 없이 그 사실을 부동산거래정보사업자에게 통보하여야 한다.

정답 ②

3 최신 기출응용 35회

02 개업공인중개사가 X토지를 공유로 취득하고자 하는 甲, 乙에게 설명한 내용으로 옳은 것을 모두 고른 것은? (다툼이 있으면 판례에 따름) 4 상 중 하

㉠ 甲의 지분이 2분의 1, 乙의 지분이 2분의 1인 경우, 乙과 협의 없이 X토지 전체를 사용·수익하는 甲에 대하여 乙은 X토지의 인도를 청구할 수 없다.

❶ 정답만 확인하고 싶다면? '빠른 정답 CHECK!(본책)', 해설까지 확인하고 싶다면? '정답 및 해설(책속의 책)' 페이지로 바로 확인!

❷ 대표문제를 풀면서 핵심 출제키워드, 문제 유형을 한번에 파악!

❸ 최신 기출응용&예상문제로 약점 보완 및 응용력 강화!

❹ 상/중/하 난이도에 따른 문제풀이 학습 가능!

➕ 오답 노트가 되는 정답 및 해설(책속의 책)

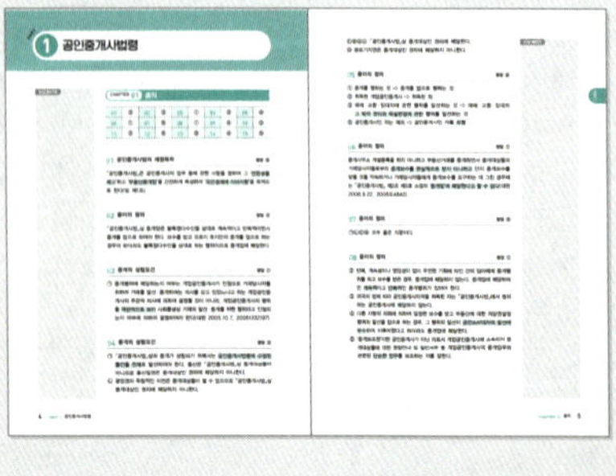

- 문제와 정답/해설이 분리되어 있어 실전 대비 가능
- 함께 학습하면 좋은 이론 추가, 마지막 복습노트로 활용
- 어려운 문제, 보충개념 등은 오답 NOTE에 정리!
- 형광펜 표시로 주요 포인트만 빠르게 회독 가능

저자의 말

제35회 시험은 제34회 시험에 비하여 문제가 다소 어려웠습니다. 하지만 합격자 수는 적지 않았습니다. 시험의 응시 연령층이 많이 낮아진 것이 그 원인 중 하나라고 할 수 있을 것입니다.
올해는 외부 변수에 의해 시험을 준비하는 수험생에게 더욱 힘든 한 해가 될 것으로 예상됩니다. 최근 기출문제들을 보면 박스형 문제가 많이 출제되고 있습니다. 이는 정확하게 이론을 정리하여 암기하지 않으면 풀 수 없는 문제들입니다.

이 책은 수험생분들에게 도움이 될 수 있도록 다음의 내용에 유념하여 집필하였습니다.

첫째, 최근에 출제된 기출문제를 근거로 최대한 근접하는 문제와 응용하는 문제들로 구성하였습니다.
둘째, 빈출된 문제 중에서 많이 틀린 문제는 이를 근거로 출제가 가능한 지문을 최대한 많이 실었습니다.
셋째, 실무부분에서는 타법과 연계되는 부분을 해결하기 위하여 연계문제에 중점을 두고 집필하였습니다.
넷째, 경매부분은 대법원규칙과 예규까지 기출문제 출제경향에 맞게 자세히 수록하여 빠짐없이 학습할 수 있도록 하였습니다.
다섯째, 문제집의 생명인 답이 틀리지 않도록 최대한 여러 번 반복 검수하여 정확도를 높이는 데 최선을 다하였습니다.
여섯째, 개정법률의 내용을 수록하여 최신내용을 모두 수록하였습니다.

매년 강단에 서서 많은 분들에게 도움을 줄 수 있는 삶을 살게 해주신 수험생분들에게 다시 한 번 감사드립니다. 부족하지만 이 책을 만들 수 있게 도움을 주신 에듀윌 대표님, 출판사업본부, 지인들께도 감사드립니다.

"강단에 서있는 나를 보며, 나는 내가 살아있음을 느낀다."

저자 임선정

약력

- 現 에듀윌 공인중개사법령 및 중개실무 전임 교수
- 前 EBS 공인중개사법령 및 중개실무 강사
- 前 방송대학TV, 중소기업청 초빙 강사
- 前 주요 공인중개사학원 공인중개사법령 및 중개실무 강사

저서

에듀윌 공인중개사 공인중개사법령 및 중개실무 기초입문서, 기본서, 합격서, 단원별/회차별 기출문제집, 기출응용 예상문제집, 실전모의고사, 필살키, 그림 암기법 등 집필

차례

PART 1 공인중개사법령

PART 2 중개실무

PART 1

공인중개사법령

최근 5개년 PART1 출제비중

78.5%

최근 5개년 출제경향 분석

CHAPTER	문항 수					비중	빈출 키워드
	31회	32회	33회	34회	35회		
CH.01	1	1	2	2	0	3.8%	용어의 정의, 중개대상물
CH.02	0	1	2	1	1	3.1%	공인중개사 정책심의위원회, 공인중개사자격시험
CH.03	3	1	2	2	2	6.4%	중개사무소의 개설등록, 결격사유
CH.04	10	8	1	7	4	19.1%	업무의 범위, 고용인, 중개사무소, 인장등록, 휴업 등의 신고의무
CH.05	3	1	4	1	2	7%	중개계약, 부동산거래정보망의 지정 및 이용
CH.06	3	2	1	2	2	6.4%	개업공인중개사등의 금지행위, 중개대상물의 확인·설명, 거래계약서의 작성
CH.07	1	2	1	2	1	4.5%	손해배상책임의 보장, 업무보증의 설정
CH.08	2	0	3	1	1	4.5%	중개보수, 실비, 중개보수의 제한, 중개보수의 계산
CH.09	1	2	2	2	4	7%	공인중개사협회, 포상금, 행정수수료, 부동산거래질서교란행위 신고센터
CH.10	3	8	3	3	2	12.1%	등록취소사유, 자격취소·자격정지 절차, 업무정지, 행정제재처분효과의 승계
CH.11	2	1	1	1	1	3.8%	행정형벌, 행정질서벌
CH.12	5	6	9	8	7	22.3%	부동산 거래신고, 주택임대차계약신고, 외국인등의 부동산 취득, 토지거래허가구역

* 복합문제이거나, 법률이 개정 및 제정된 경우 분류 기준에 따라 위 수치와 달라질 수 있습니다.

CHAPTER 01 총칙

빠른 정답 CHECK!(본책) p.232 / 정답 및 해설(책속의 책) p.2

제 1 절 | 공인중개사법의 법적 성격 및 제정목적

01 다음 (　　)에 들어갈 말을 순서대로 올바르게 나열한 것은? (상)(중)(하)

> 「공인중개사법」은 공인중개사의 업무 등에 관한 사항을 정하여 그 (　　)하고 (　　)을(를) 건전하게 육성하여 (　　)을(를) 목적으로 한다.

① 전문인을 육성 – 부동산중개업 – 부동산중개질서의 확립
② 전문성을 제고 – 부동산중개업무 – 국민의 재산권보호
③ 전문성을 제고 – 부동산중개업 – 국민경제에 이바지함
④ 부동산투기를 방지 – 부동산중개업 – 국민경제에 이바지함
⑤ 부동산투기를 억제 – 부동산중개업무 – 국민의 재산권보호

제 2 절 | 용어의 정의

대표문제 용어의 정의

공인중개사법령상 용어에 관한 설명으로 옳은 것은? 기출응용 34회

① 중개대상물을 거래당사자 간에 매매하는 행위는 '중개'에 해당한다.
② 다른 사람의 의뢰에 의하여 중개를 하는 경우는 그에 대한 보수를 받지 않더라도 '중개업'에 해당한다.
③ 개업공인중개사인 법인의 임원으로서 공인중개사인 자가 중개업무를 수행하는 경우에는 '개업공인중개사'에 해당한다.
④ 공인중개사가 개업공인중개사에 소속되어 개업공인중개사의 중개업무와 관련된 단순한 업무를 보조하는 경우에는 '중개보조원'에 해당한다.
⑤ 공인중개사자격을 취득한 자는 중개사무소의 개설등록을 하여야 개업공인중개사가 된다.

POINT

용어의 정의에 관하여 학습하여야 합니다.

해설

① 중개대상물에 대하여 거래당사자 간에 매매·교환·임대차 그 밖의 권리의 득실변경에 관한 행위를 알선하는 것이 '중개'에 해당한다.
② '중개업'이란 다른 사람의 의뢰에 의하여 일정한 보수를 받고 중개를 업으로 하는 행위를 말한다. 따라서 다른 사람의 의뢰에 의하여 중개를 하는 경우에도 그에 대한 보수를 받지 않았다면 '중개업'에 해당하지 않는다.
③ 개업공인중개사인 법인의 임원으로서 공인중개사인 자가 중개업무를 수행하는 경우 '소속공인중개사'에 해당한다.
④ 공인중개사가 아닌 자로서 개업공인중개사에 소속되어 개업공인중개사의 중개업무와 관련된 단순한 업무를 보조하는 경우에는 '중개보조원'에 해당한다.

정답 ⑤

PART 1

최신 기출응용 33회

02 공인중개사법령상 용어의 설명으로 틀린 것은? 상 중 하

① 중개는 중개대상물에 대하여 거래당사자 간에 매매·교환·임대차 그밖의 권리의 득실변경에 관한 행위를 알선하는 것을 말한다.
② 개업공인중개사인 법인의 사원 또는 임원으로서 공인중개사인 자도 소속공인중개사에 해당한다.
③ 보수를 받고 오로지 토지만의 중개를 업으로 하는 경우, 중개업에 해당하지 않는다.
④ 무등록 중개업자에게 중개를 의뢰한 거래당사자는 무등록 중개업자의 중개행위에 대하여 무등록 중개업자와 공동정범으로 처벌되지 않는다.
⑤ 중개보조원은 공인중개사가 아닌 자로서 개업공인중개사에 소속되어 개업공인중개사의 중개업무와 관련된 단순한 업무를 보조하는 자를 말한다.

03 공인중개사법령상 중개 및 중개업에 관한 판례의 태도로 <u>틀린</u> 것은? 상중하

> ㉠ 중개행위에 해당하는지 여부는 개업공인중개사가 진정으로 거래당사자를 위하여 거래를 알선·중개하려는 의사를 갖고 있었느냐고 하는 개업공인중개사의 주관적 의사에 의하여 결정한다.
> ㉡ 중개의뢰인에는 중개대상물의 소유자뿐만 아니라 그 소유자로부터 거래에 관한 대리권을 수여받은 대리인이나 거래에 관한 사무의 처리를 위탁받은 수임인 등도 포함된다고 보아야 하므로 본인의 대리인도 중개의뢰인의 범주에 포함된다.
> ㉢ 개업공인중개사가 아닌 자가 이 법에 의한 개업공인중개사임을 표시하는 사무소명칭을 표시하고 중개를 1회 하였더라도 간판은 영업의 표시로 보아야 하므로 이는 무등록중개업에 해당한다.
> ㉣ 중개행위에는 개업공인중개사가 거래의 쌍방당사자로부터 중개의뢰를 받은 경우뿐만 아니라 거래의 일방당사자의 의뢰에 의하여 중개대상물의 매매·교환·임대차 그 밖의 권리의 득실변경에 관한 행위를 알선·중개하는 경우도 포함한다.

① ㉠
② ㉠, ㉡
③ ㉠, ㉢
④ ㉠, ㉡, ㉢
⑤ ㉠, ㉡, ㉢, ㉣

04 공인중개사법령상 중개대상인 권리에 해당하는 것은 모두 몇 개인가? 상중하

> ㉠ 동산질권
> ㉡ 광업권의 독립적인 이전
> ㉢ 금전소비대차에 부수하는 저당권설정
> ㉣ 1필지 일부의 지상권설정
> ㉤ 분묘기지권 이전
> ㉥ 등기된 환매권 이전
> ㉦ 목적물과 피담보채권을 수반하는 유치권 이전

① 2개
② 3개
③ 4개
④ 5개
⑤ 6개

05 공인중개사법령상 용어의 정의로 옳은 것은?

상 중 하

① '중개업'이라 함은 다른 사람의 의뢰에 의하여 일정한 보수를 받고 중개를 행하는 것을 말한다.

② '공인중개사'라 함은 이 법에 의한 공인중개사자격을 취득한 개업공인중개사를 말한다.

③ '중개'라 함은 법 제3조에 따른 중개대상물에 대하여 거래당사자 간의 매매·교환·임대차에 관한 행위를 알선하는 것을 말한다.

④ '중개보조원'이라 함은 공인중개사가 아닌 자로서 개업공인중개사에 소속되어 중개대상물에 대한 현장안내 및 일반서무 등 개업공인중개사의 중개업무와 관련된 단순한 업무를 보조하는 자를 말한다.

⑤ '소속공인중개사'라 함은 개업공인중개사에 소속된 공인중개사(개업공인중개사인 법인의 사원 또는 임원으로서 공인중개사인 자는 제외한다)로서 중개업무를 수행하거나 개업공인중개사의 중개업무를 보조하는 자를 말한다.

06 공인중개사법령상 용어의 정의로 <u>틀린</u> 것은?

상 중 하

① 중개사무소 개설등록을 하지 아니한 자가 다른 사람의 의뢰에 의하여 건물의 매매를 알선하면서 중개보수를 받기로 약정하였거나 단순히 보수를 요구한 경우에도 중개업에 해당된다.

② 중개사무소 개설등록을 하지 아니한 자가 중개영업의 표시를 나타내는 간판을 설치하고 1회성의 알선행위를 하였더라도 보수를 받았다면 이는 중개를 업으로 한 것으로 볼 수 있다.

③ '소속공인중개사'라 함은 개업공인중개사에 소속된 공인중개사(개업공인중개사인 법인의 사원 또는 임원으로서 공인중개사인 자를 포함한다)로서 중개업무를 수행하거나 개업공인중개사의 중개업무를 보조하는 자를 말한다.

④ '공인중개사'라 함은 공인중개사자격을 취득한 자를 말한다.

⑤ '중개'라 함은 중개대상물에 대하여 거래당사자 간의 매매·교환·임대차 그 밖의 권리의 득실변경에 관한 행위를 알선하는 것을 말한다.

07 **공인중개사법령상 용어와 관련된 설명으로 옳은 것을 모두 고른 것은?** (다툼이 있으면 판례에 따름)

상중하

> ㉠ 거래당사자 사이에 중개대상물에 관한 교환계약이 성립하도록 알선하는 행위도 중개에 해당한다.
> ㉡ 소속공인중개사에는 개업공인중개사인 법인의 사원 또는 임원으로서 중개업무를 수행하는 공인중개사인 자가 포함된다.
> ㉢ 공인중개사로서 개업공인중개사에 고용되어 그의 중개업무를 보조하는 자도 소속공인중개사이다.
> ㉣ 개업공인중개사란 「공인중개사법」에 의하여 중개사무소의 개설등록을 한 자를 말한다.

① ㉠, ㉡
② ㉠, ㉢
③ ㉠, ㉡, ㉣
④ ㉡, ㉢, ㉣
⑤ ㉠, ㉡, ㉢, ㉣

08 **공인중개사법령상 용어에 관한 설명으로 옳은 것은?** (다툼이 있으면 판례에 따름)

상중하

① 법정지상권을 양도하는 행위를 알선하는 것은 중개에 해당한다.
② 반복, 계속성이나 영업성이 없이 우연한 기회에 타인 간의 임야매매 중개행위를 하고 보수를 받은 경우, 중개업에 해당한다.
③ 외국의 법에 따라 공인중개사자격을 취득한 자도 「공인중개사법」에서 정의하는 공인중개사로 본다.
④ 다른 사람의 의뢰에 의하여 일정한 보수를 받고 부동산에 대한 저당권설정행위의 알선을 업으로 하는 경우, 그 행위의 알선이 금전소비대차의 알선에 부수하여 이루어졌다면 중개업에 해당하지 않는다.
⑤ '중개보조원'이란 공인중개사가 아닌 자로서 개업공인중개사에 소속되어 중개대상물에 대한 현장안내와 중개대상물의 확인·설명의무를 부담하는 자를 말한다.

제 3 절 | 중개대상물의 범위

대표문제 중개대상물

공인중개사법령상 중개대상물에 해당하는 것을 모두 고른 것은? (다툼이 있으면 판례에 따름)

기출응용 34회

> ㉠ 영업용 건물의 영업시설·비품 등 유형물
> ㉡ 아직 완성되기 전이지만 동·호수가 특정되어 분양계약이 체결된 아파트
> ㉢ 「공장 및 광업재단 저당법」에 따른 광업재단
> ㉣ 점포 위치에 따른 영업상의 이점 등 무형의 재산적 가치

① ㉠, ㉣
② ㉡, ㉢
③ ㉡, ㉣
④ ㉠, ㉡, ㉢
⑤ ㉠, ㉢, ㉣

POINT

중개대상물에 대하여 학습하여야 합니다.

해설

㉠ 영업용 건물의 영업시설·비품 등 유형물은 중개대상물에 해당하지 않는다.
㉣ 거래처, 신용 또는 점포 위치에 따른 영업상의 이점 등 무형물은 권리금의 형태로 거래되므로 중개대상물에 해당하지 않는다.

정답 ②

09 공인중개사법령상 중개대상물에 해당하는 것은? (다툼이 있으면 판례에 따름) 상중하

① 주거용으로 개조한 컨테이너
② 영업상 노하우 등 무형의 재산적 가치
③ 가식의 수목
④ 개발제한구역 내 토지
⑤ 주택이 철거될 경우 일정한 요건하에 택지개발지구 내 이주자택지를 공급받을 수 있는 지위

10 공인중개사법령상의 중개대상물이 될 수 있는 것만을 묶은 것은? 상중하

㉠ 콘크리트지반 위에 볼트조립방식의 세차장 구조물
㉡ 접도구역에 포함된 사유지
㉢ 경매개시결정등기된 토지
㉣ 항만운송사업재단
㉤ 20톤 이상의 선박
㉥ 장래의 건축물
㉦ 아파트 전체의 건축이 완료됨으로써 분양대상이 될 세대들이 객관적으로 존재하여 분양목적물로 현실적인 제공 또는 가능한 상태의 입주권
㉧ 주택이 철거될 경우 일정한 요건하에 이주자택지를 공급받을 대토권

① ㉢, ㉣, ㉤, ㉥
② ㉡, ㉢, ㉥, ㉦
③ ㉣, ㉤, ㉦, ㉧
④ ㉠, ㉤, ㉦, ㉧
⑤ ㉠, ㉡, ㉣, ㉤

11 **공인중개사법령상 중개대상물에 해당하는 것을 모두 고른 것은?** (다툼이 있으면 판례에 따름) 상중**하**

> ㉠ 「공장 및 광업재단 저당법」에 따른 광업재단
> ㉡ 영업용 건물의 영업시설·비품 등 유형물이나 거래처, 신용 등 무형의 재산적 가치
> ㉢ 군사시설보호구역 내 토지
> ㉣ 토지의 정착물인 미등기건축물

① ㉠
② ㉠, ㉡
③ ㉠, ㉢, ㉣
④ ㉡, ㉢, ㉣
⑤ ㉠, ㉡, ㉢, ㉣

PART 1

12 **공인중개사법령상 중개대상물에 관한 설명으로 옳은 것은 모두 몇 개인가?** **상**중하

> ㉠ 영업용 건물의 비품 등 유형물의 대가, 영업상의 노하우 등 무형물의 대가는 중개대상물에 해당한다.
> ㉡ 삼면이 유리나 천막으로 부착되어 있어서 주벽이라고 볼 만한 것이 없는 볼트로 조립된 세차장 구조물은 토지의 정착물에 해당한다.
> ㉢ 공장 및 광업재단은 소유권보존등기 후 6개월 내에 저당권설정등기를 하지 않으면 재단등기의 효력은 소멸된다.
> ㉣ 특정 동·호수가 지정되어 입주자로 선정된 지위를 가리키는 분양권은 장래의 건물로서 중개대상물이 되고, 아파트 추첨기일에 당첨이 되면 아파트의 분양예정자로 선정될 수 있는 지위를 가리키는 입주권도 중개대상물로 볼 수 있다.
> ㉤ 입목등기 사실의 확인은 토지등기사항증명서 갑구를 통해 확인할 수 있다.
> ㉥ 판례에 의하면, 아파트 전체의 건축이 완료됨으로써 분양대상이 될 세대들이 객관적으로 존재하여 분양목적물로의 현실적인 제공 또는 가능한 상태의 입주권은 중개대상물이 될 수 없다고 한다.
> ㉦ 입목에 대하여 저당권이 설정된 경우 입목을 목적으로 하는 저당권의 효력은 입목을 베어낸 경우 그 토지로부터 분리된 수목에는 미치지 않는다.

① 4개
② 3개
③ 2개
④ 1개
⑤ 없음

13 공인중개사법령상 중개대상물에 해당하지 <u>않는</u> 것을 모두 고른 것은? 상중하

㉠ 견본주택	㉡ 온천수
㉢ 금전채권	㉣ 20톤 이상의 선박

① ㉠, ㉡
② ㉢, ㉣
③ ㉠, ㉡, ㉣
④ ㉡, ㉢, ㉣
⑤ ㉠, ㉡, ㉢, ㉣

14 공인중개사법령상 중개대상물에 해당하는 것을 모두 고른 것은? (다툼이 있으면 판례에 따름) 상중하

㉠ 특정 동·호수에 대하여 수분양자가 선정된 장차 건축될 아파트
㉡ 분묘기지권이 설정되어 있는 임야
㉢ 콘크리트 지반 위에 볼트조립방식으로 철제 파이프 기둥을 세우고 3면에 천막을 설치하여 주벽이라고 할 만한 것이 없는 세차장 구조물
㉣ 장래에 건축될 건축물

① ㉠
② ㉠, ㉣
③ ㉡, ㉢
④ ㉠, ㉡, ㉣
⑤ ㉡, ㉢, ㉣

15 **공인중개사법령상 중개대상물에 포함되지 않는 것을 모두 고른 것은?** (다툼이 있으면 판례에 따름) 상중하

> ㉠ 피분양자가 선정된 장차 건축될 특정의 건물
> ㉡ 점포 위치에 따른 영업상의 이점 등 무형의 재산적 가치
> ㉢ 무주의 부동산
> ㉣ 주택이 철거될 경우 일정한 요건하에 이주자택지를 공급받을 대토권

① ㉠
② ㉠, ㉡
③ ㉡, ㉢
④ ㉠, ㉡, ㉣
⑤ ㉡, ㉢, ㉣

PART 1

CHAPTER

02 공인중개사제도

빠른 정답 CHECK!(본책) p.232 / 정답 및 해설(책속의 책) p.6

대표문제 1 공인중개사 정책심의위원회

공인중개사법령상 공인중개사 정책심의위원회(이하 '위원회'라 함)**에 관한 설명으로 옳은 것은?**

기출응용 35회

① 심의위원회에 심의위원회의 사무를 처리할 간사 2명을 둔다.

② 중개보수의 변경에 관한 사항은 위원회의 심의사항에 해당하지 않는다.

③ 위원회 위원장은 위원이 제척사유에 해당하는 데에도 불구하고 회피하지 아니한 경우에는 해당 위원을 해촉할 수 있다.

④ 위원의 임기는 3년으로 하되, 위원의 사임 등으로 새로 위촉된 위원의 임기는 전임위원 임기의 남은 기간으로 한다.

⑤ 위원장은 심의위원회의 회의를 소집하려면 회의 개최 7일 전까지 회의의 일시, 장소 및 안건을 각 위원에게 통보하여야 한다.

POINT

공인중개사 정책심의위원회에 대하여 학습하여야 합니다.

해설

① 심의위원회에 심의위원회의 사무를 처리할 간사 1명을 둔다.

② 공인중개사 정책심의위원회의 심의사항은 다음과 같다.

- 공인중개사의 시험 등 공인중개사의 자격취득에 관한 사항
- 부동산중개업의 육성에 관한 사항
- 중개보수 변경에 관한 사항
- 손해배상책임의 보장 등에 관한 사항

따라서 중개보수 변경에 관한 사항은 심의사항에 해당한다.

③ 국토교통부장관은 위원이 제척사유의 어느 하나에 해당하는 데에도 불구하고 회피하지 아니한 경우에는 해당 위원을 해촉할 수 있다.

④ 위원의 임기는 2년으로 하되, 위원의 사임 등으로 새로 위촉된 위원의 임기는 전임위원 임기의 남은 기간으로 한다.

정답 ⑤

대표문제 2 공인중개사자격시험

공인중개사법령상 공인중개사자격증에 관한 설명으로 틀린 것은? 기출응용 33회

① 시·도지사는 공인중개사자격 시험합격자의 결정·공고일부터 15일 이내에 시험합격자에게 공인중개사자격증을 교부해야 한다.

② 공인중개사자격증의 재교부를 신청하는 자는 재교부신청서를 자격증을 교부한 시·도지사에게 제출해야 한다.

③ 공인중개사자격증의 재교부를 신청하는 자는 해당 지방자치단체의 조례로 정하는 바에 따라 수수료를 납부해야 한다.

④ 공인중개사가 되고자 하는 자는 특별시장·광역시장·도지사·특별자치도지사('시·도지사'라 한다)가 시행하는 공인중개사시험에 합격하여야 한다.

⑤ 시·도지사가 자격증을 교부하는 때에는 자격증교부사항을 공인중개사자격증 교부대장에 기재하여야 하고, 자격증교부대장은 전자적 처리가 불가능한 특별한 사유가 없는 한 전자적 처리가 가능한 방법으로 작성·관리하여야 한다.

POINT

공인중개사자격시험제도의 전반적인 내용에 관하여 학습하여야 합니다.

해설

시·도지사는 시험합격자의 결정·공고일로부터 1개월 이내에 시험합격자에 관한 사항을 공인중개사 자격증교부대장에 기재한 후 시험합격자에게 공인중개사자격증을 교부하여야 한다(규칙 제3조 제1항).

정답 ①

최신 기출응용 34회

01 공인중개사법령상 공인중개사 정책심의위원회(이하 '위원회'라 함)**에 관한 설명으로 <u>틀린</u> 것은?**

상 중 하

① 위원장은 국토교통부장관이 된다.

② 심의사항에는 중개업의 육성에 관한 사항이 포함된다.

③ 위원회에서 심의한 사항 중 공인중개사의 자격취득에 관한 사항의 경우 시·도지사는 이에 따라야 한다.

④ 위원장 1명을 포함하여 7명 이상 11명 이내의 위원으로 구성한다.

⑤ 위원이 해당 안건에 대하여 증언, 진술, 자문, 조사, 연구, 용역 또는 감정을 한 경우 그 위원은 위원회의 심의·의결에서 제척된다.

최신 기출응용 32회

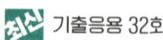

02 공인중개사법령상 공인중개사 정책심의위원회(이하 '위원회'라 함)**에 관한 설명으로 옳은 것을 모두 고른 것은?**

상 중 하

㉠ 위원회는 중개보수 변경에 관한 사항을 심의할 수 있다.
㉡ 위원장은 심의위원회를 대표하고, 심의위원회의 업무를 총괄한다.
㉢ 간사는 국토교통부장관이 국토교통부 소속 공무원 중에서 지명한다.
㉣ 위원장이 부득이한 사유로 직무를 수행할 수 없을 때에는 위원 중에서 호선된 자가 그 직무를 대행한다.

① ㉠, ㉡
② ㉠, ㉢
③ ㉢, ㉣
④ ㉠, ㉡, ㉢
⑤ ㉠, ㉡, ㉣

03 공인중개사법령상 공인중개사시험에 관한 설명으로 옳은 것은? 상중하

① 국토교통부장관이 시행하는 시험에 응시하고자 하는 자는 지방자치단체의 조례가 정하는 바에 따라 수수료를 납부하여야 한다.
② 공인중개사자격이 취소된 자는 3년간 공인중개사가 될 수 없으나 중개보조원은 될 수 있다.
③ 시·도지사가 시행하는 시험에 응시하고자 하는 자는 지방자치단체의 조례가 정하는 바에 따라 수수료를 납부하여야 한다.
④ 공인중개사시험의 부정행위자는 해당 시험을 무효로 하고, 그 처분이 있은 날부터 5년간 공인중개사가 될 수 없으며 중개보조원도 될 수 없다.
⑤ 국토교통부장관이 공인중개사시험을 시행하는 경우 자격증교부는 국토교통부장관이 행한다.

PART 1

04 공인중개사법령상 공인중개사자격시험 등에 관한 설명으로 옳은 것은? 상중하

① 국토교통부장관이 직접 시험을 시행하려는 경우에는 미리 공인중개사 정책심의위원회의 의결을 거치지 않아도 된다.
② 공인중개사자격증의 재교부를 신청하는 자는 재교부신청서를 시·도지사에게 제출하여야 한다.
③ 국토교통부장관은 공인중개사시험의 합격자에게 공인중개사자격증을 교부해야 한다.
④ 시험시행기관장은 시험에서 부정한 행위를 한 응시자에 대하여는 그 시험을 무효로 하고, 그 처분이 있은 날부터 3년간 시험응시자격을 정지한다.
⑤ 시험시행기관장은 시험을 시행하려는 때에는 시험시행에 관한 개략적인 사항을 전년도 12월 31일까지 일간신문, 관보, 방송 중 하나 이상에 공고하고, 인터넷 홈페이지 등에도 이를 공고해야 한다.

최신 기출응용 33회

05 공인중개사법령상 공인중개사 정책심의위원회의 공인중개사 업무에 관한 심의사항에 해당하는 것을 모두 고른 것은?

상 중 하

> ㉠ 공인중개사의 시험 등 공인중개사의 자격취득에 관한 사항
> ㉡ 공인중개사협회의 설립인가에 관한 의결
> ㉢ 중개보수 변경에 관한 사항
> ㉣ 손해배상책임의 보장에 관한 사항

① ㉠
② ㉡, ㉢
③ ㉡, ㉣
④ ㉠, ㉢, ㉣
⑤ ㉠, ㉡, ㉢, ㉣

06 공인중개사법령상 공인중개사 정책심의위원회에 관한 설명으로 틀린 것은?

상 중 하

① 위원장은 국토교통부 제1차관이 된다.
② 심의위원회는 위원장 1명을 포함하여 7명 이상 11명 이내의 위원으로 구성한다.
③ 심의위원회에서 부동산중개업의 육성에 관한 사항을 심의한 경우 시·도지사는 이에 따라야 한다.
④ 심의위원회 위원이 해당 안건에 대하여 연구, 용역 또는 감정을 한 경우 심의위원회의 심의·의결에서 제척된다.
⑤ 위원장이 부득이한 사유로 직무를 수행할 수 없을 때에는 위원장이 미리 지명한 위원이 그 직무를 대행한다.

07 **공인중개사 정책심의위원회에 관한 설명으로 옳은 것은?** 상중하

① 위원장은 심의위원회 회의를 소집하려면 회의 개최 7일 전까지 회의의 일시, 장소 및 안건을 각 위원에게 통보하여야 한다.

② 심의위원회의 회의는 재적위원 반수의 출석으로 개의하고, 출석위원 반수의 찬성으로 의결한다.

③ 위원의 임기는 3년으로 하되, 위원의 사임 등으로 새로 위촉된 위원의 임기는 전임위원 임기의 남은 기간으로 한다.

④ 심의위원회에 심의위원회의 사무를 처리할 간사 2명을 둔다.

⑤ 간사는 심의위원회의 위원장이 위원 중에서 지명한다.

PART 1

08 **공인중개사법령상 '공인중개사 정책심의위원회'**(이하 '심의위원회'라 함)**에 관한 설명으로 <u>틀린</u> 것은?** 상중하

① 위원장은 심의에 필요하다고 인정하는 경우 관계 전문가를 출석하게 하여 의견을 듣거나 의견제출을 요청할 수 있다.

② 국토교통부장관은 위원이 제척사유의 어느 하나에 해당하는 데에도 불구하고 회피하지 아니한 경우에는 해당 위원을 해촉할 수 있다.

③ 심의위원회의 위원이 해당 안건에 대하여 자문을 한 경우 심의위원회의 심의·의결에서 제척된다.

④ 심의위원회의 위원장이 부득이한 사유로 직무를 수행할 수 없을 때에는 부위원장이 그 직무를 대행한다.

⑤ 심의위원회의 회의는 재적위원 과반수의 출석으로 개의(開議)하고, 출석위원 과반수의 찬성으로 의결한다.

09 **공인중개사자격에 관련된 설명으로 <u>틀린</u> 것은?** 상중하

① 판례에 의하면, 개업공인중개사가 중개업무를 수행하는 형식을 갖추었더라도, 실질적으로는 무자격자로 하여금 자기 명의로 공인중개사 업무를 수행하도록 한 것은 공인중개사자격증 대여행위에 해당한다.

② 판례에 의하면, 무자격자가 중개업 경영에 관여하였으나 중개업무를 수행하지는 않은 경우 자격증의 대여라고 할 수 없다.

③ 시·도지사는 자격취소를 한 경우 5일 이내에 국토교통부장관과 다른 시·도지사에게 통보해야 하지만, 자격정지처분을 한 경우에는 통보를 하지 아니한다.

④ 판례에 의하면, 무자격자가 자신의 명함에 '부동산뉴스 대표'라는 명칭을 기재하여 사용한 것은 공인중개사와 유사한 명칭을 사용한 것에 해당한다.

⑤ 자격취소 및 자격정지처분을 행한 시·도지사는 이를 공인중개사협회에 통보하여야 한다.

CHAPTER
03 중개사무소 개설등록 및 결격사유

빠른 정답 CHECK!(본책) p.232 / 정답 및 해설(책속의 책) p.8

PART 1

제1절 | 등록 일반

대표문제 중개사무소 개설등록

공인중개사법령상 중개사무소의 개설등록에 관한 설명으로 틀린 것은? 기출응용 35회

① 업무정지처분을 받은 개업공인중개사는 그 기간 중에 해당 중개업을 폐업하였다고 하더라도 그 기간 중에는 중개사무소의 개설등록을 할 수 없다.

② 등록관청은 매월 중개사무소의 등록에 관한 사항을 중개사무소등록·행정처분 등 통지서에 기재하여 다음 달 10일까지 국토교통부장관에게 통보하여야 한다.

③ 공인중개사의 경우에는 공인중개사의 실무교육수료확인증 사본을 제출하여야 하고, 법인의 경우 대표자를 포함하여 임원 및 사원 전원의 실무교육수료확인증 사본을 제출하여야 한다.

④ 등록관청이 중개사무소등록증을 교부하는 때에는 부동산중개사무소등록대장에 그 등록에 관한 사항을 기록한 후 지체 없이 중개사무소등록증을 교부하여야 한다.

⑤ 공인중개사인 개업공인중개사가 법인인 개업공인중개사로 업무를 하고자 개설등록신청서를 다시 제출하는 경우 종전의 등록증은 이를 반납하여야 한다.

POINT

중개사무소 개설등록기준에 대하여 학습하여야 합니다.

해설

등록관청은 매월 중개사무소등록·행정처분 및 신고 등에 관한 사항을 중개사무소등록·행정처분 등 통지서에 의하여 다음 달 10일까지 공인중개사협회에 통보하여야 한다. 등록관청이 공인중개사협회에 통보하여야 할 사항은 다음과 같다.

1. 중개사무소등록증 교부사항
2. 분사무소 설치신고사항
3. 중개업의 휴·폐업 또는 재개업, 휴업기간의 변경신고사항
4. 중개사무소 이전신고사항
5. 소속공인중개사 또는 중개보조원의 고용 및 고용관계 종료신고사항
6. 개업공인중개사에 대한 행정처분(등록취소·업무정지)사항

정답 ②

01 공인중개사법령상 중개사무소의 개설등록을 위한 제출서류에 관한 설명으로 틀린 것은?

상 중 하

① 모든 등록신청자는 「공인중개사법」 제10조 제1항(결격사유)에 해당하지 아니함을 증명하는 서류를 제출하여야 한다.

② 사용승인을 받았으나 건축물대장에 기재되지 아니한 건물에 중개사무소를 확보하였을 경우에는 건축물대장 기재가 지연되는 사유를 적은 서류를 제출하여야 한다.

③ 여권용 사진을 제출하여야 한다.

④ 실무교육을 위탁받은 기관이 실무교육 수료 여부를 등록관청이 전자적으로 확인할 수 있도록 조치한 경우에는 실무교육의 수료확인증 사본을 제출하지 않아도 된다.

⑤ 외국에 주된 영업소를 둔 법인의 경우에는 「상법」상 외국회사 규정에 따른 영업소의 등기를 증명할 수 있는 서류를 제출하여야 한다.

02 공인중개사법령상 중개사무소의 개설등록에 관한 설명으로 옳은 것은?

상 중 하

① 개업공인중개사가 폐업 후 1년 이내에 다시 중개사무소의 개설등록을 신청하는 경우에는 실무교육을 받을 필요가 없다.

② 등록신청을 받은 등록관청은 10일 이내에 개업공인중개사의 종별에 따라 구분하여 등록을 행하고, 등록신청인에게 중개사무소등록증을 교부하여야 한다.

③ 등록관청은 등록증을 교부하는 때에는 손해배상책임을 보장하기 위한 보증의 설정 여부와 인장등록 여부를 확인하여야 한다.

④ 휴업기간 또는 업무정지기간 중인 개업공인중개사는 그 기간 중에 해당 중개업을 폐업하고 다시 중개사무소의 개설등록을 신청할 수 없다.

⑤ 인장등록신고 및 손해배상책임을 보장하기 위한 업무보증의 설정신고는 중개사무소의 개설등록을 신청하는 때에 같이 할 수 있다.

03 공인중개사법령상 법인의 중개사무소 개설등록의 기준으로 <u>틀린</u> 것은? (단, 다른 법령의 규정은 고려하지 않음) 상중하

① 법 제14조에 규정된 업무만을 영위할 목적으로 설립될 것
② 대표자를 포함한 임원 또는 사원(합명회사 또는 합자회사의 무한책임사원을 말한다)의 3분의 1 이상은 공인중개사일 것
③ 「상법」상 회사인 경우 자본금은 5천만원 이상일 것
④ 중개사무소 건물에 대한 사용권을 확보할 것
⑤ 대표자, 임원 또는 사원(합명회사 또는 합자회사의 무한책임사원을 말한다) 전원이 실무교육을 받았을 것

04 공인중개사법령상 중개사무소 개설등록에 관한 설명으로 옳은 것은? 상중하

① 공인중개사(소속공인중개사를 포함한다) 또는 법인이 아닌 자는 중개사무소의 개설등록을 신청할 수 없다.
② 소속공인중개사로서 고용관계 종료신고 후 1년 이내에 중개사무소의 개설등록을 신청하는 경우 실무교육은 이수하여야 한다.
③ 건축물대장에 기재된 건물이라도 미등기건물이라면 중개사무소 개설등록을 할 수 없다.
④ 법인인 개업공인중개사로 개설등록을 신청하는 경우 법인등기사항증명서와 건축물대장을 등록관청에 제출하여야 한다.
⑤ 부칙 제6조 제2항에 따른 개업공인중개사의 경우 일단 폐업하면 기득권을 상실하므로 공인중개사자격증을 취득하지 않으면 중개사무소 개설등록을 신청할 수 없다.

05 법인의 중개사무소 개설등록 요건으로 옳은 것은?

상중하

① 대표자는 공인중개사이어야 하고, 대표자를 포함한 임원 또는 사원의 3분의 1 이상이 공인중개사이어야 한다.

② 「상법」상 주식회사 또는 「협동조합 기본법」에 따른 협동조합(사회적 협동조합을 포함한다)으로서 자본금이 5천만원 이상이어야 한다.

③ 중개업만을 영위할 목적으로 설립된 법인이어야 한다.

④ 대표자, 임원 또는 사원(합명회사 및 합자회사의 무한책임사원을 말한다) 전원이 실무교육을 받아야 한다.

⑤ 건축물대장(가설건축물대장을 포함한다)에 기재된 건물로 중개사무소를 확보하여야 한다.

06 중개사무소의 개설등록신청에 관한 설명으로 <u>틀린</u> 것은?

상중하

① 외국인의 경우에는 등록의 결격사유에 해당하지 아니함을 증명할 수 있는 해당 국가 등이 발행하는 서류도 제출하여야 하고, 외국에 주된 영업소를 둔 법인의 경우에는 「상법」 제614조에 따른 영업소의 등기를 증명할 수 있는 서류도 제출하여야 한다.

② 등록신청서상 개업공인중개사의 종별은 법인, 공인중개사, 법 제7638호 부칙 제6조 제2항에 규정된 개업공인중개사로 구분되어 있다.

③ 휴업기간 중인 개업공인중개사는 그 기간 중에 폐업하고 다시 중개사무소의 개설등록을 신청할 수 있다.

④ 등록신청 시에 건축물대장(가설건축물대장은 제외한다)에 기재된 건물에 중개사무소를 확보(소유·전세·임대차 또는 사용대차 등의 방법에 의하여 사용권을 확보하여야 한다)하였음을 증명할 서류도 첨부하여야 한다.

⑤ 가설건축물대장에 기재된 건물에는 중개사무소의 개설등록이 불가능하다.

07 개업공인중개사의 종별 변경에 관한 설명으로 틀린 것은?

상중하

① 중개사무소의 개설등록을 한 개업공인중개사가 종별을 달리하여 업무를 하고자 하는 경우에는 등록신청서를 다시 제출하여야 한다.

② 위 ①의 경우 종전에 제출한 서류 중 변동사항이 없는 서류는 제출하지 아니할 수 있으며, 종전의 등록증은 이를 반납하여야 한다.

③ 개업공인중개사가 종별을 달리하여 업무를 하고자 하는 경우 실무교육을 다시 받지 아니하나, 지방자치단체의 조례가 정하는 수수료는 납부하여야 한다.

④ 부칙 제6조 제2항에 규정된 개업공인중개사가 등록관청을 달리하여 공인중개사인 개업공인중개사로 업무를 계속하고자 하는 경우에는 등록증 재교부신청을 하여야 한다.

⑤ 부칙 제6조 제2항에 규정된 개업공인중개사가 그 등록관청 관할 구역 안에서 공인중개사인 개업공인중개사로 업무를 계속하고자 하는 경우에는 등록증 재교부신청을 하여야 한다.

08 공인중개사법령상 중개사무소 개설등록에 관한 설명으로 틀린 것은? (단, 다른 법률의 규정은 고려하지 않음)

상중하

① 법인은 주된 중개사무소를 두려는 지역을 관할하는 등록관청에 중개사무소 개설등록을 해야 한다.

② 대표자가 공인중개사가 아닌 법인은 중개사무소를 개설할 수 없다.

③ 법인의 임원 중 공인중개사가 아닌 자도 분사무소의 책임자가 될 수 있다.

④ 소속공인중개사는 중개사무소 개설등록을 신청할 수 없다.

⑤ 등록관청은 개설등록을 하고 등록신청을 받은 날부터 7일 이내에 등록신청인에게 서면으로 통지해야 한다.

PART 1

09 **공인중개사법령상 중개사무소의 개설등록에 관한 설명으로 옳은 것은?** (단, 다른 법률의 규정은 고려하지 않음) 상중하

① 합명회사가 개설등록을 하려면 사원 전원이 실무교육을 받아야 한다.

② 자본금이 1천만원 이상인 「협동조합 기본법」상 협동조합은 개설등록을 할 수 있다.

③ 합명회사가 개설등록을 하려면 대표자는 공인중개사이어야 하며, 대표자를 포함하여 임원 또는 사원의 3분의 1 이상이 공인중개사이어야 한다.

④ 법인 아닌 사단은 개설등록을 할 수 있다.

⑤ 개설등록을 하려면 소유권에 의하여 사무소의 사용권을 확보하여야 한다.

10 **공인중개사법령상 법인이 중개사무소를 등록·설치하려는 경우, 그 기준으로 <u>틀린</u> 것은?** (다른 법률의 규정은 고려하지 않음) 상중하

① 분사무소 설치 시 분사무소의 책임자가 분사무소 설치신고일 전 2년 이내에 직무교육을 받았을 것

② 「상법」상 회사는 자본금이 5천만원 이상일 것

③ 대표자를 제외한 임원 또는 사원(합명회사 또는 합자회사의 무한책임사원)의 3분의 1 이상이 공인중개사일 것

④ 법인이 중개업 및 겸업제한에 위배되지 않는 업무만을 영위할 목적으로 설립되었을 것

⑤ 대표자는 공인중개사일 것

11 공인중개사법령상 법인이 중개사무소를 개설하려는 경우 그 등록기준으로 옳은 것은? (다른 법률에 따라 중개업을 할 수 있는 경우는 제외함)

상 중 하

① 건축물대장에 기재된 건물에 $100m^2$ 이상의 중개사무소를 확보할 것
② 대표자, 임원 또는 사원 전원이 부동산거래사고예방교육을 받았을 것
③ 「협동조합 기본법」에 따른 사회적 협동조합인 경우 자본금이 5천만원 이상일 것
④ 「상법」상 회사인 경우 자본금이 5천만원 이상일 것
⑤ 대표자는 공인중개사이어야 하며, 대표자를 제외한 임원 또는 사원의 2분의 1 이상은 공인중개사일 것

12 공인중개사법령상 법인이 중개사무소를 개설하려는 경우 그 등록기준의 내용으로 옳은 것을 모두 고른 것은? (다른 법률에 따라 중개업을 할 수 있는 경우는 제외함)

상 중 하

㉠ 「상법」상 회사 또는 「협동조합 기본법」상 협동조합(사회적 협동조합 제외)으로서 자본금이 5천만원 이상일 것 ㉡ 대표자는 공인중개사일 것 ㉢ 대표자를 포함한 임원 또는 사원의 3분의 1 이상이 공인중개사일 것 ㉣ 법인의 대표자, 임원 또는 사원의 3분의 1 이상이 실무교육을 받았을 것

① ㉠
② ㉠, ㉡
③ ㉢, ㉣
④ ㉠, ㉡, ㉢
⑤ ㉠, ㉡, ㉢, ㉣

13 공인중개사법령상 중개사무소의 개설등록 및 등록증 교부에 관한 설명으로 옳은 것은?

상중하

① 소속공인중개사는 중개사무소의 개설등록을 신청할 수 있다.
② 등록관청은 중개사무소등록증을 교부하기 전에 개설등록을 한 자가 손해배상책임을 보장하기 위한 조치(보증)를 하였는지 여부를 확인해야 한다.
③ 국토교통부장관은 중개사무소의 개설등록을 한 자에 대하여 국토교통부령으로 정하는 바에 따라 중개사무소등록증을 교부해야 한다.
④ 중개사무소의 개설등록신청서에는 신청인의 여권용 사진을 첨부하지 않아도 된다.
⑤ 중개사무소의 개설등록을 한 개업공인중개사가 종별을 달리하여 업무를 하고자 등록신청서를 다시 제출하는 경우, 종전의 등록증은 반납하지 않아도 된다.

14 공인중개사법령상 공인중개사자격증이나 중개사무소등록증의 교부에 관한 설명으로 틀린 것은?

상중하

① 자격증 및 등록증의 교부는 국토교통부령으로 정하는 바에 따른다.
② 등록증은 중개사무소를 두려는 지역을 관할하는 시장(구가 설치되지 아니한 시의 시장과 특별자치도 행정시의 시장을 말한다)·군수 또는 구청장이 교부한다.
③ 자격증 및 등록증을 잃어버리거나 못쓰게 된 경우에는 시·도지사에게 재교부를 신청한다.
④ 등록증을 교부한 관청은 그 사실을 공인중개사협회에 통보해야 한다.
⑤ 자격증의 재교부를 신청하는 자는 해당 지방자치단체의 조례가 정하는 바에 따라 수수료를 납부해야 한다.

15 **등록관청이 다음 달 10일까지 공인중개사협회에 통보하여야 하는 사항이 아닌 것은?**
상 중 하

① 휴·폐업 등의 신고사항
② 소속공인중개사 또는 중개보조원의 고용 및 고용관계 종료신고사항
③ 등록증 교부사항
④ 업무보증설정 신고사항
⑤ 중개사무소 이전신고사항

최신 기출응용 35회

16 **공인중개사법령상 소속공인중개사를 둔 개업공인중개사가 중개사무소 안의 보기 쉬운 곳에 게시하여야 하는 것을 모두 고른 것은?**
상 중 하

㉠ 소속공인중개사의 공인중개사자격증 원본 ㉡ 사업자등록증 ㉢ 소속공인중개사의 고용신고서 ㉣ 개업공인중개사의 연수교육 수료확인증

① ㉠, ㉡
② ㉠, ㉣
③ ㉡, ㉢
④ ㉢, ㉣
⑤ ㉠, ㉡, ㉣

17 **공인중개사법령상 이중등록 및 이중소속의 금지에 관한 설명으로 옳은 것을 모두 고른 것은?**

상 중 하

> ㉠ A군에서 중개사무소 개설등록을 하여 중개업을 하고 있는 자가 다시 A군에서 개설등록을 한 경우, 이중등록에 해당한다.
> ㉡ B군에서 중개사무소 개설등록을 하여 중개업을 하고 있는 자가 다시 C군에서 개설등록을 한 경우, 이중등록에 해당한다.
> ㉢ 개업공인중개사 甲에게 고용되어 있는 중개보조원은 개업공인중개사인 법인 乙의 사원이 될 수 없다.
> ㉣ 이중소속의 금지에 위반한 경우 1년 이하의 징역 또는 1천만원 이하의 벌금형에 처한다.

① ㉠, ㉡
② ㉢, ㉣
③ ㉠, ㉡, ㉢
④ ㉡, ㉢, ㉣
⑤ ㉠, ㉡, ㉢, ㉣

제 2 절 | 등록 등의 결격사유

대표문제 결격사유

공인중개사법령상 중개사무소 개설등록에 관한 설명으로 옳은 것을 모두 고른 것은?

기출응용 32회

> ㉠ 피특정후견인은 중개사무소의 등록을 할 수 없다.
> ㉡ 금고 이상의 형의 집행유예를 받고 그 유예기간이 만료된 날부터 2년이 지나지 아니한 자는 중개사무소의 등록을 할 수 없다.
> ㉢ 자본금이 5천만원 이상인 「협동조합 기본법」상 사회적 협동조합은 중개사무소의 등록을 할 수 있다.

① ㉠
② ㉡
③ ㉠, ㉡
④ ㉠, ㉢
⑤ ㉡, ㉢

POINT

중개사무소의 등록기준 및 결격사유 내용을 학습하여야 합니다.

해설

㉠ 피성년후견인 또는 피한정후견인은 법 제10조 결격사유에 해당하므로 중개사무소의 개설등록을 할 수 없다. 하지만 피특정후견인은 결격사유에 해당하지 아니하므로 중개사무소의 등록을 할 수 있다.

㉢ 자본금이 5천만원 이상인 「협동조합 기본법」상 사회적 협동조합은 중개사무소의 등록을 할 수 없다.

정답 ②

18 공인중개사법령상 등록 등의 결격사유와 공인중개사자격에 관한 설명으로 옳은 것은?

상 중 하

① 파산선고를 받은 자는 공인중개사가 될 수 없으나, 중개보조원은 될 수 있다.
② 공인중개사가 등록 등의 결격사유에 해당하면 공인중개사자격을 취소하여야 한다.
③ 미성년자는 개업공인중개사가 될 수 없으나, 중개보조원은 될 수 있다.
④ 업무정지처분을 받고 폐업신고한 자, 자격정지처분을 받은 자는 최대 6개월이 지나면 결격사유를 벗어나므로 중개업등록 및 중개업 종사가 가능하다.
⑤ 피한정후견인의 경우 종료의 심판결과 정상인으로 판결을 받기 전에는 개업공인중개사는 될 수 없지만, 고용인으로 중개업무에 종사할 수 있다.

19 등록취소 후 3년간 등록 등의 결격사유가 적용되지 <u>않는</u> 경우는?

상 중 하

① 「공인중개사법」을 위반하여 300만원 이상의 벌금형을 선고받아 등록이 취소된 자
② 업무보증을 설정하지 아니하고 중개업을 하여 등록이 취소된 자
③ 둘 이상의 중개사무소에 소속하여 등록이 취소된 자
④ 부정한 방법으로 등록하여 등록이 취소된 자
⑤ 둘 이상의 중개사무소를 설치하여 등록이 취소된 자

20 등록취소 후 3년간 등록 등의 결격사유가 적용되는 경우는?

상 중 하

① 징역 2년, 집행유예 3년을 선고받아 등록이 취소된 경우
② 1년간 폐업 후 재등록한 자가 폐업 전의 위반사유로 등록이 취소된 경우
③ 건축물대장에 기재되지 아니한 건물로 중개사무소를 이전하여 등록이 취소된 경우
④ 법정중개보수를 초과하여 금품을 받아 등록이 취소된 경우
⑤ 법인이 해산되어 등록이 취소된 경우

21 공인중개사법령상 등록 등의 결격사유에 관한 설명으로 옳은 것을 모두 고른 것은?

상 중 하

> ㉠ 이 법을 위반하여 300만원 이상의 벌금형을 선고받아 등록이 취소된 자는 등록취소일로부터 3년간 결격사유에 해당한다.
> ㉡ 재등록한 개업공인중개사가 폐업 전의 위반행위로 등록이 취소된 경우 3년에서 폐업기간을 공제한 기간만 결격사유에 해당한다.
> ㉢ 금고 이상의 형의 실형선고를 받고 형 특별사면으로 집행면제를 받은 날로부터 3년이 지나지 않은 자는 개업공인중개사등이 될 수 없다.
> ㉣ 금고 이상의 유기형을 선고받고 가석방된 자는 가석방된 날로부터 3년이 지나면 결격사유에 해당하지 않는다.

① ㉠, ㉡
② ㉠, ㉢
③ ㉢, ㉣
④ ㉡, ㉢
⑤ ㉡, ㉣

22 등록 등의 결격사유에 관한 설명으로 옳은 것을 모두 고른 것은?

상 중 하

> ㉠ 2025.11.1.에 징역 1년 6개월에 집행유예 3년을 선고받은 자는 2030.11.1. 이후에는 결격사유에서 벗어난다(단, 유예가 실효되지 않음을 전제로 한다).
> ㉡ 질병, 장애, 노령 그 밖의 사유로 인한 정신적 제약으로 사무를 처리할 능력이 부족한 자는 결격사유에 해당한다.
> ㉢ 2006.9.23. 오후 7시에 출생한 자는 2025.9.23. 0시부터 개업공인중개사의 결격사유에서 벗어난다.
> ㉣ 2025.8.11.에 금고 1년의 선고유예를 받은 자는 2026.8.11. 이후에는 결격사유에서 벗어난다(단, 유예가 실효되지 않음을 전제로 한다).
> ㉤ 「형법」상 사기죄로 300만원의 벌금형을 선고받고 3년이 지나지 아니한 자는 결격사유에 해당한다.

① ㉠, ㉡
② ㉠, ㉢
③ ㉠, ㉡, ㉢
④ ㉢, ㉣, ㉤
⑤ ㉠, ㉢, ㉤

23 **공인중개사법령상 중개사무소 개설등록의 결격사유를 모두 고른 것은?** 상중하

> ㉠ 금고 이상의 형의 집행유예를 선고받고 그 유예기간이 만료된 날부터 2년이 지나지 아니한 자
> ㉡ 피특정후견인
> ㉢ 업무정지처분을 받은 개업공인중개사인 법인의 업무정지사유가 발생한 당시의 사원 또는 임원이었던 자로서 해당 개업공인중개사에 대한 업무정지기간이 지나지 아니한 자
> ㉣ 개업공인중개사인 법인의 해산으로 중개사무소 개설등록이 취소된 후 3년이 지나지 않은 경우 그 법인의 대표이었던 자

① ㉠
② ㉠, ㉢
③ ㉡, ㉢
④ ㉡, ㉣
⑤ ㉠, ㉢, ㉣

24 **공인중개사법령상 중개사무소 개설등록의 결격사유에 해당하는 자를 모두 고른 것은?** 상중하

> ㉠ 피특정후견인
> ㉡ 형의 선고유예를 받고 3년이 지나지 아니한 자
> ㉢ 업무정지처분을 받고 폐업신고를 한 자로서 업무정지기간(폐업에도 불구하고 진행되는 것으로 본다)이 지나지 아니한 자
> ㉣ 공인중개사의 자격이 정지된 자로서 자격정지기간 중에 있는 자

① ㉠, ㉡
② ㉠, ㉢
③ ㉡, ㉢
④ ㉡, ㉣
⑤ ㉢, ㉣

CHAPTER
04 중개업무

빠른 정답 CHECK!(본책) p.232 / 정답 및 해설(책속의 책) p.15

제1절 | 업무의 범위

대표문제 중개업무

공인중개사법령상 중개업 등에 관한 설명으로 틀린 것은? 기출응용 33회

① 소속공인중개사는 중개사무소의 개설등록을 신청할 수 없다.

② 법인인 개업공인중개사는 '중개업'과 '개업공인중개사를 대상으로 한 중개업의 경영기법 및 경영정보의 제공업무'를 함께 할 수 있다.

③ 법인인 개업공인중개사가 등록관청의 관할 구역 외의 지역에 분사무소를 두기 위해서는 분사무소 설치신고를 하여야 한다.

④ 개업공인중개사는 등록관청에 신고를 거쳐 천막 그 밖에 이동이 용이한 임시 중개시설물을 설치할 수 없다.

⑤ 개업공인중개사는 의뢰받은 중개대상물에 대한 표시·광고에 소속공인중개사에 관한 사항을 명시해서는 아니 된다.

POINT

중개업무 전반에 걸쳐 학습하여야 합니다.

해설

개업공인중개사가 의뢰받은 중개대상물에 대하여 표시·광고를 하려면 중개사무소, 개업공인중개사에 관한 사항으로서 다음의 사항을 명시하여야 하며, 중개보조원에 관한 사항은 명시해서는 아니 된다(법 제18조의2 제1항, 영 제17조의2 제1항).

1. 중개사무소의 명칭, 소재지, 연락처 및 등록번호
2. 개업공인중개사의 성명(법인인 경우에는 대표자의 성명)

정답 ⑤

01 **공인중개사법령상 개업공인중개사의 업무범위에 관한 설명으로 틀린 것은?** 상중하

① 부칙 제6조 제2항에 규정된 개업공인중개사는 이사업체를 운영할 수 있다.

② 법인인 개업공인중개사는 부칙 제6조 제2항의 개업공인중개사를 대상으로 중개업의 경영정보를 제공할 수 있다.

③ 공인중개사인 개업공인중개사는 부동산의 이용·개발 및 거래에 관한 상담업무를 수행할 수 있다.

④ 부칙 제6조 제2항에 규정된 개업공인중개사는 경매 및 공매대상 부동산에 대한 권리분석 및 취득의 알선과 매수신청 또는 입찰신청의 대리를 할 수 없다.

⑤ 법인 및 공인중개사인 개업공인중개사는 「민사집행법」에 의한 경매 및 「국세징수법」 그 밖의 법령에 의한 공매대상 부동산에 대한 권리분석 및 취득의 알선업무는 할 수 있지만, 매수신청 또는 입찰신청의 대리업무는 할 수 없다.

02 **공인중개사법령상 개업공인중개사의 업무범위로 틀린 것은?** 상중하

① 공인중개사인 개업공인중개사 및 법인인 개업공인중개사(법인의 분사무소를 포함한다)의 업무지역은 전국이다.

② 공인중개사인 개업공인중개사에 소속된 소속공인중개사 및 중개보조원의 업무지역은 전국이다.

③ 부칙 제6조 제2항에 규정된 개업공인중개사가 이 법에 규정된 부동산거래정보망에 가입하고 이를 이용하여 중개하는 경우에는 해당 정보망에 공개된 관할 구역 외의 중개대상물에 대하여도 이를 중개할 수 있다.

④ 부칙 제6조 제2항에 규정된 개업공인중개사의 업무지역은 해당 중개사무소가 소재하는 시·군·구로 한다.

⑤ 개업공인중개사의 종별에 따라 개업공인중개사가 취급할 수 있는 중개대상물의 범위는 차등이 없다.

대표문제 법인인 개업공인중개사의 겸업 가능 범위

공인중개사법령상 법인인 개업공인중개사가 중개업과 함께 할 수 <u>없는</u> 업무는? (단, 다른 법률의 규정은 고려하지 않음) 기출응용 35회

① 상업용 건축물의 임대업
② 주거용 건축물의 분양대행
③ 부동산의 이용·개발 및 거래에 관한 상담
④ 중개의뢰인의 의뢰에 따른 도배·이사업체의 소개
⑤ 개업공인중개사를 대상으로 한 중개업의 경영기법 및 경영정보의 제공

POINT

법인인 개업공인중개사의 겸업 가능한 업무에 관하여 학습하여야 합니다.

해설

법인인 개업공인중개사는 다른 법률에 규정된 경우를 제외하고는 중개업 및 다음에 규정된 업무 외에 다른 업무를 함께 할 수 없다.

1. 상업용 건축물 및 주택의 임대관리 등 부동산의 관리대행
2. 부동산의 이용·개발 및 거래에 관한 상담
3. 개업공인중개사를 대상으로 한 중개업의 경영기법 및 경영정보의 제공
4. 상업용 건축물 및 주택의 분양대행
5. 그 밖에 중개업에 부수되는 업무로서 대통령령이 정하는 업무인 중개의뢰인의 의뢰에 따른 도배·이사업체의 소개 등 주거이전에 부수되는 용역의 알선
6. 「민사집행법」에 의한 경매 및 「국세징수법」, 그 밖의 법령에 의한 공매대상 부동산에 대한 권리분석 및 취득의 알선과 매수신청 또는 입찰신청의 대리

따라서 상업용 건축물의 임대업은 겸업 가능한 업무에 해당하지 않는다.

정답 ①

PART 1

최신 기출응용 34회

03 공인중개사법령상 금지되는 행위를 모두 고른 것은? (단, 다른 법령의 규정은 고려하지 않음)

상 **중** 하

㉠ 법인인 개업공인중개사가 중개업과 함께 부동산의 이용·개발 및 거래에 관한 상담을 겸업하는 행위 ㉡ 다른 사람에게 자기의 성명 또는 상호를 사용하여 중개업무를 하게 하는 행위 ㉢ 공인중개사로 하여금 그의 중개사무소등록증을 다른 사람에게 대여하도록 알선하는 행위

① ㉡
② ㉠, ㉡
③ ㉠, ㉢
④ ㉡, ㉢
⑤ ㉠, ㉡, ㉢

최신 기출응용 32회

04 공인중개사법령상 법인인 개업공인중개사의 업무범위에 해당하지 않는 것은? (단, 다른 법령의 규정은 고려하지 않음)

상 **중** 하

① 상업용 건축물의 임대관리
② 부동산 개발에 관한 상담 및 주택의 분양대행
③ 개업공인중개사를 대상으로 한 공제업무의 대행
④ 「민사집행법」상 경매대상 부동산에 대한 취득의 알선
⑤ 중개의뢰인의 의뢰에 따른 이사업체의 소개

05 법인인 개업공인중개사의 겸업 가능한 업무를 열거한 것이다. 다음 중 틀린 것은 모두 몇 개인가? 상 중 하

㉠ 중개의뢰인의 의뢰에 따른 주거이전에 부수되는 이사업체의 운영
㉡ 공인중개사를 대상으로 한 중개업의 경영기법 및 경영정보의 제공
㉢ 「건축물의 분양에 관한 법률」상 분양신고대상인 상가의 분양대행
㉣ 상업용 건축물 및 주택의 임대업
㉤ 「주택법」상의 사업계획승인대상인 주택의 분양대행
㉥ 경매 또는 공매대상 부동산에 대한 취득의 알선 및 입찰신청의 대리
㉦ 부동산의 이용·개발 및 거래에 관한 상담

① 1개
② 2개
③ 3개
④ 4개
⑤ 5개

06 공인중개사법령상 법인인 개업공인중개사가 겸업할 수 있는 업무를 모두 고른 것은? (단, 다른 법률의 규정은 고려하지 않음) 상 중 하

㉠ 토지의 분양대행
㉡ 중개업에 부수되는 도배 및 이사업체의 알선
㉢ 공업용 건축물에 대한 관리대행
㉣ 상업용 건축물의 분양대행
㉤ 「국세징수법」에 의한 공매대상 부동산에 대한 입찰신청의 대리

① ㉠, ㉡
② ㉢, ㉣
③ ㉠, ㉢, ㉤
④ ㉡, ㉢, ㉣
⑤ ㉡, ㉣, ㉤

제 2 절 | 개업공인중개사의 고용인

대표문제 고용인

공인중개사법령상 고용인의 신고 등에 관한 설명으로 옳은 것은? 기출응용 35회

① 등록관청은 중개보조원의 종료신고를 받은 경우 이를 공인중개사협회에 통보하지 않아도 된다.

② 개업공인중개사는 소속공인중개사를 고용한 경우에는 소속공인중개사가 업무를 개시한 날부터 7일 이내에 등록관청에 신고하여야 한다.

③ 소속공인중개사 또는 중개보조원으로 외국인을 고용하는 경우에는 결격사유에 해당되지 아니함을 증명하는 서류를 첨부하여야 한다.

④ 개업공인중개사가 고용할 수 있는 중개보조원의 수는 개업공인중개사와 소속공인중개사를 합한 수의 3배를 초과하여서는 아니 된다.

⑤ 소속공인중개사에 대한 고용신고를 받은 등록관청은 공인중개사협회에게 그 소속공인중개사의 공인중개사자격 확인을 요청하여야 한다.

POINT

고용인의 신고 등에 관하여 학습하여야 합니다.

해설

① 등록관청은 매월 중개사무소등록·행정처분 및 신고 등에 관한 사항을 중개사무소등록·행정처분 등 통지서에 의하여 다음 달 10일까지 공인중개사협회에 통보하여야 한다. 등록관청이 공인중개사협회에 통보하여야 할 사항은 다음과 같다.

- 중개사무소등록증 교부사항
- 분사무소 설치신고사항
- 중개업의 휴·폐업 또는 재개업, 휴업기간의 변경신고사항
- 중개사무소 이전신고사항
- 소속공인중개사 또는 중개보조원의 고용 및 고용관계 종료신고사항
- 개업공인중개사에 대한 행정처분(등록취소·업무정지)사항

② 개업공인중개사는 소속공인중개사 또는 중개보조원을 고용한 경우에는 교육을 받도록 한 후 업무개시 전까지 등록관청에 신고(전자문서에 의한 신고를 포함한다)하여야 한다.

④ 개업공인중개사가 고용할 수 있는 중개보조원의 수는 개업공인중개사와 소속공인중개사를 합한 수의 5배를 초과하여서는 아니 된다.

⑤ 고용신고를 받은 등록관청은 공인중개사자격증을 발급한 시·도지사에게 그 소속공인중개사의 공인중개사자격 확인을 요청하여야 한다.

정답 ③

최신 기출응용 34회

07 공인중개사법령상 개업공인중개사의 고용인에 관한 설명으로 옳은 것은? 상 중 하

① 개업공인중개사가 고용할 수 있는 중개보조원의 수는 개업공인중개사와 소속공인중개사를 합한 수의 3배를 초과하여서는 아니 된다.

② 소속공인중개사를 고용하려는 개업공인중개사는 고용 전에 미리 등록관청에 신고해야 한다.

③ 개업공인중개사는 고용인을 고용한 경우에는 교육을 받도록 한 후 업무를 개시하기 전에 그 사실을 등록관청에 신고하여야 한다.

④ 중개보조원의 업무상 행위는 그를 고용한 개업공인중개사의 행위로 보지 아니한다.

⑤ 중개보조원은 현장안내 등 중개업무를 보조하는 경우 중개의뢰인에게 본인이 중개보조원이라는 사실을 미리 알리지 않아도 된다.

최신 기출응용 34회

08 공인중개사법령상 소속공인중개사에게 금지되는 행위를 모두 고른 것은? 상 중 하

㉠ 공인중개사 명칭을 사용하는 행위 ㉡ 중개의뢰인과 직접 거래를 하는 행위 ㉢ 단체를 구성하여 특정 중개대상물에 대하여 중개를 제한하거나 단체 구성원 이외의 자와 공동중개를 제한하는 행위 ㉣ 시세에 부당한 영향을 줄 목적으로 온라인 커뮤니티 등을 이용하여 특정 가격 이하로 중개를 의뢰하지 아니하도록 유도함으로써 개업공인중개사의 업무를 방해하는 행위

① ㉠, ㉡
② ㉡, ㉣
③ ㉢, ㉣
④ ㉡, ㉢, ㉣
⑤ ㉠, ㉡, ㉢, ㉣

09 「공인중개사법」에서 규정하고 있는 소속공인중개사의 의무에 해당하는 것은 모두 몇 개인가? 상중하

> ㉠ 업무상 알게 된 비밀을 준수할 의무
> ㉡ 연수교육을 이수하여야 할 의무
> ㉢ 해당 중개업무를 수행한 경우 거래계약서를 작성할 의무
> ㉣ 중개행위에 사용할 인장을 등록할 의무
> ㉤ 해당 중개업무를 수행한 경우 중개대상물 확인·설명서 및 거래계약서에 서명 및 날인을 하여야 할 의무

① 1개 ② 2개
③ 3개 ④ 4개
⑤ 5개

10 개업공인중개사 甲은 소속공인중개사 乙과 중개보조원 丙을 고용하고자 한다. 공인중개사법령상 이에 관한 설명으로 옳은 것을 모두 고른 것은? 상중하

> ㉠ 丙은 외국인이어도 된다.
> ㉡ 乙에 대한 고용신고를 받은 등록관청은 乙의 직무교육 수료 여부를 확인하여야 한다.
> ㉢ 甲은 乙의 업무개시 후 10일 이내에 등록관청에 고용신고를 하여야 한다.

① ㉠ ② ㉠, ㉡
③ ㉠, ㉢ ④ ㉡, ㉢
⑤ ㉠, ㉡, ㉢

11 **공인중개사법령상 개업공인중개사의 고용인에 관한 설명으로 <u>틀린</u> 것은?** (다툼이 있으면 판례에 따름) 상중하

① 중개보조원의 업무상 행위는 그를 고용한 개업공인중개사의 행위로 본다.
② 개업공인중개사는 중개보조원과의 고용관계가 종료된 때에는 고용관계가 종료된 날부터 14일 이내에 등록관청에 신고하여야 한다.
③ 중개보조원이 중개업무와 관련된 행위를 함에 있어서 과실로 거래당사자에게 손해를 입힌 경우, 그를 고용한 개업공인중개사뿐만 아니라 중개보조원도 손해배상책임이 있다.
④ 개업공인중개사가 소속공인중개사를 고용한 경우에는 개업공인중개사 및 소속공인중개사의 공인중개사자격증 원본을 중개사무소에 게시하여야 한다.
⑤ 중개보조원의 고용신고는 전자문서에 의해서도 할 수 있다.

최신 기출응용 32회

12 **공인중개사법령상 개업공인중개사의 고용인에 관한 설명으로 <u>틀린</u> 것은?** 상중하

① 중개보조원은 현장안내 등 중개업무를 보조하는 경우 중개의뢰인에게 본인이 중개보조원이라는 사실을 미리 알려야 한다.
② 소속공인중개사의 고용신고를 받은 등록관청은 공인중개사자격증을 발급한 시·도지사에게 그 소속공인중개사의 공인중개사자격 확인을 요청해야 한다.
③ 중개보조원뿐만 아니라 소속공인중개사의 업무상 행위는 그를 고용한 개업공인중개사의 행위로 본다.
④ 개업공인중개사는 중개보조원을 고용한 경우, 등록관청에 신고한 후 업무개시 전까지 등록관청이 실시하는 실무교육을 받도록 해야 한다.
⑤ 중개보조원의 고용신고를 받은 등록관청은 그 사실을 공인중개사협회에 통보해야 한다.

13 **공인중개사법령상 개업공인중개사의 고용인의 신고에 관한 설명으로 옳은 것은?**

상 **중** 하

① 소속공인중개사에 대한 고용신고는 전자문서에 의하여도 할 수 있다.
② 중개보조원에 대한 고용신고를 받은 등록관청은 국토교통부장관에게 그의 공인중개사자격 확인을 요청해야 한다.
③ 중개보조원은 고용신고일 전 1년 이내에 연수교육을 받아야 한다.
④ 개업공인중개사는 소속공인중개사와의 고용관계가 종료된 때에는 고용관계가 종료된 날부터 7일 이내에 등록관청에 신고해야 한다.
⑤ 외국인을 소속공인중개사로 고용신고하는 경우에는 그의 공인중개사자격을 증명하는 서류를 첨부해야 한다.

14 **개업공인중개사 甲의 소속공인중개사 乙이 중개업무를 하면서 중개대상물의 거래상 중요사항에 관하여 거짓된 언행으로 중개의뢰인 丙의 판단을 그르치게 하여 재산상 손해를 입혔다. 공인중개사법령에 관한 설명으로 <u>틀린</u> 것은?**

상 **중** 하

① 乙의 행위는 공인중개사 자격정지사유에 해당한다.
② 乙은 1년 이하의 징역 또는 1천만원 이하의 벌금에 처한다.
③ 등록관청은 甲의 중개사무소 개설등록을 취소할 수 있다.
④ 乙이 징역 또는 벌금형을 선고받은 경우 甲은 乙의 위반행위 방지를 위한 상당한 주의·감독을 게을리하지 않았더라도 벌금형을 받는다.
⑤ 丙은 甲에게 손해배상을 청구할 수 있다.

15 고용인에 관한 설명으로 옳은 것은 모두 몇 개인가? 상중하

> ㉠ 고용인의 업무상 고의 또는 과실로 발생한 손해는 개업공인중개사만이 책임을 부담한다.
> ㉡ 고용인의 고의 또는 과실로 발생한 손해를 개업공인중개사가 배상한 경우 고용인에게 구상권을 행사할 수 있다.
> ㉢ 개업공인중개사가 거래당사자에게 재산상 손해를 발생시키면 고용인도 함께 책임을 부담한다.
> ㉣ 고용인이 「공인중개사법」상 징역 또는 벌금형에 해당하는 위반행위를 한 경우 그를 고용한 개업공인중개사도 동일한 형벌을 받는다.
> ㉤ 「공인중개사법」 위반행위자가 중개보조원인 경우 중개보조원은 행정처분의 대상자는 되지 않으며, 개업공인중개사만 행정처분의 대상이 된다.

① 0개
② 1개
③ 2개
④ 3개
⑤ 4개

16 개업공인중개사 甲의 소속공인중개사인 乙은 사적인 일로 丙과 단둘이 다투다가 폭행죄로 징역 1년에 집행유예 2년을 선고받고 집행유예기간 중에 있다. 다음 설명으로 옳은 것은? 상중하

① 乙은 집행유예를 선고받았으므로 乙의 공인중개사자격은 당연히 취소된다.
② 甲은 乙이 丙에게 가한 손해에 대해서도 배상책임을 진다.
③ 甲은 양벌규정에 의하여 1천만원 이하의 벌금형을 선고받을 수 있다.
④ 乙이 벌금형 이상을 선고받았으므로 甲의 등록은 취소된다.
⑤ 乙은 다른 개업공인중개사의 소속공인중개사가 될 자격이 없다.

제 3 절 | 중개사무소

대표문제 중개사무소의 설치

공인중개사법령상 중개사무소의 설치에 관한 설명으로 틀린 것은? 기출응용 34회

① 개업공인중개사는 중개사무소를 다른 개업공인중개사와 공동으로 사용할 수 있다.

② 개업공인중개사는 이동이 용이한 임시 중개시설물을 설치하여서는 아니 된다.

③ 주된 사무소의 소재지가 속한 구에는 분사무소를 설치할 수 없다.

④ 법인인 개업공인중개사가 그 관할 구역 외의 지역에 분사무소를 설치하기 위해서는 등록관청에 중개사무소의 개설등록을 하여야 한다.

⑤ 분사무소 설치신고를 받은 등록관청은 그 신고내용이 적합한 경우에는 신고확인서를 교부하여야 한다.

POINT

중개사무소의 설치기준 등에 관하여 학습하여야 합니다.

해설

법인인 개업공인중개사는 대통령령으로 정하는 기준과 절차에 따라 등록관청에 신고하고, 그 관할 구역 외의 지역에 분사무소를 둘 수 있다. 즉, 분사무소의 설치에 관하여는 신고사항이지, 중개사무소의 개설등록사항은 아니다.

정답 ④

17 **공인중개사법령상 분사무소에 관한 설명으로 옳은 것은?** 상중하

① 분사무소설치신고서는 주된 사무소 등록관청에 제출하여야 하며, 이 경우 분사무소 책임자는 직무교육 수료확인증 사본을 제출하여야 한다.

② 주된 사무소 관할 등록관청은 분사무소 설치신고를 받은 때에는 신고내용이 적합한 경우 지체 없이 분사무소설치신고확인서를 교부하여야 한다.

③ 중개사무소 개설등록신청 시와는 달리 분사무소 설치신고 시에는 업무보증설정 증명서류를 제출하여야 한다.

④ 분사무소설치신고확인서를 교부한 주된 사무소 관할 등록관청은 7일 이내에 그 분사무소 설치예정지역을 관할하는 시장·군수·구청장에게 이를 통보하여야 한다.

⑤ 분사무소를 설치하는 경우 손해배상책임을 보장하기 위하여 최소 1억원 이상의 보증을 추가로 설정하여야 한다.

18 **A군(郡)에 중개사무소를 두고 있는 공인중개사 甲과 법인인 개업공인중개사 乙, 乙법인 분사무소의 책임자 丙 및 소속공인중개사 丁에 관한 설명으로 옳은 것은?** 상중하

① 甲은 B군에 분사무소를 둘 수 있다.

② 甲이 B군에 임시 중개시설물을 설치한 경우 등록이 취소될 수 있으며, 3년 이하의 징역 또는 3천만원 이하의 벌금형에 처하게 된다.

③ 乙은 B군, C군, D군에 각 분사무소 1개소를 설치할 수 있다.

④ 乙이 B군에 분사무소를 두고자 할 때는 B군 군수에게 관련 제출서류를 제출하여야 한다.

⑤ 丙은 분사무소 설치신고 전에 직무교육을 받아야 한다.

PART 1

19 **공인중개사법령상 중개사무소의 설치에 관한 설명으로 틀린 것은?** 상 중 하

① 분사무소는 주된 사무소의 소재지가 속한 시·군·구를 제외한 시·군·구에 설치할 수 있다.

② 다른 법률의 규정에 따라 중개업을 할 수 있는 법인의 분사무소에는 공인중개사를 책임자로 두지 않아도 된다.

③ 개업공인중개사가 중개사무소를 공동으로 사용하려면 중개사무소의 개설등록 또는 이전신고를 할 때 그 중개사무소를 사용할 권리가 있는 다른 개업공인중개사의 승낙서를 첨부해야 한다.

④ 주된 사무소 관할 등록관청은 분사무소 설치신고를 받은 때에는 신고내용이 적합한 경우에는 7일 이내에 분사무소설치신고확인서를 교부하여야 한다.

⑤ 분사무소설치신고확인서를 잃어버리거나 못쓰게 된 경우에는 분사무소 관할 등록관청에 분사무소설치신고확인서의 재교부신청을 할 수 있다.

20 **공인중개사법령상 분사무소의 설치에 관한 설명으로 옳은 것을 모두 고른 것은?** 상 중 하

> ㉠ 분사무소의 책임자가 되고자 하는 자는 분사무소 설치신고일 전 1년 이내에 시·도지사가 시행하는 직무교육을 받아야 한다.
> ㉡ 다른 법률의 규정에 따라 중개업을 할 수 있는 법인의 분사무소에는 공인중개사를 책임자로 두지 않아도 된다.
> ㉢ 분사무소의 설치신고를 받은 등록관청은 그 신고내용이 적합한 경우에는 국토교통부령이 정하는 분사무소설치신고확인서를 교부해야 한다.
> ㉣ 분사무소는 손해배상책임을 보장하기 위하여 1개의 분사무소당 최소 1억원 이상의 보증을 추가로 설정하여야 한다.

① ㉠, ㉡　　② ㉠, ㉢

③ ㉡, ㉢　　④ ㉢, ㉣

⑤ ㉠, ㉡, ㉣

21 **공인중개사법령상 중개사무소의 공동사용에 관한 설명으로 옳은 것은?** 상중하

① 업무정지기간 중에 있는 개업공인중개사가 다른 개업공인중개사에게 중개사무소의 공동사용을 위하여 승낙서를 주는 방법으로 공동사무소 설치는 가능하다.

② 종별이 다른 개업공인중개사가 중개사무소를 공동으로 사용하는 경우 등록관청은 모두 동일하지만 업무지역은 다를 수 있다.

③ 중개사무소를 공동으로 사용하고자 하는 경우에는 등록관청의 승인을 받아야 한다.

④ 부칙 제6조 제2항에 규정된 개업공인중개사 및 공인중개사인 개업공인중개사는 다른 개업공인중개사와 중개사무소를 공동으로 사용할 수 없다.

⑤ 부칙 제6조 제2항에 규정된 개업공인중개사가 법인 또는 공인중개사인 개업공인중개사와 중개사무소를 공동으로 사용하는 경우 업무지역은 전국으로 확대된다.

22 **중개사무소 이전신고에 관한 내용으로 틀린 것은?** 상중하

① 甲군(郡)에 사무소를 둔 개업공인중개사 A는 2025.1.10. 乙군으로 사무소를 이전하고 같은 해 1.18.에 乙군 군수에게 이전사실을 신고하였다.

② 개업공인중개사 B는 중개사무소를 丙군에서 丁군으로 이전한 후 법정기간 내에 이전신고를 하지 않아 과태료처분을 받았다.

③ 법인인 개업공인중개사 C의 분사무소 책임자 D는 분사무소를 이전하고, 그 분사무소를 관할하는 등록관청에 이전신고를 하였다.

④ 개업공인중개사 E는 중개사무소를 이전하고 공인중개사법령에 따라 등록관청에 신고하면서 중개사무소의 법적 요건을 갖춘 건물의 임대차계약서도 같이 제출하였다.

⑤ 개업공인중개사 F는 개업공인중개사 G가 사용 중인 중개사무소로 이전하고 G의 승낙서와 필요한 서류를 첨부하여 공인중개사법령에 따라 중개사무소 이전신고를 하였다.

최신 기출응용 32회

23 **공인중개사법령상 공인중개사인 개업공인중개사가 중개사무소를 등록관청의 관할 지역 내로 이전한 경우에 관한 설명으로 옳은 것을 모두 고른 것은?** 상중하

> ㉠ 중개사무소를 이전한 날부터 10일 이내에 신고해야 한다.
> ㉡ 등록관청이 이전신고를 받은 경우, 중개사무소등록증에 변경사항만을 적어 교부할 수 없고 재교부해야 한다.
> ㉢ 최근 1년간의 행정처분 및 행정처분절차가 진행 중인 경우 그 관련 서류는 송부서류에 해당한다.
> ㉣ 건축물대장에 기재되지 않은 건물로 이전신고를 하는 경우, 건축물대장 기재가 지연되는 사유를 적은 서류는 제출하여야 한다.

① ㉠, ㉡
② ㉠, ㉣
③ ㉡, ㉢
④ ㉢, ㉣
⑤ ㉡, ㉢, ㉣

24 **공인중개사법령상 법인인 개업공인중개사가 등록관청 관할 지역 외의 지역으로 중개사무소 또는 분사무소를 이전하는 경우에 관한 설명으로 옳은 것은?** 상중하

① 중개사무소 이전신고를 받은 등록관청은 그 내용이 적합한 경우, 중개사무소등록증의 변경사항을 기재하여 교부할 수 있다.
② 건축물대장에 기재되지 않은 건물에 중개사무소를 확보한 경우, 건축물대장의 기재가 지연된 사유를 적은 서류는 첨부할 필요가 없다.
③ 중개사무소 이전신고를 하지 않은 경우 업무정지처분의 대상이 된다.
④ 분사무소 이전신고는 이전한 날부터 10일 이내에 이전할 분사무소의 소재지를 관할하는 등록관청에 하면 된다.
⑤ 등록관청은 분사무소의 이전신고를 받은 때에는 지체 없이 그 분사무소의 이전 전 및 이전 후의 소재지를 관할하는 시장·군수 또는 구청장에게 이를 통보하여야 한다.

최신 기출응용 34회

25 **공인중개사법령상 중개사무소의 명칭 및 등록증 등의 게시에 관한 설명으로 틀린 것은?**

상 중 하

① 공인중개사인 개업공인중개사는 중개사무소등록증 원본을 해당 중개사무소 안의 보기 쉬운 곳에 게시하여야 한다.

② 개업공인중개사는 「부가가치세법 시행령」에 따른 사업자등록증을 해당 중개사무소 안의 보기 쉬운 곳에 게시하여야 한다.

③ 법인인 개업공인중개사는 그 사무소의 명칭에 '공인중개사사무소' 또는 '부동산중개'라는 문자를 사용하여야 한다.

④ 개업공인중개사가 옥외광고물을 설치하는 경우 개업공인중개사의 성명을 인식할 수 있는 정도의 크기로 표기해야 한다.

⑤ 개업공인중개사가 아닌 자가 그 사무소의 명칭에 '공인중개사사무소', '부동산중개' 또는 이와 유사한 명칭을 사용한 경우 3년 이하의 징역 또는 3천만원 이하의 벌금형에 해당한다.

최신 기출응용 32회

26 **공인중개사법령상 중개사무소의 명칭 및 등록증 등의 게시에 관한 설명으로 틀린 것은?** (다툼이 있으면 판례에 따름)

상 중 하

① 부칙 제6조 제2항에 규정된 개업공인중개사는 사무소 명칭에 '공인중개사사무소'라는 문자를 사용하여서는 아니 된다.

② 소속공인중개사가 있는 경우 그 소속공인중개사의 공인중개사자격증 원본도 게시해야 한다.

③ 개업공인중개사가 아닌 자가 '부동산중개'라는 명칭을 사용한 경우, 등록관청은 중개사무소의 개설등록을 취소하여야 한다.

④ 개업공인중개사는 옥외광고물을 설치하는 경우 개업공인중개사의 성명을 인식할 수 있는 정도의 크기로 표기해야 한다.

⑤ 공인중개사인 개업공인중개사가 「옥외광고물 등의 관리와 옥외광고산업 진흥에 관한 법률」에 따른 옥외광고물을 설치하는 경우, 중개사무소등록증에 표기된 개업공인중개사의 성명을 표기해야 한다.

최신 기출응용 32회

27 **공인중개사법령상 개업공인중개사가 지체 없이 사무소의 간판을 철거해야 하는 사유를 모두 고른 것은?** 상중**하**

ㄱ 등록관청에 중개사무소의 이전사실을 신고한 경우
ㄴ 등록관청에 폐업사실을 신고한 경우
ㄷ 중개사무소의 개설등록 취소처분을 받은 경우
ㄹ 등록관청에 6개월을 초과하는 휴업신고를 한 경우

① ㄹ
② ㄱ, ㄷ
③ ㄴ, ㄷ
④ ㄱ, ㄴ, ㄷ
⑤ ㄱ, ㄴ, ㄷ, ㄹ

28 **공인중개사법령상 중개대상물의 표시·광고에 관한 설명으로 틀린 것은?** 상**중**하

① 개업공인중개사가 의뢰받은 중개대상물에 대하여 표시·광고를 하려면 중개사무소, 개업공인중개사에 관한 사항을 명시하여야 하며, 중개보조원에 관한 사항의 명시도 가능하다.
② 개업공인중개사가 인터넷을 이용하여 중개대상물에 대한 표시·광고를 하는 때에는 중개대상물의 종류별로 소재지, 면적, 가격 등의 사항을 명시하여야 한다.
③ 개업공인중개사가 아닌 자는 중개대상물에 대한 표시·광고를 하여서는 아니 된다.
④ 개업공인중개사는 중개대상물이 존재하지 않아서 실제로 거래를 할 수 없는 중개대상물에 대한 표시·광고행위를 하여서는 아니 된다.
⑤ 개업공인중개사는 중개대상물의 가격 등의 내용을 사실과 다르게 거짓으로 표시·광고하거나 사실을 과장되게 하는 표시·광고행위를 하여서는 아니 된다.

29 **공인중개사법령상 중개대상물의 표시·광고 및 모니터링에 관한 설명으로 틀린 것은?**

상 중 하

① 개업공인중개사는 의뢰받은 중개대상물에 대하여 표시·광고를 하려면 개업공인중개사, 소속공인중개사 및 중개보조원에 관한 사항을 명시해야 한다.

② 개업공인중개사는 중개대상물이 존재하지 않아서 실제로 거래를 할 수 없는 중개대상물에 대한 광고와 같은 부당한 표시·광고를 해서는 안 된다.

③ 개업공인중개사는 중개대상물의 가격 등 내용을 과장되게 하는 부당한 표시·광고를 해서는 안 된다.

④ 국토교통부장관은 인터넷을 이용한 중개대상물에 대한 표시·광고의 규정준수 여부에 관하여 기본 모니터링과 수시 모니터링을 할 수 있다.

⑤ 국토교통부장관은 인터넷 표시·광고 모니터링 업무 수행에 필요한 전문인력과 전담조직을 갖췄다고 국토교통부장관이 인정하는 단체에게 인터넷 표시·광고 모니터링 업무를 위탁할 수 있다.

30 **공인중개사법령상 개업공인중개사가 의뢰받은 중개대상물에 대하여 표시·광고를 하려는 경우 '중개사무소, 개업공인중개사에 관한 사항'으로서 명시해야 하는 것을 모두 고른 것은?**

상 중 하

㉠ 소속공인중개사의 연락처 ㉡ 중개사무소의 명칭 ㉢ 소속공인중개사의 성명 ㉣ 개업공인중개사의 성명

① ㉠, ㉡
② ㉡, ㉢
③ ㉢, ㉣
④ ㉡, ㉣
⑤ ㉠, ㉢, ㉣

31 **공인중개사법령상 개업공인중개사가 의뢰받은 중개대상물에 대하여 표시·광고를 하는 경우에 관한 설명으로 옳은 것은?**

상 중 하

① 중개보조원이 있는 경우 개업공인중개사의 성명과 함께 중개보조원의 성명을 명시할 수 있다.

② 개업공인중개사는 중개대상물에 대하여 실제로 거래할 수 없는 중개대상물에 대한 표시·광고를 하여서는 아니 된다.

③ 중개대상물의 내용을 사실과 다르게 거짓으로 표시·광고한 자를 신고한 자는 포상금 지급대상이다.

④ 인터넷을 이용하여 표시·광고를 하는 경우 중개사무소에 관한 사항은 명시하지 않아도 된다.

⑤ 인터넷을 이용한 중개대상물의 표시·광고 모니터링 업무수탁기관은 기본계획서에 따라 1년마다 기본 모니터링 업무를 수행한다.

32 **공인중개사법령상 인터넷 표시·광고 모니터링에 관한 설명이다. 다음 중 <u>틀린</u> 것은?**

상 중 하

① 등록관청은 인터넷을 이용한 중개대상물에 대한 표시·광고를 모니터링할 수 있다.

② 국토교통부장관은 모니터링을 위하여 필요한 때에는 정보통신서비스 제공자에게 관련 자료의 제출을 요구할 수 있다.

③ 국토교통부장관은 모니터링 결과에 따라 정보통신서비스 제공자에게 이 법 위반이 의심되는 표시·광고에 대한 확인 또는 추가정보의 게재 등 필요한 조치를 요구할 수 있다.

④ 국토교통부장관은 모니터링 업무를 대통령령으로 정하는 기관에 위탁할 수 있다.

⑤ 국토교통부장관은 업무위탁기관에 예산의 범위에서 위탁업무 수행에 필요한 예산을 지원할 수 있다.

33 **공인중개사법령상 인터넷 표시·광고 모니터링에 관한 설명이다. 다음 중 틀린 것은?**

상 중 하

① 국토교통부장관은 모니터링 업무를 공공기관, 정부출연연구기관 등에 위탁할 수 있다.

② 기본 모니터링 업무란 모니터링 기본계획서에 따라 분기별로 실시하는 모니터링이며, 수시 모니터링 업무란 국토교통부장관이 필요하다고 판단하여 실시하는 모니터링 업무를 말한다.

③ 모니터링 기관은 업무를 수행한 경우 해당 업무에 따른 결과보고서를 기본 모니터링 업무는 매 분기의 마지막 날부터 30일 이내, 수시 모니터링 업무는 해당 모니터링 업무를 완료한 날부터 15일 이내에 국토교통부장관에게 제출해야 한다.

④ 국토교통부장관은 제출받은 결과보고서를 시·도지사 및 등록관청에 통보하고 필요한 조사 및 조치를 요구할 수 있다.

⑤ 시·도지사 및 등록관청은 위 ④에 따라 요구를 받으면 신속하게 조사 및 조치를 완료하고, 완료한 날부터 15일 이내에 그 결과를 국토교통부장관에게 통보해야 한다.

제 4 절 | 인장등록

대표문제 인장등록 및 변경

공인중개사법령상 인장등록 등에 관한 설명으로 <u>틀린</u> 것은? 기출응용 34회

① 소속공인중개사가 등록한 인장을 변경한 경우에는 변경일부터 7일 이내에 그 변경된 인장을 등록해야 한다.

② 소속공인중개사의 인장등록은 소속공인중개사에 대한 고용신고와 같이 할 수 있다.

③ 분사무소에서 사용할 인장의 경우에는 「상업등기규칙」에 따라 법인의 대표자가 보증하는 인장을 등록할 수 있다.

④ 소속공인중개사가 등록하여야 할 인장의 크기는 가로·세로 각각 7mm 이상 30mm 이내이어야 한다.

⑤ 소속공인중개사가 인장을 등록하지 아니하거나, 변경등록을 하지 아니하거나, 등록하지 아니한 인장을 사용한 경우에는 100만원 이하의 과태료사유에 해당한다.

POINT

인장등록 등에 관한 의무사항에 대하여 학습하여야 합니다.

해설

소속공인중개사가 인장을 등록하지 아니하거나, 변경등록을 하지 아니하거나, 등록하지 아니한 인장을 사용한 경우에는 자격정지사유에 해당한다.

정답 ⑤

34 공인중개사법령상 인장등록에 관한 내용으로 틀린 것은? 상중하

① 개인인 개업공인중개사 및 소속공인중개사는 「가족관계의 등록 등에 관한 법률」에 따른 가족관계등록부 또는 「주민등록법」에 따른 주민등록표에 기재되어 있는 성명이 나타난 인장으로서 그 크기가 가로·세로 각각 7mm 이상 30mm 이내인 인장을 등록하여야 한다.

② 개업공인중개사 및 소속공인중개사는 중개행위를 함에 있어서 등록된 인장을 사용하여야 한다.

③ 분사무소에서 사용할 인장의 경우 「상업등기규칙」의 규정에 따라 법인의 대표자가 보증하는 인장을 등록할 수 있다.

④ 법인인 개업공인중개사는 법인의 대표자 인장을 등록하여야 한다.

⑤ 법인인 개업공인중개사의 인장등록 및 변경등록은 「상업등기규칙」에 따른 법인의 인감증명서를 제출하는 것으로 갈음한다.

35 공인중개사법령상 개업공인중개사 및 소속공인중개사의 인장등록에 관한 설명으로 옳은 것은? 상중하

① 개업공인중개사의 인장등록은 중개사무소 개설등록을 신청하는 때에, 소속공인중개사에 대한 인장등록은 고용신고를 하는 때에 같이 할 수 있다.

② 등록한 인장을 변경한 경우에는 10일 이내에 등록관청에 그 변경된 인장을 등록하여야 한다.

③ 분사무소에서 사용할 인장의 경우는 법인의 대표자가 보증하는 인장을 분사무소 소재지 관할 시장·군수·구청장에게 등록할 수 있다.

④ 법인인 개업공인중개사가 등록하여야 할 인장은 크기가 가로·세로 각각 7mm 이상 30mm 이내인 인장이어야 한다.

⑤ 개업공인중개사가 거래계약서에 등록하지 아니한 인장을 사용한 경우 그 서면의 효력은 발생하지 아니한다.

36 공인중개사법령상 인장등록에 관한 설명으로 옳은 것은? 상중하

① 법인이 아닌 개업공인중개사 및 소속공인중개사의 인장등록 및 변경등록은 인감증명서를 등록관청에 제출하는 것으로 갈음한다.

② 법인인 개업공인중개사의 경우 「상업등기규칙」에 의하여 신고한 법인의 인장을 등록하여야 한다.

③ 개업공인중개사 및 소속공인중개사는 등록한 인장을 변경한 경우에는 변경일로부터 10일 이내에 그 변경된 인장을 등록관청에 등록하여야 한다.

④ 개업공인중개사가 중개사무소를 공동으로 사용하는 경우에는 그 대표자의 인장을 등록관청에 등록할 수 있다.

⑤ 소속공인중개사가 거래계약서에 등록하지 아니한 인장을 날인한 경우 등록관청은 자격정지처분을 할 수 있다.

37 공인중개사법령상 인장등록 등에 관한 설명으로 옳은 것은? 상중하

① 중개보조원은 중개업무를 보조하기 위해 인장등록을 하여야 한다.

② 개업공인중개사가 등록한 인장을 변경한 경우 변경일부터 5일 이내에 그 변경된 인장을 등록관청에 등록하면 된다.

③ 분사무소에서 사용할 인장은 분사무소 소재지 시장·군수 또는 구청장에게 등록해야 한다.

④ 분사무소에서 사용할 인장은 「상업등기규칙」에 따라 신고한 법인의 인장이어야 하고, 「상업등기규칙」에 따른 인감증명서의 제출로 갈음할 수 없다.

⑤ 개업공인중개사가 인장등록을 하지 아니하거나, 변경등록을 하지 아니하거나, 등록하지 아니한 인장을 사용한 경우에는 6개월의 범위 안에서 업무정지처분을 받을 수 있다.

38 공인중개사법령상 인장의 등록에 관한 설명으로 옳은 것은?

상 중 하

① 공인중개사자격이 없는 법인의 사원 또는 임원도 인장등록의무가 있다.

② 개업공인중개사가 등록한 인장을 변경한 경우, 변경일부터 7일 이내에 그 변경된 인장을 등록관청에 등록하지 않으면 이는 업무정지사유에 해당한다.

③ 법인인 개업공인중개사의 주된 사무소에서 사용할 인장은 「상업등기규칙」에 따라 법인의 대표자가 보증하는 인장이어야 한다.

④ 법인인 개업공인중개사의 인장등록은 「상업등기규칙」에 따른 인감증명서의 제출로 갈음할 수 없다.

⑤ 개업공인중개사는 중개사무소 개설등록신청 전에 인장을 등록하여야 한다.

제 5 절 | 휴업 및 폐업

대표문제 휴업 및 폐업신고

공인중개사법령상 개업공인중개사의 휴업의 신고 등에 관한 설명으로 <u>틀린</u> 것은?

기출응용 35회

① 법인인 개업공인중개사가 2개월간 분사무소의 휴업을 하려는 경우 휴업신고서에 그 분사무소설치신고확인서를 첨부하여 분사무소의 휴업신고를 하지 않아도 된다.

② 개업공인중개사가 휴업한 중개업을 재개하고자 하는 때에는 재개신고서에 중개사무소등록증을 첨부하여 등록관청에 미리 신고해야 한다.

③ 관할 세무서장이 「부가가치세법 시행령」에 따라 공인중개사법령상의 휴업신고서를 함께 받아 이를 해당 등록관청에 송부한 경우에는 휴업신고서가 제출된 것으로 본다.

④ 등록관청은 개업공인중개사가 대통령령으로 정하는 부득이한 사유가 없음에도 계속하여 6개월을 초과하여 휴업한 경우 중개사무소의 개설등록을 취소할 수 있다.

⑤ 법인인 개업공인중개사는 분사무소를 둔 경우에는 휴업 또는 폐업신고 등의 신고를 분사무소별로 할 수 있다.

POINT

휴업 또는 폐업신고의 절차 등에 관하여 학습하여야 합니다.

해설

개업공인중개사는 국토교통부령으로 정하는 신고서에 중개사무소등록증을 첨부(3개월을 초과하여 휴업하려는 경우, 중개사무소의 개설등록 후 3개월을 초과하여 업무를 개시하지 않는 경우, 폐업하려는 경우)하여 등록관청에 미리 신고하여야 한다. 따라서 변경신고·재개신고 시에는 등록증을 첨부하지 아니한다. 이 경우 재개신고를 받은 등록관청은 반납받은 중개사무소등록증(법인의 분사무소인 경우에는 분사무소설치신고확인서)을 즉시 반환하여야 한다.

정답 ②

최신 기출응용 34회

39 **공인중개사법령상 개업공인중개사의 부동산중개업 휴업 또는 폐업에 관한 설명으로 옳은 것을 모두 고른 것은?** 상 중 하

> ㉠ 재개신고를 받은 등록관청은 중개사무소등록증(분사무소의 경우에는 분사무소설치 신고확인서)을 즉시 반환하여야 한다.
> ㉡ 요양은 6개월을 초과하여 휴업할 수 있는 사유에 해당한다.
> ㉢ 등록관청은 휴업 및 폐업신고를 받은 경우 그 사실을 월별로 모아 중개사무소등록·행정처분등통지서에 의하여 다음 달 15일까지 공인중개사협회에 통보하여야 한다.

① ㉡
② ㉠, ㉡
③ ㉠, ㉢
④ ㉡, ㉢
⑤ ㉠, ㉡, ㉢

40 **공인중개사법령상 개업공인중개사의 휴업에 관한 설명으로 <u>틀린</u> 것을 모두 고른 것은?** 상 중 하

> ㉠ 휴업기간 변경신고는 전자문서로 할 수 있다.
> ㉡ 법령에 정한 사유를 제외하고 휴업은 6개월을 초과할 수 없다.
> ㉢ 재개신고를 받은 등록관청은 반납받은 중개사무소등록증을 7일 이내에 반환하여야 한다.
> ㉣ 개업공인중개사가 폐업을 하고자 하는 때에는 중개사무소등록증을 첨부하지 않고 폐업신고를 할 수 있다.
> ㉤ 등록관청은 휴업 또는 폐업신고를 받은 경우 월별로 모아 다음 달 15일까지 공인중개사협회에 통보하여야 한다.

① ㉠, ㉡
② ㉢, ㉤
③ ㉠, ㉡, ㉣
④ ㉡, ㉢, ㉤
⑤ ㉢, ㉣, ㉤

41 **공인중개사법령상 개업공인중개사가 등록관청에 미리 신고해야 하는 사유를 모두 고른 것은?**

상중하

> ㉠ 3개월을 초과하여 휴업한 중개업의 재개
> ㉡ 신고한 휴업기간의 변경
> ㉢ 분사무소의 휴업
> ㉣ 임신 또는 출산을 위해 6개월을 초과하는 휴업

① ㉠
② ㉡, ㉢
③ ㉠, ㉡, ㉢
④ ㉡, ㉢, ㉣
⑤ ㉠, ㉡, ㉢, ㉣

CHAPTER

05 중개계약 및 부동산거래정보망

빠른 정답 CHECK!(본책) p.232 / 정답 및 해설(책속의 책) p.25

제 1 절 | 중개계약의 종류 및 특징

대표문제 중개계약

공인중개사법령상 개업공인중개사와 중개의뢰인의 중개계약에 관한 설명으로 틀린 것은?

기출응용 35회

① 일반중개계약을 체결한 개업공인중개사는 중개대상물에 대한 정보를 공개하여야 할 의무는 없다.

② 부동산거래정보망에 공개한 정보의 거래가 완성된 때에는 7일 이내에 그 사실을 부동산거래정보사업자에게 통보하여야 한다.

③ 전속중개계약을 체결한 개업공인중개사는 중개대상물의 권리자의 인적 사항에 관한 정보를 공개해서는 안 된다.

④ 개업공인중개사는 전속중개계약을 체결 후 2주일에 1회 이상 업무처리상황을 중개의뢰인에게 문서로 통지하여야 한다.

⑤ 임대차에 대한 전속중개계약을 체결한 개업공인중개사는 중개의뢰인의 비공개 요청이 없어도 중개대상물의 공시지가를 공개하지 아니할 수 있다.

POINT

중개계약에 관하여 학습하여야 합니다.

해설

부동산거래정보망에 공개한 정보의 거래가 완성된 때에는 지체 없이 그 사실을 부동산거래정보사업자에게 통보하여야 한다.

정답 ②

최신 기출응용 34회

01 공인중개사법령상 중개의뢰인 甲과 개업공인중개사 乙의 중개계약에 관한 설명으로 옳은 것은? 상중하

① 甲의 요청에 따라 乙이 전속중개계약서를 작성한 경우 그 계약서를 5년간 보존해야 한다.

② 국토교통부장관은 일반중개계약의 표준이 되는 서식을 정하여 그 사용을 권장할 수 있다.

③ 전속중개계약은 법령이 정하는 계약서에 의하여야 하며, 乙이 서명 및 날인하되 소속공인중개사가 있는 경우 소속공인중개사가 함께 서명 및 날인해야 한다.

④ 전속중개계약의 유효기간은 甲과 乙이 별도로 정하더라도 3개월을 초과할 수 없다.

⑤ 전속중개계약을 체결한 甲이 그 유효기간 내에 스스로 발견한 상대방과 거래한 경우 중개보수에 해당하는 금액을 乙에게 위약금으로 지급해야 한다.

최신 기출응용 33회

02 개업공인중개사가 주택을 임차하려는 중개의뢰인과 일반중개계약을 체결하면서 공인중개사법령상 표준서식인 일반중개계약서를 작성할 때 기재할 사항은? 상중하

① 중개대상물의 표시

② 은행융자 · 권리금 · 제세공과금 등

③ 거래규제 및 공법상 제한사항

④ 희망물건의 종류

⑤ 중개의뢰금액

최신 기출응용 33회

03 **공인중개사법령상 개업공인중개사의 일반중개계약과 전속중개계약에 관한 설명으로 틀린 것은?** 상중하

① 전속중개계약은 중개의뢰인이 중개대상물의 중개를 의뢰하기 위해 특정한 개업공인중개사를 정하여 그 개업공인중개사에 한정하여 중개대상물을 중개하도록 하는 계약을 말한다.

② 개업공인중개사가 전속중개계약을 체결한 때에는 중개의뢰인이 비공개를 요청하지 않은 경우, 부동산거래정보망 또는 일간신문에 해당 중개대상물에 관한 정보를 공개해야 한다.

③ 개업공인중개사가 일반중개계약을 체결한 때에는 중개의뢰인에게 2주일에 1회 이상 중개업무처리상황을 문서로 통지해야 하는 의무는 없다.

④ 개업공인중개사가 국토교통부령으로 정하는 전속중개계약서에 의하지 아니하고 전속중개계약을 체결한 행위는 업무정지사유에 해당한다.

⑤ 표준서식인 일반중개계약서와 전속중개계약서에는 유효기간 내에 개업공인중개사의 소개에 의하여 알게 된 상대방과 개업공인중개사를 배제하고 거래당사자 간 직접 거래를 한 경우 중개보수의 50%에 해당하는 금액의 범위 안에서 소요된 비용을 지급하도록 공통적으로 규정하고 있다.

최신 기출응용 33회

04 **중개의뢰인 甲과 개업공인중개사 乙은 공인중개사법령에 따른 전속중개계약을 체결하고 전속중개계약서를 작성하였다. 이에 관한 설명으로 틀린 것은?** 상중하

① 甲과 乙이 전속중개계약의 유효기간을 6개월로 약정한 것은 유효하다.

② 乙은 전속중개계약서를 3년 동안 보존해야 한다.

③ 乙은 甲에게 계약체결 후 2주일에 1회 이상 중개업무처리상황을 문서로 통지하여야 한다.

④ 전속중개계약에 정하지 않은 사항에 대하여는 甲과 乙이 합의하여 별도로 정할 수 있다.

⑤ 전속중개계약의 유효기간 내에 甲이 乙 외의 다른 개업공인중개사에게 중개를 의뢰하여 거래한 경우 중개보수의 50%에 해당하는 금액의 범위 안에서 乙이 중개행위를 할 때 소요된 비용을 지급한다.

05 **공인중개사법령상 일반중개계약서와 전속중개계약서의 서식에 공통으로 기재된 사항이 <u>아닌</u> 것은?**

상 중 하

① 첨부서류로서 중개보수 요율표

② 계약의 유효기간

③ 부동산거래정보망 또는 일간신문에 정보공개의무

④ 중개대상물의 확인·설명에 관한 사항

⑤ 개업공인중개사가 중개보수를 과다 수령한 경우 차액 환급

06 **甲이 주택을 매도하기 위해 개업공인중개사인 乙과 일반중개계약을 체결하는 경우 공인중개사법령상 표준서식인 일반중개계약서에 기재하는 항목을 모두 고른 것은?**

상 중 하

㉠ 희망물건의 종류 ㉡ 거래규제 및 공법상 제한사항 ㉢ 소유자 및 등기명의인 ㉣ 취득 희망가격

① ㉢

② ㉠, ㉡

③ ㉡, ㉢

④ ㉢, ㉣

⑤ ㉠, ㉡, ㉢

07 **전속중개계약에 관한 설명으로 옳은 것은?** 상중하

① 전속중개계약의 유효기간은 당사자 간에 다른 약정이 없는 경우에는 6개월로 한다.
② 전속중개계약을 체결한 개업공인중개사는 소유권·전세권 및 권리자의 주소·성명 등 중개대상물의 권리관계에 관한 사항을 공개하여야 한다.
③ 중개의뢰인이 전속중개계약 유효기간 내에 스스로 발견한 상대방과 직접 거래계약을 체결한 경우 중개보수의 50%를 개업공인중개사가 중개행위를 함에 있어서 소요된 비용으로 지급하여야 한다.
④ 중개의뢰인이 중개를 의뢰함에 있어 특정한 개업공인중개사를 정하여 그 개업공인중개사에 한정하여 해당 중개대상물을 중개하도록 하는 계약을 체결할 수 있다.
⑤ 개업공인중개사는 전속중개계약을 체결하고자 하는 때에는 특별시·광역시 또는 도의 조례로 정하는 전속중개계약서를 사용하여야 한다.

08 **국토교통부령 별지 서식으로 정한 일반중개계약서와 전속중개계약서를 사용한 계약의 비교에 관한 설명으로 옳은 것은?** 상중하

① 양자는 계약 체결의 당사자가 다르다.
② 양 서식에 의한 계약 체결 이후 개업공인중개사가 정보공개 및 업무처리상황의 통지 의무를 부담하는 점에서 같다.
③ 양자 모두 소속공인중개사는 서명 또는 날인의 의무가 없다.
④ 유효기간 중에 다른 개업공인중개사의 중개로 거래한 경우 중개의뢰인에게 위약금 지불의무가 발생하는 점에서 같다.
⑤ 양자는 모두 3년간 보존의무가 적용된다.

09 **공인중개사법령상 전속중개계약에 관한 설명으로 옳은 것을 모두 고른 것은?** 상중하

> ㉠ 개업공인중개사는 전속중개계약 체결 후 중개의뢰인에게 2주일에 1회 이상 중개업무처리상황을 문서로 통지해야 한다.
> ㉡ 개업공인중개사는 전속중개계약을 체결하고 7일 이내에 부동산거래정보망과 일간신문 모두에 중개대상물에 관한 정보를 공개하여야 한다.
> ㉢ 당사자 간에 기간의 약정이 없으면 전속중개계약의 유효기간은 3개월로 한다.
> ㉣ 전속중개계약의 유효기간 내에 다른 개업공인중개사에게 해당 중개대상물의 중개를 의뢰하여 거래한 중개의뢰인은 전속중개계약을 체결한 개업공인중개사에게 위약금 지불의무를 진다.

① ㉠, ㉢
② ㉡, ㉣
③ ㉠, ㉡, ㉢
④ ㉠, ㉢, ㉣
⑤ ㉠, ㉡, ㉢, ㉣

10 **임대차에 대한 전속중개계약 체결 시 반드시 부동산거래정보망 또는 일간신문에 공개하여야 할 정보의 내용이 아닌 것을 모두 고른 것은?** 상중하

> ㉠ 중개대상물의 종류·소재지·면적·구조·지목·건축연도 등 특정하기 위하여 필요한 사항
> ㉡ 소유권·전세권·저당권·지상권·임차권 등 권리관계에 관한 사항
> ㉢ 권리를 취득함에 따라 부담하여야 할 조세의 종류 및 세율
> ㉣ 공법상 이용제한 및 거래규제에 관한 사항
> ㉤ 권리자의 주소·성명 등 인적사항에 관한 정보
> ㉥ 중개보수, 실비금액과 그 산출내역
> ㉦ 공시지가

① ㉠, ㉢, ㉥
② ㉡, ㉤, ㉦
③ ㉣, ㉤, ㉦
④ ㉢, ㉣, ㉤
⑤ ㉢, ㉤, ㉥, ㉦

11 **전속중개계약을 체결한 개업공인중개사가 공인중개사법령상 공개해야 할 중개대상물에 대한 정보에 해당하는 것을 모두 고른 것은?** (중개의뢰인이 비공개를 요청하지 않은 경우임)

상 중 하

㉠ 일조·소음·진동 등 환경조건 ㉡ 중개대상물에 대한 권리를 취득함에 따라 부담하여야 할 조세의 종류 및 세율 ㉢ 공법상의 이용제한 및 거래규제 ㉣ 오수·폐수·쓰레기 처리시설 등의 상태

① ㉠, ㉢
② ㉠, ㉣
③ ㉡, ㉣
④ ㉠, ㉢, ㉣
⑤ ㉠, ㉡, ㉢, ㉣

제 2 절 | 부동산거래정보망

대표문제 거래정보사업자의 지정취소

공인중개사법령상 부동산거래정보망의 지정 및 이용에 관한 설명으로 틀린 것은?

기출응용 35회

① 「전기통신사업법」의 규정에 의한 부가통신사업자로서 국토교통부령으로 정하는 요건을 갖추면 거래정보사업자로 지정받을 수 있다.

② 거래정보사업자로 지정받으려는 자는 공인중개사의 자격을 갖추어야 하는 것은 아니다.

③ 거짓이나 그 밖의 부정한 방법으로 거래정보사업자로 지정받은 경우 지정취소사유에 해당한다.

④ 개인인 거래정보사업자의 사망으로 부동산거래정보망의 계속적인 운영이 불가능한 경우 국토교통부장관은 청문 없이 그 지정을 취소할 수 있다.

⑤ 부동산거래정보망에 정보가 공개된 중개대상물의 거래가 완성된 경우 개업공인중개사는 30일 이내에 해당 거래정보사업자에게 이를 통보하여야 한다.

POINT

거래정보사업자의 지정취소사유에 대하여 학습하여야 합니다.

해설

부동산거래정보망에 정보가 공개된 중개대상물의 거래가 완성된 경우 개업공인중개사는 지체 없이 해당 거래정보사업자에게 이를 통보하여야 한다.

정답 ⑤

12 공인중개사법령상의 부동산거래정보망에 관한 설명으로 옳은 것은? 상중하

① 국토교통부장관은 지정신청을 받은 때에는 지정신청을 받은 날로부터 30일 이내에 거래정보사업자지정서를 교부하여야 한다.

② 거래정보사업자로 지정을 받은 자는 지정을 받은 날로부터 60일 이내에 부동산거래정보망의 운영규정을 정하여 국토교통부장관의 승인을 얻어야 한다.

③ 법인으로 부동산거래정보사업자로 지정을 받을 수 있지만, 개인으로는 불가능하다.

④ 거래정보사업자로 지정을 받은 자는 6개월 이내에 부동산거래정보망을 설치·운영하여야 한다.

⑤ 부동산거래정보망이란 개업공인중개사와 중개의뢰인 상호간에 중개대상물의 중개에 관한 정보를 교환하는 체계를 말한다.

13 **부동산거래정보망에 관한 설명으로 옳은 것은?** 상중하

① 개업공인중개사가 부동산거래정보망에 중개대상물에 관한 정보를 거짓으로 공개하는 경우에는 등록취소처분을 받을 수 있다.

② 거래정보사업자는 개업공인중개사로부터 공개를 의뢰받은 중개대상물의 정보에 한정하여 이를 공개하여야 하며, 이를 위반한 경우 1년 이하의 징역 또는 1천만원 이하의 벌금사유에 해당한다.

③ 일반중개계약을 체결한 개업공인중개사는 「공인중개사법」상 지정받은 거래정보사업자가 설치한 부동산거래정보망에 가입하여 이용할 수 없다.

④ 국토교통부장관은 거래정보사업자가 거짓이나 그 밖에 부정한 방법으로 지정을 받은 경우 그 지정을 취소하여야 한다.

⑤ 거래정보사업자는 중개의뢰인으로부터 의뢰받은 정보에 한정하여 이를 공개하여야 한다.

14 **공인중개사법령상 거래정보사업자 지정에 관한 설명으로 옳은 것은?** 상중하

① 지정신청자는 500명 이상의 개업공인중개사로부터 받은 부동산거래정보망 가입·이용신청서 및 그 개업공인중개사의 인감증명서를 제출하여야 한다.

② 거래정보사업자의 사망 또는 법인의 해산 그 밖의 사유로 부동산거래정보망의 계속적인 운영이 불가능한 경우를 원인으로 지정을 취소하고자 하는 경우 청문을 실시하지 아니한다.

③ 부동산거래정보망을 설치·운영할 자로 지정을 받으려면 가입한 개업공인중개사가 보유하고 있는 주된 컴퓨터의 용량 및 성능을 확인할 수 있는 서류가 필요하다.

④ 부동산거래정보사업자로 지정받고자 하는 자는 운영규정을 정하여 국토교통부장관의 승인을 받아야 하고, 정당한 사유가 없는 한 지정받은 날부터 3개월 이내에 부동산거래정보망을 설치·운영하여야 한다.

⑤ 부동산거래정보사업자로의 지정신청을 받은 국토교통부장관은 지정요건을 확인하고 지정신청을 받은 날부터 3개월 이내에 지정처분을 하여야 한다.

15 공인중개사법령상 거래정보사업자의 지정을 취소할 수 있는 사유에 해당하는 것을 모두 고른 것은?

상 중 하

㉠ 개인인 거래정보사업자가 사망하거나 법인인 거래정보사업자가 해산한 경우
㉡ 거래정보사업자가 운영규정에 위반하여 부동산거래정보망을 운영한 경우
㉢ 거래정보사업자가 의뢰받은 내용과 다르게 정보를 공개하거나 개업공인중개사에 따라 차별적으로 정보를 공개한 경우
㉣ 정당한 사유 없이 지정받은 날부터 1년 이내에 부동산거래정보망을 설치·운영하지 아니한 경우

① ㉠, ㉡
② ㉡, ㉢
③ ㉢, ㉣
④ ㉠, ㉢, ㉣
⑤ ㉠, ㉡, ㉢, ㉣

16 공인중개사법령상 거래정보사업자의 지정취소사유에 해당하는 것을 모두 고른 것은?

상 중 하

㉠ 거짓이나 그 밖의 부정한 방법으로 지정을 받은 경우
㉡ 개업공인중개사로부터 의뢰받은 내용과 다르게 부동산거래정보망에 공개한 경우
㉢ 정당한 사유 없이 지정받은 날부터 3개월 이내에 부동산거래정보망을 설치하지 아니한 경우
㉣ 법인인 거래정보사업자의 해산
㉤ 부동산거래정보망의 이용 및 정보제공방법 등에 관한 운영규정을 변경하고도 국토교통부장관의 승인을 받지 않고 부동산거래정보망을 운영한 경우

① ㉠, ㉡
② ㉢, ㉣
③ ㉠, ㉡, ㉤
④ ㉠, ㉡, ㉣, ㉤
⑤ ㉠, ㉡, ㉢, ㉣, ㉤

17 공인중개사법령상 부동산거래정보망을 설치·운영할 자로 지정받기 위한 요건의 일부이다. ( )에 들어갈 내용으로 옳은 것은? 상중하

> • 부동산거래정보망의 가입·이용신청을 한 (㉠)의 수가 500명 이상이고 (㉡)개 이상의 특별시·광역시·도 및 특별자치도에서 각각 (㉢)인 이상의 (㉠)가 가입·이용신청을 하였을 것
> • 공인중개사 (㉣)명 이상을 확보할 것
> • 정보처리기사 (㉤)명 이상을 확보할 것

	㉠	㉡	㉢	㉣	㉤
①	공인중개사	2	20	1	1
②	공인중개사	3	20	3	2
③	개업공인중개사	2	20	3	3
④	개업공인중개사	2	30	1	1
⑤	개업공인중개사	3	30	1	2

18 공인중개사법령상 부동산거래정보망의 지정 및 이용에 관한 설명으로 틀린 것은? 상중하

① 개업공인중개사는 부동산거래정보망에 중개대상물에 관한 정보를 거짓으로 공개하여서는 아니 된다.

② 부동산거래정보망을 설치·운영할 자로 지정을 받을 수 있는 자는 「전기통신사업법」의 규정에 의한 부가통신사업자로서 국토교통부령으로 정하는 요건을 갖춘 자이다.

③ 거래정보사업자는 지정받은 날부터 3개월 이내에 부동산거래정보망의 이용 및 정보제공방법 등에 관한 운영규정을 정하여 국토교통부장관의 승인을 얻어야 한다.

④ 거래정보사업자가 부동산거래정보망의 이용 및 정보제공방법 등에 관한 운영규정을 변경하고자 하는 경우 국토교통부장관의 승인을 얻어야 한다.

⑤ 거래정보사업자는 개업공인중개사로부터 공개를 의뢰받은 중개대상물의 정보를 의뢰받은 내용과 다르게 공개할 수 있다.

CHAPTER

06 개업공인중개사의 의무 및 책임

빠른 정답 CHECK!(본책) p.232 / 정답 및 해설(책속의 책) p.31

제1절 | 금지행위

대표문제 금지행위

공인중개사법령상 누구든지 시세에 부당한 영향을 줄 목적으로 개업공인중개사등의 업무를 방해해서는 아니 되는 행위를 모두 고른 것은? 기출응용 35회

ㄱ 중개대상물의 시세에 부당한 영향을 주거나 줄 우려가 있는 행위
ㄴ 안내문, 온라인 커뮤니티 등을 이용하여 특정 개업공인중개사등에 대한 중개의뢰를 제한하거나 제한을 유도하는 행위
ㄷ 개업공인중개사등에게 중개대상물을 시세보다 현저하게 높게 표시·광고하도록 강요하는 행위
ㄹ 단체를 구성하여 특정 중개대상물에 대하여 중개를 제한하거나 단체 구성원 이외의 자와 공동중개를 제한하는 행위

① ㄱ, ㄷ
② ㄱ, ㄹ
③ ㄴ, ㄷ
④ ㄱ, ㄴ, ㄹ
⑤ ㄴ, ㄷ, ㄹ

POINT

금지행위의 내용과 관련된 판례를 숙지하여야 합니다.

해설

누구든지 시세에 부당한 영향을 줄 목적으로 다음의 방법으로 개업공인중개사등의 업무를 방해해서는 아니 된다(법 제33조 제2항).

1. 안내문, 온라인 커뮤니티 등을 이용하여 특정 개업공인중개사등에 대한 중개의뢰를 제한하거나 제한을 유도하는 행위
2. 안내문, 온라인 커뮤니티 등을 이용하여 중개대상물에 대하여 시세보다 현저하게 높게 표시·광고 또는 중개하는 특정 개업공인중개사등에게만 중개의뢰를 하도록 유도함으로써 다른 개업공인중개사등을 부당하게 차별하는 행위

3. 안내문, 온라인 커뮤니티 등을 이용하여 특정 가격 이하로 중개를 의뢰하지 아니하도록 유도하는 행위
4. 정당한 사유 없이 개업공인중개사등의 중개대상물에 대한 정당한 표시·광고행위를 방해하는 행위
5. 개업공인중개사등에게 중개대상물을 시세보다 현저하게 높게 표시·광고하도록 강요하거나 대가를 약속하고 시세보다 현저하게 높게 표시·광고하도록 유도하는 행위

따라서 정답은 ㉡, ㉢이 된다.

정답 ③

PART 1

01 **공인중개사법령상 개업공인중개사등의 금지행위에 해당하지 않는 것은?** 상중하

① 단체를 구성하여 단체 구성원 이외의 자와 공동중개를 제한하는 행위
② 부동산의 매매를 중개한 개업공인중개사가 해당 부동산을 다른 개업공인중개사의 중개를 통하여 임차한 행위
③ 중개의뢰인과 직접 거래를 하거나 거래당사자 쌍방을 대리하는 행위
④ 관계법령에 의하여 전매 등 권리의 변동이 제한된 부동산의 매매를 중개하는 등 부동산투기를 조장하는 행위
⑤ 제3자에게 부당한 이익을 얻게 할 목적으로 거짓으로 거래가 완료된 것처럼 꾸미는 등 중개대상물의 시세에 부당한 영향을 줄 우려가 있는 행위

02 **「공인중개사법」 제33조 제1항의 금지행위에 해당하는 것을 모두 고른 것은?** 상중하

> ㉠ 관계 법령에 의하여 양도·알선 등이 금지된 부동산의 분양·임대 등과 관련 있는 증서 등의 매매를 중개하는 행위
> ㉡ 중개대상물의 매매를 업으로 하는 행위
> ㉢ 상가임대차에서 권리금 수수를 도와준 대가로 별도의 수고비를 받는 행위
> ㉣ 거래계약체결 후의 중도금 및 잔금의 지급 및 수령에 대하여 거래당사자 쌍방을 대리하는 행위
> ㉤ 단체를 구성하여 특정 중개대상물에 대하여 중개를 제한하거나 단체 구성원 이외의 자와 공동중개를 제한하는 행위

① ㉠, ㉡, ㉣
② ㉠, ㉢, ㉤
③ ㉠, ㉡, ㉤
④ ㉠, ㉡, ㉢, ㉤
⑤ ㉡, ㉢, ㉣, ㉤

03 **개업공인중개사등의 금지행위**(법 제33조 제1항)**에 해당하지 <u>않는</u> 것은?** 상중하

① 부당한 이익을 얻거나 제3자에게 부당한 이익을 얻게 할 목적으로 거짓으로 거래가 완료된 것처럼 꾸미는 등 시세에 부당한 영향을 주거나 줄 우려가 있는 행위를 하였다.
② 의뢰인의 상가를 그의 요구에 맞추어 거래를 성사시켜 준 대가로 법정중개보수 상한액을 받고, 별도로 미술작품 1점을 받았다.
③ 업무상 알게 된 개발업자로부터 입수한 확정되지 않은 개발계획을 이용하여 타인에게 그 지역 임야를 매입하도록 권유하여 매매계약을 체결하였다.
④ 중개대상물 소유자의 대리인이나 그 거래에 관하여 사무의 처리를 위탁받은 수임인과 거래하였다.
⑤ 매매계약을 중개함에 있어서 매도의뢰인의 급박한 사고로 인해 그의 위임을 받아 매수의뢰인과 매매계약을 체결하였다.

04 **개업공인중개사등의 금지행위**(법 제33조 제1항)**에 해당되는 것은 모두 몇 개인가?** (다툼이 있으면 판례에 따름) 상중하

> ㉠ 개업공인중개사 A는 자기의 인척 B 소유 주택을 매수의뢰인인 C에게 매도하는 계약을 중개하였다.
> ㉡ 개업공인중개사 D는 매도의뢰인 E를 대리하여 매수의뢰인 F와 거래계약을 체결하였다.
> ㉢ 개업공인중개사가 중개를 의뢰한 집주인에게 자신이 중개하는 임차인이 남편이라는 사실을 알리지 않고 전세계약을 체결하였다.
> ㉣ 상가분양을 대행하면서 주택 외의 중개대상물에 대한 법정중개보수를 초과하여 금품을 받았다.
> ㉤ 무허가건축물의 매매를 중개하였다.

① 1개 ② 2개 ③ 3개
④ 4개 ⑤ 5개

05 **「공인중개사법」 제33조 제2항에서는 "누구든지 시세에 부당한 영향을 줄 목적으로 개업공인중개사등의 업무를 방해하여서는 아니 된다."라고 규정하고 있다. 다음 중 그 내용에 해당하는 것은 몇 개인가?** (다툼이 있으면 판례에 따름) 상중하

> ㉠ 안내문, 온라인 커뮤니티 등을 이용하여 특정 개업공인중개사등에 대한 중개의뢰를 제한하거나 제한을 유도하는 행위
> ㉡ 안내문, 온라인 커뮤니티 등을 이용하여 중개대상물에 대하여 시세보다 현저하게 높게 표시·광고 또는 중개하는 특정 개업공인중개사등에게만 중개의뢰를 하도록 유도함으로써 다른 개업공인중개사등을 부당하게 차별하는 행위
> ㉢ 안내문, 온라인 커뮤니티 등을 이용하여 특정 가격 이하로 중개를 의뢰하지 아니하도록 유도하는 행위
> ㉣ 정당한 사유 없이 개업공인중개사등의 중개대상물에 대한 정당한 표시·광고행위를 방해하는 행위
> ㉤ 개업공인중개사등에게 중개대상물을 시세보다 현저하게 높게 표시·광고하도록 강요하거나 대가를 약속하고 시세보다 현저하게 높게 표시·광고하도록 유도하는 행위

① 1개 ② 2개 ③ 3개
④ 4개 ⑤ 5개

제 2 절 | 개업공인중개사등의 기본윤리

최신 기출응용 32회

06 공인중개사법령상 벌칙 부과대상 행위 중 피해자의 명시한 의사에 반하여 벌하지 않는 경우는? 상 중 하

① 정당한 사유 없이 개업공인중개사 등의 중개대상물에 대한 표시·광고행위를 방해하는 행위

② 개업공인중개사가 그 업무상 알게 된 비밀을 누설한 경우

③ 단체를 구성하여 특정 중개대상물에 대하여 중개를 제한하는 행위

④ 시세에 부당한 영향을 줄 목적으로 개업공인중개사에게 중개대상물을 시세보다 현저하게 높은 표시·광고하도록 강요하는 방법으로 개업공인중개사의 업무를 방해한 경우

⑤ 사례·증여 그 밖의 어떠한 명목으로도 중개보수 또는 실비를 초과하여 금품을 받는 행위

제 3 절 | 중개대상물 확인 · 설명의무

대표문제 중개대상물의 확인 · 설명의무

공인중개사법령상 개업공인중개사 甲의 중개대상물 확인·설명에 관한 설명으로 틀린 것은? (다툼이 있으면 판례에 따름) 기출응용 34회

① 甲은 중개가 완성되어 거래계약서를 작성하는 때에 중개대상물 확인·설명서를 작성하여 거래당사자에게 교부해야 한다.

② 甲은 중개대상물확인·설명서에 서명 또는 날인하여야 하고, 해당 중개행위를 한 소속공인중개사가 있는 경우에는 업무를 수행한 소속공인중개사도 개업공인중개사와 함께 서명 또는 날인하여야 한다.

③ 甲은 중개대상물의 범위 외의 물건이나 권리 또는 지위를 중개하는 경우에도 선량한 관리자의 주의로 권리관계 등을 조사·확인하여 설명할 의무가 있다.

④ 甲은 중개업무의 수행을 위하여 필요한 경우에는 중개의뢰인에게 주민등록증(모바일 주민등록증 포함) 등 신분을 확인할 수 있는 증표를 제시할 것을 요구할 수 있다.

⑤ 甲이 성실·정확하게 중개대상물의 확인·설명을 하지 않거나 설명의 근거자료를 제시하지 않은 경우 500만원 이하의 과태료 부과사유에 해당한다.

POINT

중개대상물의 확인·설명의무에 관하여 학습하여야 합니다.

해설

甲은 중개대상물확인·설명서에 서명 및 날인하여야 하고, 해당 중개행위를 한 소속공인중개사가 있는 경우에는 업무를 수행한 소속공인중개사도 개업공인중개사와 함께 서명 '및' 날인하여야 한다.

정답 ②

최신 기출응용 32회

07 공인중개사법령상 '중개대상물의 확인·설명사항'과 '전속중개계약에 따라 부동산거래정보망에 공개해야 할 중개대상물에 관한 정보'에 공통으로 규정된 것을 모두 고른 것은?

상중하

㉠ 중개대상물의 권리관계에 관한 사항 ㉡ 일조·소음·진동 등 환경조건 ㉢ 공법상의 거래규제 및 이용제한에 관한 사항 ㉣ 배수 등 시설물의 상태

① ㉠, ㉡
② ㉢, ㉣
③ ㉠, ㉡, ㉢
④ ㉡, ㉢, ㉣
⑤ ㉠, ㉡, ㉢, ㉣

08 공인중개사법령상 개업공인중개사가 확인·설명할 사항이 아닌 것은 모두 몇 개인가?

상중하

㉠ 중개보수 및 실비의 금액 및 산출내역 ㉡ 수도, 전기 등 시설상태 및 벽면·바닥면 및 도배의 상태 ㉢ 소유권, 저당권, 전세권, 분묘기지권, 유치권 등 권리관계 ㉣ 토지이용계획, 공법상 거래규제 및 이용제한 ㉤ 도로 및 대중교통수단과의 연계성 등 입지조건 ㉥ 일조, 소음 등 환경조건 ㉦ 중개대상물의 종류, 소재지, 지목, 면적 ㉧ 거래금액 ㉨ 권리를 이전함에 따라 부담하여야 할 조세의 종류 및 세율

① 0개
② 1개
③ 2개
④ 3개
⑤ 4개

09 **주거용 건축물 확인·설명서상 개업공인중개사가 확인 또는 설명을 위하여 중개대상물의 매도의뢰인에게 요구할 수 있는 자료를 모두 고른 것은?** 상중하

> ㉠ 공법상 거래규제 및 이용제한
> ㉡ 수도·전기 등 시설물의 상태
> ㉢ 권리관계
> ㉣ 벽면·바닥면 및 도배의 상태
> ㉤ 도로 및 대중교통수단과의 연계성 등 입지조건
> ㉥ 일조·소음·진동 등 환경조건
> ㉦ 비선호시설

① ㉠, ㉢, ㉦
② ㉡, ㉣, ㉥
③ ㉣, ㉤, ㉥
④ ㉡, ㉥, ㉦
⑤ ㉣, ㉥, ㉦

10 **전속중개계약을 체결한 개업공인중개사가 공개하여야 할 정보와 확인·설명할 사항으로서 공통적으로 적용되는 사항은?** 상중하

① 각 권리자의 주소·성명 등 인적사항
② 공시지가
③ 해당 중개대상물에 대한 권리관계에 관한 사항
④ 권리를 취득함에 따라 부담하여야 할 조세의 종류 및 세율
⑤ 중개보수 및 실비의 금액과 산출내역

11 **공인중개사법령상 공인중개사인 개업공인중개사등의 중개대상물 확인·설명에 관한 내용으로 옳은 것을 모두 고른 것은?** 상중하

> ㉠ 개업공인중개사는 임대차 중개 시 임대인이 납부하지 아니한 국세 및 지방세의 열람을 신청할 수 있다는 사항을 설명해야 한다.
> ㉡ 개업공인중개사는 매도의뢰인·임대의뢰인이 자료요구에 불응한 경우에 그러한 사실을 매수의뢰인·임차의뢰인 등 권리를 취득하려는 중개의뢰인에게 설명하거나 중개대상물 확인·설명서에 기재하면 된다.
> ㉢ 해당 중개행위를 한 소속공인중개사가 있는 경우, 확인·설명서에는 개업공인중개사와 그 소속공인중개사가 함께 서명 및 날인해야 한다.
> ㉣ 중개업무를 수행하는 소속공인중개사가 성실·정확하게 중개대상물의 확인·설명을 하지 않은 것은 소속공인중개사의 자격정지사유에 해당한다.

① ㉠, ㉡
② ㉠, ㉣
③ ㉡, ㉢
④ ㉠, ㉢, ㉣
⑤ ㉡, ㉢, ㉣

제 4 절 | 거래계약서의 작성 등

대표문제 거래계약서의 필수적 기재사항

공인중개사법령상 개업공인중개사가 중개를 완성한 때에 작성하는 거래계약서에 기재하여야 하는 사항을 모두 고른 것은? 기출응용 35회

> ㉠ 권리이전의 내용
> ㉡ 물건의 인도일시
> ㉢ 거래예정금액 및 그 지급일자 등 지급에 관한 사항
> ㉣ 중개대상물 확인·설명서 교부일자

① ㉠, ㉣ ② ㉡, ㉢
③ ㉠, ㉡, ㉢ ④ ㉠, ㉡, ㉣
⑤ ㉠, ㉡, ㉢, ㉣

POINT

거래계약서에 기재하여야 하는 사항에 관하여 학습하여야 합니다.

해설

개업공인중개사가 작성하는 거래계약서에는 다음의 사항을 기재하여야 한다.

> 1. 거래당사자의 인적사항
> 2. 물건의 표시
> 3. 계약일
> 4. 거래금액·계약금액 및 그 지급일자 등 지급에 관한 사항
> 5. 물건의 인도일시
> 6. 권리이전의 내용
> 7. 계약의 조건이나 기한이 있는 경우에는 그 조건 또는 기한
> 8. 중개대상물 확인·설명서 교부일자
> 9. 그 밖의 약정내용

따라서 ㉠, ㉡, ㉣이 거래계약서 기재사항에 해당한다. ㉢의 거래예정금액 및 그 지급일자 등 지급에 관한 사항은 거래금액 및 그 지급일자 등 지급에 관한 사항으로 하여야 한다.

정답 ④

12 공인중개사법령상 거래계약서의 필수적 기재사항이 <u>아닌</u> 것은 모두 몇 개인가? 상중하

㉠ 물건의 인도일시 ㉡ 거래예정금액 ㉢ 중개보수 및 실비의 금액과 산출내역 ㉣ 권리를 취득함에 따라 부담하여야 할 조세의 종류 및 세율 ㉤ 중개대상물 확인·설명서 교부일자 ㉥ 공법상 거래규제 및 이용제한사항 ㉦ 거래금액·계약금액 및 지급일자 등 지급에 관한 사항

① 1개
② 2개
③ 3개
④ 4개
⑤ 5개

13 개업공인중개사가 작성하는 거래계약서에 기재해야 할 사항으로 공인중개사법령상 명시된 것을 모두 고른 것은? 상중하

㉠ 거래당사자의 인적사항 ㉡ 권리이전의 내용 ㉢ 거래금액·계약금액 및 그 지급일자 등 지급에 관한 사항 ㉣ 중개대상물 확인·설명서 교부일자

① ㉠, ㉡, ㉢
② ㉠, ㉡, ㉣
③ ㉠, ㉢, ㉣
④ ㉡, ㉢, ㉣
⑤ ㉠, ㉡, ㉢, ㉣

14 공인중개사법령상 거래계약서에 관한 설명으로 옳은 것은?

상 중 하

① 거래계약서에는 개업공인중개사와 해당 중개업무를 수행한 소속공인중개사가 함께 서명 및 날인하여 이를 거래당사자에게 교부하고, 그 원본, 사본 또는 전자문서를 3년간 보존하여야 한다.

② 개업공인중개사는 해당 업무를 보조한 중개보조원으로 하여금 거래계약서를 작성하게 할 수 있으며, 이 경우 개업공인중개사도 함께 서명 및 날인하여야 한다.

③ 소속공인중개사는 중개가 완성된 때에는 거래계약서를 작성하여야 하고, 거래계약서에는 반드시 등록된 인장을 사용하여야 한다.

④ 개업공인중개사는 중개의뢰인의 요청이 있더라도 거래금액 등 거래내용을 거짓으로 기재하거나 서로 다른 둘 이상의 계약서를 작성하여서는 아니 된다.

⑤ 등록관청은 개업공인중개사가 작성하는 거래계약서의 표준이 되는 서식을 정하여 이의 사용을 권장할 수 있다.

최신 기출응용 33회

15 공인중개사법령상 개업공인중개사의 거래계약서 작성 등에 관한 설명으로 옳은 것은?

상 중 하

① 개업공인중개사가 국토교통부장관이 정하는 거래계약서 표준서식을 사용하지 아니한 경우, 등록관청은 중개사무소 개설등록을 취소할 수 있다.

② 중개대상물 확인·설명서 교부일자는 거래계약서에 기재해야 하는 사항이다.

③ 개업공인중개사가 하나의 거래계약에 대하여 서로 다른 둘 이상의 거래계약서를 작성한 경우 1년 이하의 징역 또는 1천만원 이하의 벌금형에 해당한다.

④ 중개행위를 한 소속공인중개사가 거래계약서를 작성하는 경우, 그 소속공인중개사가 거래계약서에 서명 및 날인하여야 하며 개업공인중개사는 서명 및 날인의무가 없다.

⑤ 거래계약서가 「전자문서 및 전자거래 기본법」에 따른 공인전자문서센터에 보관된 경우 3년간 그 사본을 보존해야 한다.

CHAPTER

07 손해배상책임과 반환채무이행보장

빠른 정답 CHECK!(본책) p.232 / 정답 및 해설(책속의 책) p.35

제1절 | 손해배상책임과 업무보증설정

대표문제 손해배상책임의 보장

공인중개사법령상 개업공인중개사가 계약금등을 금융기관에 예치하도록 거래당사자에게 권고하는 경우 예치명의자가 될 수 없는 자는? 기출응용 35회

① 「은행법」에 따른 은행
② 거래당사자 중 일방
③ 부동산거래계약의 이행을 보장하기 위하여 계약 관련 서류 및 계약금등을 관리하는 업무를 수행하는 전문회사
④ 국토교통부장관의 승인을 얻어 공제사업을 하는 공인중개사협회
⑤ 「보험업법」에 따른 보험회사

POINT

개업공인중개사의 손해배상책임의 보장에 관하여 학습하여야 합니다.

해설

「공인중개사법」상 예치명의자가 될 수 있는 자는 다음에 규정된 자로 한정되어 있다.

1. 개업공인중개사
2. 「은행법」에 따른 은행
3. 「보험업법」에 따른 보험회사
4. 「자본시장과 금융투자업에 관한 법률」에 따른 신탁업자
5. 「우체국예금·보험에 관한 법률」에 따른 체신관서
6. 법 제42조의 규정에 따라 공제사업을 하는 자
7. 부동산거래계약의 이행을 보장하기 위하여 계약금·중도금 또는 잔금(이하 '계약금등'이라 한다) 및 계약 관련 서류를 관리하는 업무를 수행하는 전문회사

따라서 거래당사자 중 일방은 예치명의자가 될 수 없다.

정답 ②

01 공인중개사법령상 손해배상책임의 보장에 관한 설명으로 틀린 것은? 상중하

① 개업공인중개사가 손해배상책임을 보장하기 위한 조치를 이행하지 아니하고 업무를 개시한 경우 등록관청은 개설등록을 취소할 수 있다.

② 개업공인중개사는 고의로 거래당사자에게 손해를 입힌 경우에는 재산상의 손해뿐만 아니라 비재산적 손해에 대해서도 공인중개사법령상 손해배상책임보장규정에 의해 배상할 책임이 있다.

③ 개업공인중개사가 자기의 중개사무소를 다른 사람의 중개행위의 장소로 제공하여 거래당사자에게 재산상의 손해를 발생하게 한 때에는 그 손해를 배상할 책임이 있다.

④ 법인인 개업공인중개사가 분사무소를 두는 경우 분사무소마다 추가로 2억원 이상의 손해배상책임의 보증설정을 해야 하나 보장금액의 상한은 없다.

⑤ 공제에 가입한 개업공인중개사로서 보증기간이 만료되어 다시 보증을 설정하고자 하는 자는 그 보증기간 만료일까지 다시 보증을 설정해야 한다.

02 개업공인중개사의 손해배상책임에 관한 설명으로 옳은 것은? 상중하

① 개업공인중개사가 자기의 중개사무소를 다른 사람의 중개행위의 장소로 제공함으로써 거래당사자에게 손해를 발생하게 한 때에는 손해배상책임이 없다.

② 소속공인중개사가 업무상 행위에 관하여 고의 또는 과실로 중개의뢰인에게 재산상 손해를 발생하게 한 경우 개업공인중개사는 자신의 과실이 없었음을 입증하면 손해배상책임이 없다.

③ 개업공인중개사는 손해배상책임을 보장하기 위하여 반드시 보증보험에 가입하고 이를 등록관청에 신고하여야 한다.

④ 개업공인중개사가 고의 또는 중과실로 인하여 거래당사자에게 재산상의 손해를 발생하게 한 때에는 손해배상책임이 있으나, 개업공인중개사의 경과실은 손해배상책임을 면한다.

⑤ 중개보조원이 매수중개의뢰인을 대신하여 매도인에게 중도금을 전달한다는 명목으로 이를 횡령한 경우에도 개업공인중개사는 이를 배상할 책임이 있다.

03 **법인인 개업공인중개사 甲이 서울에 본사를 두고, 다른 지역에 분사무소 A 및 B, C를 둔 경우 손해배상책임을 보장하기 위하여 설정하여야 하는 최저 보증금액은?** 상중**하**

① 2억원
② 4억원
③ 6억원
④ 8억원
⑤ 10억원

04 **개업공인중개사의 손해배상책임에 관한 설명으로 옳은 것은?** 상**중**하

① 개업공인중개사가 업무보증을 설정하지 아니하고 업무를 개시한 경우 100만원 이하의 과태료에 처해진다.
② 개업공인중개사에 대한 손해배상청구권의 소멸시효기간은 5년이다.
③ 보증을 설정한 개업공인중개사가 그 보증을 다른 보증으로 변경하고자 하는 경우에는 이미 설정한 보증의 효력이 만료되는 즉시 다른 보증을 설정하여야 한다.
④ 다른 법률 규정에 의하여 중개업을 할 수 있는 법인의 경우 「공인중개사법」상의 법인인 개업공인중개사와 업무보증설정금액, 업무보증설정방법 모두 동일하다.
⑤ 2억원의 보증을 설정한 개업공인중개사 甲의 중과실로 거래당사자 乙에게 재산적 손해 2억원과 정신적 손해 5천만원을 입힌 경우, 乙은 甲에게 전액 손해배상을 청구할 수 있으나 보증기관은 2억원의 배상책임만 있다.

최신 기출응용 32회

05 공인중개사법령상 개업공인중개사의 보증설정 등에 관한 설명으로 옳은 것은? 상중하

① 개업공인중개사가 보증설정신고를 할 때 등록관청에 제출해야 할 증명서류는 전자문서로 제출할 수 없다.

② 보증기관이 보증사실을 등록관청에 직접 통보한 경우라도 개업공인중개사는 등록관청에 보증설정신고를 해야 한다.

③ 보증을 다른 보증으로 변경하려면 이미 설정된 보증의 효력이 있는 기간이 지난 후에 다른 보증을 설정해야 한다.

④ 보증보험 또는 공제금으로 손해배상을 한 보증기관은 손해배상한 금액에 대하여 개업공인중개사에게 구상권을 행사할 수 있다.

⑤ 개업공인중개사가 보증보험금으로 손해배상을 한 때에는 그 보증보험의 금액을 보전해야 하며 다른 공제에 가입할 수 없다.

PART 1

최신 기출응용 33회

06 공인중개사법령상 (   )에 들어갈 숫자가 큰 것부터 작은 것 순으로 옳게 나열된 것은? 상중하

- 개업공인중개사가 보증보험으로 손해배상을 한 때에는 (㉠)일 이내에 공제에 다시 가입해야 한다.
- 공인중개사자격이 취소된 자는 자격취소처분을 받은 날부터 (㉡)일 이내에 그 공인중개사자격증을 교부한 시·도지사에게 공인중개사자격증을 반납하여야 한다.
- 개업공인중개사는 중개사무소를 이전한 때에는 이전한 날부터 (㉢)일 이내에 국토교통부령으로 정하는 바에 따라 등록관청에 이전사실을 신고해야 한다.

① ㉠ - ㉢ - ㉡
② ㉡ - ㉠ - ㉢
③ ㉡ - ㉢ - ㉠
④ ㉢ - ㉠ - ㉡
⑤ ㉢ - ㉡ - ㉠

07 **공인중개사법령상 손해배상책임의 보장에 관한 설명으로 옳은 것을 모두 고른 것은?**

상 중 하

㉠ 다른 법률의 규정에 의하여 중개업을 하고자 하는 자가 부동산중개업을 하는 때에는 중개업무를 개시하기 전에 보장금액 4억원 이상의 보증을 보증기관에 설정하고 그 증명서류를 갖추어 등록관청에 신고해야 한다. ㉡ 개업공인중개사는 자기의 중개사무소를 다른 사람의 중개행위의 장소로 제공함으로써 거래당사자에게 재산상의 손해를 발생하게 한 때에는 그 손해를 배상할 책임이 있다. ㉢ 개업공인중개사는 보증보험금으로 손해배상을 한 때에는 10일 이내에 보증보험에 다시 가입하여야 한다.

① ㉠
② ㉡
③ ㉠, ㉢
④ ㉡, ㉢
⑤ ㉠, ㉡, ㉢

최신 기출응용 34회

08 **공인중개사법령상 공인중개사인 개업공인중개사 甲의 손해배상책임의 보장에 관한 설명으로 <u>틀린</u> 것은?**

상 중 하

① 甲은 업무를 시작하기 전에 손해배상책임을 보장하기 위한 조치를 하여야 한다.
② 甲은 2억원 이상의 금액을 보장하는 보증보험 또는 공제에 가입하거나 공탁을 해야 한다.
③ 甲은 보증보험금·공제금 또는 공탁금으로 손해배상을 한 때에는 15일 이내에 보증보험 또는 공제에 다시 가입하거나 공탁금 중 부족하게 된 금액을 보전해야 한다.
④ 甲이 손해배상책임을 보장하기 위한 조치를 이행하지 아니하고 업무를 개시한 경우 100만원 이하의 과태료사유에 해당한다.
⑤ 甲은 자기의 중개사무소를 다른 사람의 중개행위의 장소로 제공함으로써 거래당사자에게 재산상의 손해를 발생하게 한 때에는 그 손해를 배상할 책임이 있다.

제 2 절 | 계약금등의 반환채무이행의 보장

대표문제 예치명의자

공인중개사법령상 계약금등을 예치하는 경우 예치명의자가 될 수 있는 자를 모두 고른 것은? 기출응용 34회

> ㉠ 「은행법」에 따른 은행
> ㉡ 「우체국예금·보험에 관한 법률」에 따른 체신관서
> ㉢ 「자본시장과 금융투자업에 관한 법률」에 따른 신탁업자
> ㉣ 「한국지방재정공제회법」에 따른 한국지방재정공제회

① ㉠
② ㉠, ㉢
③ ㉠, ㉡, ㉢
④ ㉡, ㉢, ㉣
⑤ ㉠, ㉡, ㉢, ㉣

POINT

예치명의자에 관하여 학습하여야 합니다.

해설

「공인중개사법」상 예치명의자가 될 수 있는 자는 다음에 규정된 자로 한정되어 있다(법 제31조 제1항, 영 제27조 제1항).

> 1. 개업공인중개사
> 2. 「은행법」에 따른 은행
> 3. 「보험업법」에 따른 보험회사
> 4. 「자본시장과 금융투자업에 관한 법률」에 따른 신탁업자
> 5. 「우체국예금·보험에 관한 법률」에 따른 체신관서
> 6. 법 제42조에 따라 공제사업을 하는 자
> 7. 부동산거래계약의 이행을 보장하기 위하여 계약금·중도금 또는 잔금(이하 '계약금등'이라 한다) 및 계약 관련 서류를 관리하는 업무를 수행하는 전문회사

따라서 ㉠, ㉡, ㉢이 「공인중개사법」상 예치명의자가 될 수 있는 자에 해당한다.

정답 ③

09 **공인중개사법령상 계약금등의 반환채무이행의 보장 등에 관한 설명으로 틀린 것은?**

상 중 하

① 개업공인중개사는 거래의 안전을 보장하기 위하여 필요하다고 인정하는 경우, 계약금등을 예치하도록 거래당사자에게 권고할 수 있다.

② 계약금등의 예치를 매수인이 개업공인중개사에게 요구한 경우 개업공인중개사는 이를 거절할 수 있다.

③ 「자본시장과 금융투자업에 관한 법률」에 따른 신탁업자는 계약금등의 예치명의자가 될 수 있다.

④ 개업공인중개사는 거래당사자에게 「공인중개사법」에 따른 공제사업을 하는 자의 명의로 계약금등을 예치하도록 권고할 수 없다.

⑤ 개업공인중개사는 계약금등을 자기 명의로 금융기관 등에 예치하는 경우 반환채무이행보장에 소요되는 실비 그 밖에 거래안전을 위하여 필요한 사항을 약정하여야 한다.

10 **계약금등의 반환채무이행의 보장에 관한 설명으로 옳은 것은?** 상 중 하

① 계약금등을 예치한 경우 매도인·임대인 등 계약금등을 수령할 수 있는 권리가 있는 자는 금융기관 또는 공제사업을 하는 자가 발행하는 보증서를 계약금등의 예치명의자에게 교부하고 미리 수령할 수 있다.

② 개업공인중개사가 거래계약의 이행이 완료될 때까지 중도금을 제3자 명의로 신탁업자에 예치할 것을 거래당사자에게 권고하기 위해서는 사전에 예치금에 대한 담보책임을 진다는 의사표시를 거래당사자에게 하여야 한다.

③ 공인중개사인 개업공인중개사가 계약금등을 자기 명의로 금융기관 등에 예치하는 경우 그 계약금등을 거래당사자에게 지급할 것을 보장하기 위하여 2억원 이상의 보증보험 또는 공제에 가입하거나 공탁하여야 한다.

④ 개업공인중개사 명의로 금융기관 등에 예치한 경우에 자기 소유 예치금과 분리하여 관리할 수 있다.

⑤ 거래당사자는 계약금등을 예치하였더라도 거래계약에 대하여 해제등을 할 수 있다.

CHAPTER

08 중개보수

빠른 정답 CHECK!(본책) p.232 / 정답 및 해설(책속의 책) p.38

PART 1

대표문제 중개보수

공인중개사법령상 중개보수 등에 관한 설명으로 틀린 것은? 기출응용 35회

① 동일한 중개대상물에 대하여 동일한 당사자 간에 매매를 포함한 둘 이상의 거래가 동일한 기회에 이루어지는 경우에는 매매계약에 관한 거래금액만을 적용한다.

② 분양권을 전매한 경우 기납입금액과 프리미엄을 합산한 금액을 기준으로 중개보수를 산출하여야 한다.

③ 건축물 중 주택의 면적이 2분의 1 이상인 경우에는 주택의 중개보수 규정을 적용한다.

④ 주택 외의 중개대상물의 중개에 대한 중개보수는 중개의뢰인 쌍방으로부터 각각 받되, 그 금액은 시·도의 조례로 정하는 요율한도 이내에서 중개의뢰인과 개업공인중개사가 서로 협의하여 결정한다.

⑤ 개업공인중개사의 중개업무상 과실로 인하여 중개의뢰인 간의 거래행위가 무효가 된 경우 개업공인중개사는 중개의뢰인으로부터 소정의 보수를 받을 수 없다.

POINT

중개보수 관련 내용을 학습하여야 합니다.

해설

주택 외의 중개대상물의 중개에 대한 중개보수는 국토교통부령으로 정한다.

정답 ④

01 공인중개사법령상 중개보수 등에 관한 설명으로 틀린 것은?

상 중 하

① 개업공인중개사의 과실로 인하여 중개의뢰인 간의 거래행위가 취소된 경우 중개업무에 관하여 중개의뢰인으로부터 소정의 보수청구권은 소멸한다.

② 개업공인중개사는 권리를 이전하고자 하는 중개의뢰인으로부터 중개대상물의 권리관계 등의 확인에 소요되는 실비를 받을 수 있다.

③ 개업공인중개사는 권리를 취득하고자 하는 중개의뢰인으로부터 계약금등의 반환채무이행보장에 소요되는 실비를 받을 수 있다.

④ 개업공인중개사의 중개보수 지급시기는 개업공인중개사와 중개의뢰인 간의 약정이 있어도 중개대상물의 거래대금 지급이 완료된 날이 된다.

⑤ 주택의 중개대상물의 중개에 대한 보수는 국토교통부령이 정하는 범위 안에서 시·도의 조례로 정한다.

02 개업공인중개사의 중개보수 및 실비에 관한 설명으로 옳은 것은?

상 중 하

① 중개보수는 거래금액에 중개보수요율을 곱하여 산출된 금액을 거래당사자로부터 균분하여 받는다.

② 개업공인중개사의 고의 또는 과실로 인하여 거래계약이 무효·취소 또는 해제된 경우에도 중개보수청구권은 인정된다.

③ 중개보수에 관하여 약정을 하지 않은 경우 중개보수청구권이 발생하지 않는다는 것이 판례의 입장이다.

④ 상가건물의 분양대행에 대한 중개보수는 법정중개보수의 제한을 받는다.

⑤ 개업공인중개사는 중개보수 외에 실비를 받을 수 있다. 이 경우 중개대상물의 확인·설명에 소요된 비용은 매도인 등 권리이전 중개의뢰인으로부터, 계약금등의 반환채무이행의 보장에 소요되는 비용은 매수인 등 권리취득 중개의뢰인으로부터 받을 수 있다.

03 **주택의 중개보수에 관한 설명으로 옳은 것은?** 상중하

① 중개보수는 중개의뢰인의 쌍방으로부터 각각 받되 그 한도는 매매·교환의 경우에는 거래가액의 1천분의 8 이내로 하고, 임대차 등의 경우에는 거래가액의 1천분의 9 이내로 한다.

② 개업공인중개사는 소정의 중개보수 이외에 「부가가치세법」의 규정에 따라 부가가치세를 별도로 받을 수 있다.

③ 경기도 구리시에 분사무소가 있는 법인인 개업공인중개사의 중개대상물인 일반주택이 서울특별시에 있고, 주된 사무소의 소재지가 대전광역시에 있는 경우 분사무소에서 중개를 완성하였다면 대전광역시의 조례로 정한 기준에 따라 중개보수 및 실비를 받아야 한다.

④ 주택의 부속토지는 주택 외의 중개보수에 관한 규정을 적용한다.

⑤ 상가의 중개보수는 중개의뢰인 쌍방으로부터 각각 받되, 그 쌍방으로부터 합산하여 받을 수 있는 중개보수의 한도는 거래금액의 1천분의 9 이내이다.

최신 기출응용 33회

04 **공인중개사법령상 중개보수의 제한에 관한 설명으로 틀린 것을 모두 고른 것은?** (다툼이 있으면 판례에 따름) 상중하

> ㉠ 공인중개사법령상 중개보수 제한규정들은 공매대상 부동산 취득의 알선에 대해서는 적용된다.
>
> ㉡ 중도금의 일부만 납부된 아파트의 분양권의 매매를 중개하는 경우, 중개보수는 총 분양대금과 프리미엄을 합산한 금액을 거래금액으로 하여 계산한다.
>
> ㉢ 중개대상물인 주택의 소재지와 중개사무소 소재지가 다른 경우 주택 소재지를 관할하는 시·도조례에서 정한 기준에 따라 중개보수를 받아야 한다.

① ㉠
② ㉢
③ ㉠, ㉡
④ ㉡, ㉢
⑤ ㉠, ㉡, ㉢

대표문제 중개보수의 계산

A시에 중개사무소를 둔 개업공인중개사가 A시에 소재하는 주택(부속토지 포함)에 대하여 아래와 같이 매매와 임대차계약을 동시에 중개하였다. 공인중개사법령상 개업공인중개사가 甲·乙으로부터 받을 수 있는 중개보수의 최고한도액은? 기출응용 34회

〈계약에 관한 사항〉
1. 계약당사자: 甲(매도인, 임차인)과 乙(매수인, 임대인)
2. 매매계약
   1) 매매대금: 3억원
   2) 매매계약에 대하여 합의된 중개보수: 160만원
3. 임대차계약
   1) 임대보증금: 1천만원
   2) 월차임: 30만원
   3) 임대기간: 2년

〈A시 중개보수 조례기준〉
1. 거래금액 2억원 이상 9억원 미만(매매·교환): 상한요율 0.4%
2. 거래금액 5천만원 미만(임대차 등): 상한요율 0.5%(한도액 20만원)

① 120만원
② 135만 5천원
③ 240만원
④ 160만원
⑤ 271만원

POINT

중개보수의 계산에 관한 내용을 학습하여야 합니다.

해설

계약당사자, 즉 매매계약의 당사자와 임대차계약의 당사자가 동일하므로 매매계약에 관한 거래금액만을 적용하면 된다. 매매대금이 3억원이고 중개보수요율이 0.4%이므로 3억원 × 0.4% = 120만원이 된다. 따라서 甲·乙으로부터 받을 수 있는 중개보수의 최고한도액은 240만원이 된다.

정답 ③

05 A시에 중개사무소를 둔 개업공인중개사 甲은 B시에 소재하는 乙 소유의 건축물(그중 주택의 면적은 3분의 1임)에 대하여 乙과 丙 사이의 매매계약과 동시에 乙을 임차인으로 하는 임대차계약을 중개하였다. 이 경우 甲이 받을 수 있는 중개보수에 관한 설명으로 옳은 것을 모두 고른 것은? 상중하

> ㉠ 甲은 乙과 丙으로부터 각각 중개보수를 받을 수 있다.
> ㉡ 甲은 주택 이외의 중개대상물에 해당하므로 거래금액의 1천분의 9 이내에서 협의로 중개보수를 받아야 한다.
> ㉢ 중개보수를 정하기 위한 거래금액의 계산은 매매계약에 관한 거래금액만을 적용한다.
> ㉣ 건축물 중 주택의 면적이 2분의 1이라면 주택 외의 중개보수 규정을 적용한다.

① ㉢
② ㉠, ㉢
③ ㉡, ㉣
④ ㉠, ㉡, ㉢
⑤ ㉠, ㉡, ㉣

06 개업공인중개사가 매매가 1억원인 A주택에 대하여 매도인 甲과 매수인 乙 간의 매매계약체결을 중개하고 동시에 이 주택에 대하여 乙과 甲 간에 보증금 1천만원에 월차임 30만원에 대한 임대차계약 체결을 중개하였다. 개업공인중개사가 乙로부터 받을 수 있는 중개보수는 얼마인가? (단, 매매의 경우 거래가액 5천만원 이상 2억원 미만인 경우 요율 1천분의 5, 한도액 80만원임) 상중하

① 15만 5천원
② 25만원
③ 50만원
④ 80만원
⑤ 100만원

07 **개업공인중개사 甲이 아파트를 매도인 A와 매수인 B가 2억원에 매매계약 체결을 하도록 알선하고 그 건물을 매수인 B가 C에게 다시 1억 5천만원에 전세계약을 체결하도록 알선한 경우 공인중개사법령상 개업공인중개사 甲이 받을 수 있는 총 중개보수는 얼마인가?** (매매: 2억원 이상 9억원 미만 요율 0.4%, 임대차 등: 1억원 이상 6억원 미만 요율 0.3%)

상중하

① 80만원
② 90만원
③ 125만원
④ 160만원
⑤ 250만원

08 **임차인 甲은 개업공인중개사 丙을 통하여 임대인 乙과 다음과 같은 조건으로 85m² 이하의 주거용 오피스텔**(상·하수도 시설이 갖추어진 전용입식 부엌, 전용수세식 화장실 및 목욕시설을 갖춤)**을 임차하였다. 甲이 丙에게 지불하여야 할 최대 중개보수는?**

상중하

> 1. 임차조건: 보증금 5천만원, 월세 100만원, 계약기간 2년
> 2. 주택에 대한 임대차 등의 중개보수 요율
>   - 5천만원 이상 1억원 미만: 0.4%(한도액: 30만원)
>   - 1억원 이상 6억원 미만: 0.3%(한도액: 없음)

① 45만원
② 60만원
③ 85만원
④ 90만원
⑤ 120만원

09 **A는 분양금액 3억원인 아파트를 분양받아 계약금 3천만원, 1차 중도금 3천만원을 납부하였다. 그런데 이 아파트에 3천만원의 프리미엄이 붙어 A는 B에게 분양권을 전매하였다. 만약 개업공인중개사가 이 분양권매매를 중개하였다면 「공인중개사법」상 받을 수 있는 중개보수 총액은 얼마인가?** (단, 거래가액 5천만원 이상 2억원 미만인 경우 요율 0.5%, 한도액 80만원이며, 거래가액 2억원 이상 9억원 미만인 경우 요율 0.4%, 한도액은 없는 것으로 간주함) 상중하

① 100만원
② 160만원
③ 90만원
④ 120만원
⑤ 40만원

최신 기출응용 33회

10 **A시에 중개사무소를 둔 개업공인중개사 甲은 B시에 소재하는 乙 소유의 오피스텔**(건축법령상 업무시설로 전용면적 $80m^2$이고, 상·하수도 시설이 갖추어진 전용입식 부엌, 전용수세식 화장실 및 목욕시설을 갖춤)**에 대하여, 이를 매도하려는 乙과 매수하려는 丙의 의뢰를 받아 매매계약을 중개하였다. 이 경우 공인중개사법령상 甲이 받을 수 있는 중개보수 및 실비에 관한 설명으로 옳은 것을 모두 고른 것은?** 상중하

> ㉠ 甲이 乙로부터 받을 수 있는 실비는 A시가 속한 시·도의 조례에서 정한 기준에 따른다.
> ㉡ 甲이 丙으로부터 받을 수 있는 중개보수의 상한요율은 거래금액의 1천분의 5이다.
> ㉢ 甲은 중개보수를 乙과 丙으로부터 각각 받을 수 있으며, 지급시기는 약정에 따르되, 약정이 없을 때에는 거래대금 지급이 완료된 날로 한다.
> ㉣ 주택의 중개에 대한 보수 및 실비규정을 적용한다.

① ㉣
② ㉠, ㉢
③ ㉡, ㉣
④ ㉠, ㉡, ㉢
⑤ ㉠, ㉡, ㉢, ㉣

11 개업공인중개사가 X시에 소재하는 주택의 면적이 3분의 1인 건축물에 대하여 매매와 임대차계약을 동시에 중개하였다. 개업공인중개사가 甲으로부터 받을 수 있는 중개보수의 최고한도액은? 상중하

〈계약조건〉
1. 계약당사자: 甲(매도인, 임차인)과 乙(매수인, 임대인)
2. 매매계약
   ㉠ 매매대금: 1억원
   ㉡ 매매계약서에 대하여 합의된 중개보수: 100만원
3. 임대차계약
   ㉠ 임대보증금: 5천만원
   ㉡ 월차임: 50만원
   ㉢ 임대기간: 2년

〈X시 중개보수 조례기준〉
1. 매매대금 5천만원 이상 2억원 미만: 상한요율 0.5%(한도액 80만원)
2. 보증금액 5천만원 이상 1억원 미만: 상한요율 0.4%(한도액 30만원)

① 50만원
② 74만원
③ 90만원
④ 100만원
⑤ 124만원

CHAPTER

09 공인중개사협회 및 교육 · 보칙 · 신고센터 등

빠른 정답 CHECK!(본책) p.232 / 정답 및 해설(책속의 책) p.41

제1절 | 공인중개사협회

대표문제 공인중개사협회의 공제사업

공인중개사법령상 공인중개사협회의 업무에 해당하는 것을 모두 고른 것은?

기출응용 35회

㉠ 부동산중개제도의 연구·개선에 관한 업무
㉡ 부동산 정보제공에 관한 업무
㉢ 인터넷을 이용한 중개대상물에 대한 표시·광고 모니터링 업무
㉣ 법 제42조의 규정에 따른 공제사업

① ㉠, ㉣
② ㉡, ㉢
③ ㉠, ㉡, ㉢
④ ㉠, ㉡, ㉣
⑤ ㉠, ㉡, ㉢, ㉣

POINT

공인중개사협회의 공제사업에 관하여 학습하여야 합니다.

해설

공인중개사협회는 협회의 설립목적을 달성하기 위하여 다음의 업무를 수행할 수 있다.

1. 회원의 품위유지를 위한 업무
2. 부동산중개제도의 연구·개선에 관한 업무
3. 회원의 자질향상을 위한 지도 및 교육·연수에 관한 업무
4. 회원의 윤리헌장 제정 및 그 실천에 관한 업무
5. 부동산 정보제공에 관한 업무
6. 법 제42조의 규정에 따른 공제사업
7. 그 밖에 협회의 설립목적 달성을 위하여 필요한 업무

따라서 ㉠, ㉡, ㉣이 공인중개사협회의 업무에 해당한다.

정답 ④

최신 기출응용 34회

01 **공인중개사법령상 공인중개사협회**(이하 '협회'라 함) **및 공제사업에 관한 설명으로 옳은 것은?** 상중하

① 협회가 책임준비금을 다른 용도로 사용하고자 하는 경우에는 국토교통부장관에게 신고하여야 한다.

② 협회는 매 회계연도 종료 후 3개월 이내에 공제사업 운용실적을 일간신문에 공시하거나 협회의 인터넷 홈페이지에 게시해야 한다.

③ 협회는 총회의 의결내용을 10일 이내에 시·도지사에게 보고하여야 한다.

④ 공제규정에는 책임준비금의 적립비율을 공제료 수입액의 100분의 5 이상으로 정한다.

⑤ 금융감독원의 원장은 국토교통부장관의 요청이 있는 경우에는 공제사업에 관하여 조사 또는 검사를 할 수 있다.

최신 기출응용 33회

02 **공인중개사법령상 공인중개사협회**(이하 '협회'라 함)**의 공제사업에 관한 설명으로 <u>틀린</u> 것은?** 상중하

① 협회는 공제사업을 다른 회계와 구분하여 별도의 회계로 관리해야 한다.

② 공제규정에서 정하는 책임준비금의 적립비율은 공제료 수입액의 100분의 50 이상으로 한다.

③ 국토교통부장관은 협회의 자산상황이 불량하여 공제가입자의 권익을 해칠 우려가 있다고 인정하면 업무집행방법의 변경을 명할 수 있다.

④ 국토교통부장관은 협회의 자산상황이 불량하여 중개사고 피해자의 권익을 해칠 우려가 있다고 인정하면 자산예탁기관의 변경을 명할 수 있다.

⑤ 협회는 대통령령이 정하는 바에 따라 매년도의 공제사업 운용실적을 일간신문·협회보 등을 통하여 공제계약자에게 공시해야 한다.

03 공인중개사협회에 관한 설명으로 틀린 것은? 상중하

① 개업공인중개사의 협회의 설립은 임의설립주의이며, 설립협회의 수에 대한 제한도 없다.

② 협회는 회원 300인 이상이 발기인이 되어 정관을 작성하여 서명·날인한 후 600인 이상의 개업공인중개사가 모인 창립총회의 의결을 거친 후 국토교통부장관의 인가를 받아 그 주된 사무소의 소재지에서 설립등기를 함으로써 성립한다.

③ 개업공인중개사인 공인중개사(부칙 제6조 제2항에 따라 등록한 것으로 보는 자를 포함한다)는 그 자질향상 및 품위유지와 중개업에 관한 제도의 개선 및 운영에 관한 업무를 효율적으로 수행하기 위하여 공인중개사협회를 설립할 수 있다.

④ 협회는 정관이 정하는 바에 따라 시·도에 지부를, 시·군·구에는 지회를 둘 수 있다. 이 경우 지부, 지회를 설치한 때에는 등록관청에 신고하여야 한다.

⑤ 협회는 사법인이며, 개업공인중개사의 자질향상 및 품위유지 등을 목적으로 설립한 비영리사단법인이다.

04 공인중개사법령상 공인중개사협회에 관한 설명으로 옳은 것은? 상중하

① 금융감독원장은 협회가 공제사업의 건전성을 해할 우려가 있다고 인정되는 경우에는 개선명령을 할 수 있다.

② 협회는 총회의 의결사항을 다음 달 10일까지 국토교통부장관에게 보고하여야 한다.

③ 협회는 공제사업의 운용실적을 매 회계연도 종료 후 2개월 이내에 일간신문 또는 협회보에 공시하고 협회의 인터넷 홈페이지에 게시하여야 한다.

④ 협회는 공제의 책임준비금을 다른 용도로 사용하고자 하는 경우 국토교통부장관의 승인을 얻어야 한다.

⑤ 협회는 회원 300인 이상이 발기인이 되어 정관을 작성하여 창립총회의 의결을 거친 후 국토교통부장관의 허가를 받아 설립등기를 함으로써 성립한다.

05 공인중개사협회에 관한 설명으로 틀린 것은? 상중하

① 협회가 할 수 있는 공제사업의 범위에는 손해배상책임을 보장하기 위한 공제기금의 조성 및 공제금의 지급에 관한 사업이 포함된다.

② 책임준비금의 적립비율은 공제사고 발생률 및 공제금 지급액 등을 종합적으로 고려하여 정하되, 공제료 수입액의 100분의 10 이상으로 정해야 한다.

③ 국토교통부장관은 협회의 공제사업운영이 적정하지 아니하거나 자산상황이 불량하여 중개사고 피해자 및 공제 가입자 등의 권익을 해칠 우려가 있다고 인정하면 개선명령을 할 수 있다.

④ 협회는 공제사업을 다른 회계와 구분하여 별도의 회계로 관리하여야 하며, 책임준비금을 다른 용도로 사용하고자 하는 경우에는 국토교통부장관의 승인을 얻어야 한다.

⑤ 협회는 공제사업을 하고자 하는 때에는 공제규정을 제정하여 금융감독원장의 승인을 얻어야 한다. 공제규정을 변경하고자 하는 때에도 또한 같다.

06 공인중개사협회의 공제사업에 관한 설명으로 옳은 것은? 상중하

① 국토교통부장관은 금융감독원장의 요청이 있는 때에는 협회의 공제사업을 검사할 수 있다.

② 협회는 매 연도의 공제사업 운용실적을 매 회계연도 종료 후 3개월 이내에 일간신문 또는 협회보를 통하여 공제계약자에게 공시하여야 하지만, 별도로 협회 홈페이지에 게시할 필요는 없다.

③ 협회가 책임준비금을 다른 용도로 사용하고자 하는 경우에는 공제계약자의 동의를 받아야 한다.

④ 공제료는 공제사고 발생률, 공제료 지급액을 종합적으로 고려하여 정하여야 한다.

⑤ 운용실적을 공시하지 아니한 협회는 100만원 이하의 과태료에 처한다.

07 공인중개사협회의 운영위원회에 관한 설명으로 틀린 것은? 상중하

① 공제사업에 관한 사항을 심의하고 그 업무집행을 감독하기 위하여 협회에 운영위원회를 둔다.
② 위원의 임기는 2년으로 하되 1회에 한하여 연임할 수 있으며, 보궐위원의 임기는 전임자 임기의 남은 기간으로 한다.
③ 운영위원회의 회의는 재적위원 과반수의 출석으로 개의(開議)하고, 출석위원 과반수의 찬성으로 심의사항을 의결한다.
④ 운영위원회에는 위원장 1명과 부위원장 2명을 두되, 위원장 및 부위원장은 위원 중에서 각각 호선(互選)한다.
⑤ 운영위원회의 위원장은 운영위원회의 회의를 소집하며 그 의장이 된다.

PART 1

08 「공인중개사법 시행령」 제30조(협회의 설립)의 내용이다. (   )에 들어갈 숫자를 올바르게 나열한 것은? 상중하

- 협회는 회원 (㉠)인 이상이 발기인이 되어 정관을 작성하여 창립총회의 의결을 거친 후 국토교통부장관의 인가를 받아 그 주된 사무소의 소재지에서 설립등기를 함으로써 성립한다.
- 공인중개사협회를 설립하고자 하는 때에는 발기인이 작성하여 서명·날인한 정관에 대하여 회원 (㉡)인 이상이 출석한 창립총회에서 출석한 회원 과반수의 동의를 얻어 국토교통부장관의 설립인가를 받아야 한다.
- 창립총회에는 서울특별시에서는 (㉢)인 이상, 광역시·도 및 특별자치도에서는 각각 (㉣)인 이상의 회원이 참여하여야 한다.

① ㉠: 300, ㉡: 300, ㉢: 50, ㉣: 20
② ㉠: 600, ㉡: 300, ㉢: 100, ㉣: 50
③ ㉠: 600, ㉡: 600, ㉢: 50, ㉣: 20
④ ㉠: 300, ㉡: 600, ㉢: 100, ㉣: 20
⑤ ㉠: 600, ㉡: 800, ㉢: 50, ㉣: 50

최신 기출응용 35회

09 **공인중개사법령상 국토교통부장관이 공인중개사협회의 공제사업 운영에 대한 개선조치로서 명할 수 있는 것이 아닌 것은?** 상중하

① 자산예탁기관의 변경
② 책임준비금 적립비율의 변경
③ 불건전한 자산에 대한 적립금의 보유
④ 업무집행방법의 변경
⑤ 공제사업의 건전성을 해할 우려가 있는 경우 이에 대한 개선명령

제 2 절 | 교육

대표문제 개업공인중개사등의 교육

공인중개사법령상 공인중개사인 개업공인중개사 甲과 그에 소속된 소속공인중개사 乙에 관한 설명으로 틀린 것을 모두 고른 것은? 기출응용 35회

㉠ 甲과 乙은 실무교육을 받은 후 2년마다 국토교통부장관이 실시하는 연수교육을 받아야 한다.
㉡ 甲이 중개를 의뢰받아 乙의 중개행위로 중개가 완성되어 중개대상물 확인·설명서를 작성하는 경우 乙은 甲과 함께 그 확인·설명서에 서명 또는 날인하여야 한다.
㉢ 乙이 甲과의 고용관계 종료신고 후 1년 이내에 중개사무소의 개설등록을 신청한 경우 개설등록 후 1년 이내에 연수교육을 받아야 한다.

① ㉠
② ㉡
③ ㉠, ㉢
④ ㉡, ㉢
⑤ ㉠, ㉡, ㉢

POINT

교육의 내용에 관하여 학습하여야 합니다.

해설

㉠ 실무교육을 받은 개업공인중개사 및 소속공인중개사는 실무교육을 받은 후 2년마다 시·도지사가 실시하는 연수교육을 받아야 한다. 따라서 연수교육의 주체는 국토교통부장관이 될 수 없다.

㉡ 개업공인중개사 甲과 해당 중개업무를 수행한 소속공인중개사 乙은 함께 확인·설명서에 서명 및 날인하여야 한다.

㉢ 중개사무소의 개설등록을 신청하려는 자(법인의 경우에는 사원·임원을 말하며, 분사무소의 설치신고를 하려는 경우에는 분사무소의 책임자를 말한다)는 등록신청일(분사무소 설치신고의 경우에는 신고일을 말한다) 전 1년 이내에 시·도지사가 실시하는 실무교육(실무수습을 포함한다)을 받아야 한다. 따라서 소속공인중개사로서 고용관계 종료신고 후 1년 이내에 중개사무소의 개설등록을 신청하려는 자는 실무교육, 연수교육 대상에 포함되지 않는다.

정답 ⑤

PART 1

최신 기출응용 34회

10 공인중개사법령상 개업공인중개사등의 교육 등에 관한 설명으로 옳은 것은? 상중하

① 폐업신고 후 300일이 지난 날 중개사무소의 개설등록을 다시 신청하려는 자는 실무교육을 다시 받아야 한다.

② 중개보조원의 직무수행에 필요한 직업윤리에 대한 교육시간은 12시간 이상 16시간 이하이다.

③ 시·도지사는 연수교육을 실시하려는 경우 실무교육 또는 연수교육을 받은 후 2년이 되기 2개월 전까지 연수교육의 일시·장소·내용 등을 대상자에게 통지하여야 한다.

④ 실무교육의 교육시간은 3시간 이상 4시간 이하로 한다.

⑤ 시·도지사가 부동산거래사고 예방을 위한 교육을 실시하려는 경우에는 교육일 15일 전까지 교육일시·교육장소 및 교육내용을 교육대상자에게 통지하여야 한다.

11 **공인중개사법령상 개업공인중개사등의 교육에 관한 설명으로 옳은 것은?** (단, 다른 법률의 규정은 고려하지 않음) 상중하

① 중개사무소 개설등록을 신청하려는 법인의 공인중개사가 아닌 사원 또는 임원은 실무교육 대상이 아니다.

② 개업공인중개사가 되려는 자의 실무교육시간은 3시간 이상 4시간 이하이다.

③ 중개보조원이 받는 실무교육에는 부동산 중개 관련 법·제도의 변경사항이 포함된다.

④ 국토교통부장관, 시·도지사, 등록관청은 개업공인중개사등에 대한 부동산거래사고 예방 등의 교육을 위하여 교육 관련 연구에 필요한 비용을 지원할 수 있다.

⑤ 소속공인중개사는 2년마다 국토교통부장관이 실시하는 연수교육을 받아야 한다.

12 **공인중개사법령상 교육에 관한 설명으로 옳은 것은?** 상중하

① 중개보조원은 고용신고일 전 1년 이내에 시·도지사 또는 국토교통부장관이 실시하는 직무교육을 받아야 한다.

② 연수교육시간은 28시간 이상 32시간 이내이다.

③ 시·도지사는 연수교육을 실시하려는 경우 실무교육 또는 연수교육을 받은 후 1년이 되기 1개월 전까지 연수교육의 일시·장소·내용 등을 대상자에게 통지하여야 한다.

④ 중개보조원을 위한 직무교육은 직무수행에 필요한 직업윤리 등을 교육내용으로 하며, 교육시간은 3시간 이상 4시간 이하로 한다.

⑤ 실무교육을 받은 개업공인중개사 및 소속공인중개사는 실무교육을 받은 후 1년마다 시·도지사가 실시하는 연수교육을 받아야 한다.

13 **공인중개사법령상 개업공인중개사등의 교육에 관한 설명으로 옳은 것을 모두 고른 것은?** (단, 다른 법률의 규정은 고려하지 않음) 상중하

> ㉠ 실무교육을 받는 것은 중개사무소 개설등록의 기준에 해당한다.
> ㉡ 개업공인중개사로서 폐업신고를 한 후 1년 이내에 소속공인중개사로 고용신고를 하려는 자는 실무교육을 받아야 한다.
> ㉢ 연수교육의 교육시간은 12시간 이상 16시간 이하이다.
> ㉣ 시·도지사는 연수교육을 실시하려는 경우 실무교육 또는 연수교육을 받은 후 2년이 되기 2개월 전까지 연수교육의 일시·장소·내용 등을 대상자에게 통지하여야 한다.

① ㉠, ㉡
② ㉠, ㉣
③ ㉡, ㉢
④ ㉠, ㉢, ㉣
⑤ ㉡, ㉢, ㉣

PART 1

제 3 절 | 보칙(업무위탁, 포상금, 행정수수료, 부동산거래질서교란행위 신고센터)

14 **공인중개사법령상 업무위탁에 관한 설명으로 틀린 것은?** 상중하

① 시험시행기관장은 공인중개사시험 시행에 관한 업무를 부동산학과가 개설된 학교, 협회, 공기업 또는 준정부기관에 위탁할 수 있다.
② 시·도지사는 실무교육에 관한 업무를 부동산학과가 개설된 학교, 협회, 공기업 또는 준정부기관에 위탁할 수 있다.
③ 국토교통부장관, 시·도지사 또는 등록관청은 그 업무의 일부를 협회 또는 대통령령이 정하는 기관에 위탁할 수 있다.
④ 시·도지사가 실무교육업무를 위탁한 때에는 위탁받은 기관의 명칭·대표자 및 소재지와 위탁업무의 내용 등을 관보에 고시하여야 한다.
⑤ 시험시행기관장은 공인중개사시험 시행에 관한 업무를 위탁한 때에는 위탁받은 기관의 명칭·대표자 및 소재지와 위탁업무의 내용을 관보에 고시하여야 한다.

대표문제 포상금의 지급

공인중개사법령상 포상금을 지급받을 수 있는 신고 또는 고발의 대상을 모두 고른 것은?

기출응용 33회

> ㉠ 중개의뢰인과 직접 거래를 하거나 거래당사자 쌍방을 대리하는 행위
> ㉡ 개업공인중개사가 아닌 자는 중개대상물에 대한 표시·광고를 하여서는 아니 된다는 규정을 위반한 경우
> ㉢ 거래계약서에 거래금액 등 거래내용을 거짓으로 기재하거나 서로 다른 둘 이상의 거래계약서를 작성한 경우

① ㉠
② ㉡
③ ㉠, ㉢
④ ㉡, ㉢
⑤ ㉠, ㉡, ㉢

POINT

공인중개사법령상 포상금 지급사유에 관하여 학습하여야 합니다.

해설

등록관청은 다음의 어느 하나에 해당하는 자가 행정기관에 의하여 발각되기 전에 등록관청, 수사기관이나 부동산거래질서교란행위 신고센터에 신고 또는 고발한 자에게 대통령령으로 정하는 바에 따라 포상금을 지급할 수 있다(법 제46조 제1항). 따라서 ㉠, ㉢은 포상금 지급사유에 해당하지 않는다.

> 1. 중개사무소의 개설등록을 하지 아니하고 중개업을 한 자
> 2. 거짓이나 그 밖의 부정한 방법으로 중개사무소의 개설등록을 한 자
> 3. 중개사무소등록증을 다른 사람에게 양도·대여하거나 다른 사람으로부터 양수·대여받은 자
> 4. 공인중개사자격증을 다른 사람에게 양도·대여하거나 다른 사람으로부터 양수·대여받은 자
> 5. 개업공인중개사가 아닌 자는 중개대상물에 대한 표시·광고를 하여서는 아니 된다는 규정을 위반한 자
> 6. 부당한 이익을 얻거나 제3자에게 부당한 이익을 얻게 할 목적으로 거짓으로 거래가 완료된 것처럼 꾸미는 등 중개대상물의 시세에 부당한 영향을 주거나 줄 우려가 있는 행위
> 7. 단체를 구성하여 특정 중개대상물에 대하여 중개를 제한하거나 단체 구성원 이외의 자와 공동중개를 제한하는 행위
> 8. 안내문, 온라인 커뮤니티 등을 이용하여 특정 개업공인중개사등에 대한 중개의뢰를 제한하거나 제한을 유도하는 행위

9. 안내문, 온라인 커뮤니티 등을 이용하여 중개대상물에 대하여 시세보다 현저하게 높게 표시·광고 또는 중개하는 특정 개업공인중개사등에게만 중개의뢰를 하도록 유도함으로써 다른 개업공인중개사등을 부당하게 차별하는 행위
10. 안내문, 온라인 커뮤니티 등을 이용하여 특정 가격 이하로 중개를 의뢰하지 아니하도록 유도하는 행위
11. 정당한 사유 없이 개업공인중개사등의 중개대상물에 대한 정당한 표시·광고행위를 방해하는 행위
12. 개업공인중개사등에게 중개대상물을 시세보다 현저하게 높게 표시·광고하도록 강요하거나 대가를 약속하고 시세보다 현저하게 높게 표시·광고하도록 유도하는 행위

정답 ②

PART 1

15 공인중개사법령상 포상금에 관한 설명으로 틀린 것은? 상중하

① 행정기관에 발각되기 전에 신고 또는 고발된 사건이더라도 검사가 공소를 제기한 경우에 한하여 포상금을 지급한다.

② 신고 또는 고발의 대상자가 행정기관에 발각되기 전에 신고 또는 고발하여야 한다.

③ 포상금의 지급에 소요되는 비용 중 그 일부를 국고에서 보조할 수 있고, 그 비율은 100분의 50 이내로 한다.

④ 포상금지급신청서를 제출받은 등록관청은 그 사건에 관한 수사기관에 처분내용을 조회한 후 포상금의 지급을 결정하고, 그 결정일로부터 1개월 이내에 포상금을 지급하여야 한다.

⑤ 하나의 사건에 대하여 2건 이상의 신고 또는 고발이 접수된 경우에는 최초로 신고 또는 고발한 자에게 포상금을 지급한다.

16 공인중개사법령상 포상금을 지급받을 수 있는 신고 또는 고발의 대상이 아닌 것은?

상중**하**

① 중개사무소등록증을 다른 사람에게 양도·대여한 자
② 부정한 방법으로 중개사무소의 개설등록을 한 자
③ 공인중개사자격증을 다른 사람으로부터 양수·대여받은 자
④ 안내문, 온라인 커뮤니티 등을 이용하여 특정 가격 이하로 중개를 의뢰하지 아니하도록 유도하는 행위를 한 자
⑤ 인장등록, 변경등록을 하지 아니하거나 등록하지 아니한 인장을 사용한 자

17 공인중개사법령상 甲과 乙이 받을 수 있는 포상금의 최대금액은?

상중하

- 甲은 공인중개사자격증을 양도·대여한 A와 B를 각각 고발하였으며, 검사는 A를 공소제기하였고, B를 무혐의처분하였다.
- 乙은 중개사무소를 부정한 방법으로 개설등록한 C를 신고하였으며, C는 형사재판에서 무죄판결을 받았다.
- 甲과 乙은 포상금 배분에 관한 합의 없이 중개사무소등록증을 대여한 D를 공동으로 고발하여 D는 기소유예의 처분을 받았다.
- 중개사무소의 개설등록을 하지 않고 중개업을 하는 E를 乙이 신고한 이후에 甲도 E를 신고하였고, E는 형사재판에서 유죄판결을 받았다.
- A, B, C, D, E는 甲 또는 乙의 위 신고·고발 전에 행정기관에 의해 발각되지 않았다.

① 甲: 75만원, 乙: 50만원
② 甲: 75만원, 乙: 75만원
③ 甲: 75만원, 乙: 125만원
④ 甲: 125만원, 乙: 75만원
⑤ 甲: 125만원, 乙: 125만원

18 **공인중개사법령에서 정하고 있는 각종 행정수수료에 관한 설명으로 틀린 것은?**

상 중 하

① 중개사무소의 개설등록을 신청하는 자는 국토교통부장관이 정하는 수수료를 납부하여야 한다.

② 시·도지사가 시행하는 공인중개사자격시험에 응시하는 자는 지방자치단체의 조례로 정하는 바에 따라 수수료를 납부하여야 한다.

③ 국토교통부장관이 시행하는 공인중개사자격시험에 응시하는 자는 국토교통부장관이 결정·공고하는 수수료를 납부하여야 한다.

④ 공인중개사자격시험 또는 공인중개사자격증 재교부업무를 일정기관에 위탁한 경우에는 해당 업무를 위탁받은 자가 위탁한 자의 승인을 얻어 결정·공고하는 수수료를 각각 납부하여야 한다.

⑤ 법인이 분사무소 설치의 신고를 하는 경우에는 지방자치단체의 조례가 정하는 바에 따라 수수료를 납부하여야 한다.

19 **공인중개사법령상 조례로 정하는 바에 따라 수수료를 납부해야 하는 경우를 모두 고른 것은?**

상 중 하

㉠ 중개사무소등록증의 재교부 신청 ㉡ 국토교통부장관이 시행하는 공인중개사자격시험 응시 ㉢ 분사무소 설치의 신고 ㉣ 분사무소설치신고확인서의 재교부 신청

① ㉠, ㉡
② ㉠, ㉡, ㉣
③ ㉠, ㉢, ㉣
④ ㉡, ㉢, ㉣
⑤ ㉠, ㉡, ㉢, ㉣

대표문제 부동산거래질서교란행위

공인중개사법령상 부동산거래질서교란행위에 해당하지 않는 것은? 기출응용 35회

① 중개사무소등록증 양도를 알선한 경우
② 개업공인중개사가 이중으로 중개사무소의 개설등록을 한 경우
③ 개업공인중개사가 의뢰받은 중개대상물에 대하여 표시·광고를 하려는 경우 중개사무소, 개업공인중개사에 관한 사항 등을 명시하지 않은 경우
④ 개업공인중개사가 그 사무소의 명칭에 '공인중개사사무소' 또는 '부동산중개'라는 문자를 사용하지 않은 경우
⑤ 개업공인중개사가 중개의뢰인과 직접 거래를 한 경우

POINT

부동산거래질서교란행위에 관하여 학습하여야 합니다.

해설

부동산거래질서교란행위는 다음과 같다.

1. 「공인중개사법」상 부동산거래질서교란행위
   - 자격증 대여 등의 금지규정을 위반한 경우
   - 유사명칭의 사용금지규정을 위반한 경우
   - 중개사무소의 개설등록규정을 위반한 경우
   - 중개보조원의 고지의무규정을 위반한 경우
   - 금지행위(제33조 제1항·제2항)규정을 위반한 경우
   - 거짓이나 그 밖의 부정한 방법으로 중개사무소의 개설등록을 한 경우
   - 이중등록, 이중소속의 금지 등의 규정을 위반한 경우
   - 둘 이상의 사무소를 설치하거나 임시중개시설물을 설치한 경우
   - 법인인 개업공인중개사의 겸업제한규정을 위반한 경우
   - 개업공인중개사가 중개보조원 고용인원수규정을 위반한 경우
   - 중개사무소등록증 등의 게시의무규정을 위반한 경우
   - 사무소명칭표시규정을 위반한 경우
   - 중개사무소등록증 대여 등의 금지규정을 위반한 경우
   - 개업공인중개사가 중개대상물의 확인·설명의무규정을 위반한 경우
   - 개업공인중개사가 임대차중개 시의 설명의무규정을 위반한 경우
   - 개업공인중개사 등의 비밀준수의무규정을 위반한 경우
   - 개업공인중개사가 거래계약서를 작성하는 때에 거래금액 등 거래내용을 거짓으로 기재하거나 서로 다른 둘 이상의 거래계약서를 작성한 경우

2. 「부동산 거래신고 등에 관한 법률」상 부동산거래질서교란행위
   (1) 부동산 거래의 신고에 관한 규정을 위반한 경우
   (2) 부동산 거래의 해제등 신고에 관한 규정을 위반한 경우
   (3) 누구든지 부동산 거래신고 또는 부동산 거래의 해제등 신고에 관하여 다음의 어느 하나에 해당하는 행위를 한 경우
      - 개업공인중개사에게 부동산 거래신고를 하지 아니하게 하거나 거짓으로 신고하도록 요구는 행위
      - 부동산 거래신고대상에 해당하는 계약을 체결한 후 신고의무자가 아닌 자가 거짓으로 부동산 거래신고를 하는 행위
      - 거짓으로 부동산 거래신고 또는 부동산 거래의 해제등 신고에 따른 신고를 하는 행위를 조장하거나 방조하는 행위
      - 부동산 거래신고대상에 해당하는 계약을 체결하지 아니하였음에도 불구하고 거짓으로 부동산거래신고를 하는 행위
      - 부동산 거래신고 후 해당 계약이 해제등이 되지 아니하였음에도 불구하고 거짓으로 부동산거래의 해제등 신고를 하는 행위

따라서 ③의 개업공인중개사가 의뢰받은 중개대상물에 대하여 표시·광고를 하려는 경우 중개사무소, 개업공인중개사에 관한 사항 등을 명시하지 않은 경우는 부동산거래질서교란행위에 해당하지 않는다.

정답 ③

20 **국토교통부장관은 다음의 금지되는 행위를 방지하기 위하여 부동산거래질서교란행위 신고센터를 설치·운영할 수 있다. 신고사항에 해당하는 것은 몇 개인가?** 상중하

> ㉠ 부당한 이익을 얻거나 제3자에게 부당한 이익을 얻게 할 목적으로 거짓으로 거래가 완료된 것처럼 꾸미는 등 중개대상물의 시세에 부당한 영향을 주거나 줄 우려가 있는 행위
> ㉡ 탈세 등 관계 법령을 위반할 목적으로 소유권보존등기 또는 이전등기를 하지 아니한 부동산이나 관계 법령의 규정에 의하여 전매 등 권리의 변동이 제한된 부동산의 매매를 중개하는 등 부동산의 투기를 조장하는 행위
> ㉢ 안내문, 온라인 커뮤니티 등을 이용하여 특정 개업공인중개사등에 대한 중개의뢰를 제한하거나 제한을 유도하는 행위
> ㉣ 중개의뢰인과 직접 거래를 하거나 거래당사자 쌍방을 대리하는 행위
> ㉤ 개업공인중개사등에게 중개대상물을 시세보다 현저하게 높게 표시·광고하도록 강요하거나 대가를 약속하고 시세보다 현저하게 높게 표시·광고하도록 유도하는 행위

① 1개
② 2개
③ 3개
④ 4개
⑤ 5개

21 **공인중개사법령에서 정하고 있는 부동산거래질서교란행위 신고센터의 업무에 관한 설명 중 <u>틀린</u> 것은?** 상 중 하

① 신고센터는 부동산거래질서교란행위 신고의 접수 및 상담, 신고사항에 대한 확인 또는 시·도지사 및 등록관청 등에 신고사항에 대한 조사 및 조치요구 등에 관한 업무를 수행한다.

② 신고센터는 신고받은 사항에 대하여 보완이 필요한 경우 기간을 정하여 신고인에게 보완을 요청할 수 있다.

③ 신고센터는 매월 10일까지 직전 달의 신고사항 접수 및 처리 결과 등을 국토교통부장관에게 제출해야 한다.

④ 신고센터의 요구를 받은 시·도지사 및 등록관청 등은 신속하게 조사 및 조치를 완료하고, 완료한 날부터 10일 이내에 그 결과를 신고센터에 통보해야 한다.

⑤ 국토교통부장관은 신고센터의 업무를 공인중개사협회에 위탁한다.

10 지도 · 감독 및 행정처분

빠른 정답 CHECK!(본책) p.233 / 정답 및 해설(책속의 책) p.48

대표문제 등록취소

공인중개사법령상 공인중개사인 개업공인중개사의 중개사무소 개설등록 취소사유에 해당하지 않는 경우는?

기출응용 35회

① 개업공인중개사가 부동산거래정보망에 중개대상물에 관한 정보를 거짓으로 공개한 경우

② 이중으로 중개사무소의 개설등록을 한 경우

③ 자격정지처분을 받은 소속공인중개사로 하여금 자격정지기간 중에 중개업무를 하게 한 경우

④ 공인중개사인 개업공인중개사가 개업공인중개사인 법인의 사원·임원이 된 경우

⑤ 최근 1년 이내에 이 법에 의하여 2회 이상 업무정지처분을 받고 다시 업무정지처분에 해당하는 행위를 한 경우

POINT

중개사무소 개설등록을 취소해야 하는 사유를 학습하여야 합니다.

해설

① 업무정지사유에 해당한다.

②③④⑤ 등록관청이 중개사무소의 개설등록을 취소하여야 하는 사유에 해당한다.

이론+ 업무정지사유

「공인중개사법」상 업무정지사유는 다음과 같다.

1. 결격사유에 해당하는 자를 소속공인중개사 또는 중개보조원으로 둔 경우(다만, 그 사유가 발생한 날부터 2개월 이내에 그 사유를 해소한 경우에는 그러하지 아니하다)
2. 개업공인중개사가 인장등록을 하지 아니하거나 등록하지 아니한 인장을 사용한 경우
3. 전속중개계약을 체결한 때에 전속중개계약서에 의하지 아니하고 전속중개계약을 체결하거나 전속중개계약서를 보존하지 아니한 경우
4. 개업공인중개사가 중개대상물에 관한 정보를 거짓으로 공개하거나 거래정보사업자에게 공개를 의뢰한 중개대상물의 거래가 완성된 사실을 해당 거래정보사업자에게 통보하지 아니한 경우
5. 개업공인중개사가 중개가 완성되어 거래계약서를 작성하는 때에 중개대상물 확인·설명서를 교부하지 아니하거나 보존하지 아니한 경우

6. 개업공인중개사가 작성된 중개대상물 확인·설명서에 서명 및 날인을 하지 아니한 경우
7. 개업공인중개사가 중개가 완성된 때에 적정하게 거래계약서를 작성·교부하지 아니하거나 보존하지 아니한 경우
8. 개업공인중개사가 작성된 거래계약서에 서명 및 날인을 하지 아니한 경우
9. 개업공인중개사가 감독관청의 그 업무에 관한 사항의 보고, 자료의 제출, 조사 또는 검사를 거부·방해 또는 기피하거나 그 밖의 명령을 이행하지 아니하거나 거짓으로 보고 또는 자료제출을 한 경우
10. 개업공인중개사가 상대적 등록취소사유 중 어느 하나에 해당하는 경우
11. 최근 1년 이내에 「공인중개사법」에 의하여 2회 이상 업무정지 또는 과태료의 처분을 받고 다시 과태료의 처분에 해당하는 행위를 한 경우
12. 그 밖에 「공인중개사법」 또는 「공인중개사법」에 의한 명령이나 처분을 위반한 경우
13. 개업공인중개사가 조직한 사업자 단체 또는 그 구성원인 개업공인중개사가 「독점규제 및 공정거래에 관한 법률」을 위반하여 시정조치 또는 과징금을 받은 경우
14. 부칙 제6조 제2항의 개업공인중개사가 업무지역의 범위를 위반하여 중개행위를 한 경우

정답 ①

최신 기출응용 33회

01 **공인중개사법령상 등록관청이 중개사무소의 개설등록을 취소하여야 하는 사유로 명시되지 않은 것은?** 상 중 하

① 거짓이나 그 밖의 부정한 방법으로 중개사무소의 개설등록을 한 경우
② 둘 이상의 사무소에 소속한 경우
③ 이중으로 중개사무소의 개설등록을 한 경우
④ 개업공인중개사가 6개월을 초과하여 휴업한 경우
⑤ 최근 1년 이내에 이 법에 의하여 2회 이상 업무정지처분을 받고 다시 업무정지처분에 해당하는 행위를 한 경우

02 등록관청이 중개사무소 개설등록을 취소하여야 하는 사유로 옳은 것은?

상 중 하

① 법인인 개업공인중개사가 이사업을 영위한 경우

② 개업공인중개사가 관계 법령에 의하여 양도·알선이 금지된 부동산의 분양·임대 등과 관련된 증서의 매매를 중개한 경우

③ 개업공인중개사가 부득이한 사유 없이 6개월을 초과하여 휴업한 경우

④ 개인인 개업공인중개사가 둘 이상의 중개사무소를 설치한 경우

⑤ 개업공인중개사가 고용할 수 있는 중개보조원의 수가 개업공인중개사와 소속공인중개사를 합한 수의 5배를 초과하여 고용한 경우

03 다음 중 개업공인중개사에 대해 등록을 취소할 수 있는 사유를 모두 고른 것은?

상 중 하

㉠ 결격사유에 해당하는 자를 소속공인중개사 또는 중개보조원으로 둔 경우
㉡ 천막 그 밖에 이동이 용이한 임시 중개시설물을 설치한 경우
㉢ 전속중개계약을 체결한 개업공인중개사가 전속중개계약서에 의하지 아니하고 전속중개계약을 체결하거나 계약서를 3년간 보존하지 아니한 경우
㉣ 전속중개계약을 체결한 개업공인중개사가 중개대상물에 관한 정보를 공개하지 아니하거나 중개의뢰인의 비공개 요청에도 불구하고 정보를 공개한 경우
㉤ 거래당사자 쌍방을 대리한 경우

① ㉠, ㉡, ㉢, ㉣, ㉤
② ㉠, ㉣, ㉤
③ ㉡, ㉣, ㉤
④ ㉡, ㉢, ㉣
⑤ ㉡, ㉢, ㉣, ㉤

04 등록관청이 다음의 사유를 적발한 경우에 관한 설명으로 옳은 것은? 상중하

① 개업공인중개사가 등록하지 아니하고 중개업을 하는 자인 사실을 알면서 그로부터 중개의뢰를 받은 경우에 그 개업공인중개사의 등록을 취소하여야 한다.
② 개업공인중개사인 법인의 대표자가 사망한 경우에는 그 개업공인중개사인 법인의 등록을 취소하여야 한다.
③ 개업공인중개사가 거래정보망에 중개대상물의 정보를 거짓으로 공개한 경우에는 그 개업공인중개사의 등록을 취소할 수 있다.
④ 개업공인중개사가 최근 1년 이내에 이 법에 의하여 2회 이상 업무정지처분을 받고 다시 업무정지처분에 해당하는 행위를 한 경우에 그 개업공인중개사의 등록을 취소하여야 한다.
⑤ 다른 사람에게 자기의 성명 또는 상호를 사용하여 중개업무를 하게 하거나 중개사무소등록증을 양도 또는 대여한 개업공인중개사는 그 등록을 취소할 수 있다.

최신 기출응용 32회

05 공인중개사법령상 중개사무소 개설등록을 취소하여야 하는 사유에 해당하는 것을 모두 고른 것은? 상중하

ㄱ 개인인 개업공인중개사가 사망한 경우
ㄴ 개업공인중개사가 부정한 방법으로 중개사무소 개설등록을 한 경우
ㄷ 개업공인중개사가 업무정지기간 중에 중개업무를 한 경우
ㄹ 개업공인중개사가 개설등록 후 업무정지처분을 받고 폐업신고를 한 자로서 업무정지기간이 지나지 아니한 경우

① ㄱ, ㄴ, ㄷ
② ㄱ, ㄴ, ㄹ
③ ㄱ, ㄷ, ㄹ
④ ㄴ, ㄷ, ㄹ
⑤ ㄱ, ㄴ, ㄷ, ㄹ

최신 기출응용 32회

06 공인중개사법령의 내용으로 ( )에 들어갈 숫자를 바르게 나열한 것은? 상중하

- 등록관청은 개업공인중개사가 최근 (㉠)년 이내에 이 법에 의하여 (㉡)회 이상 업무정지처분을 받고 다시 업무정지처분에 해당하는 행위를 한 경우에는 중개사무소의 개설등록을 취소하여야 한다.
- 등록관청은 개업공인중개사가 최근 1년 이내에 이 법에 의하여 (㉢)회 이상 업무정지 또는 과태료의 처분을 받고 다시 업무정지 또는 과태료의 처분에 해당하는 행위를 한 경우 중개사무소의 개설등록을 취소할 수 있다.
- 등록관청은 개업공인중개사가 최근 1년 이내에 이 법에 의하여 2회 이상 업무정지 또는 과태료의 처분을 받고 다시 (㉣)의 처분에 해당하는 행위를 한 경우 업무정지처분을 명할 수 있다.

① ㉠: 1, ㉡: 2, ㉢: 1, ㉣: 업무정지
② ㉠: 1, ㉡: 2, ㉢: 3, ㉣: 과태료
③ ㉠: 1, ㉡: 3, ㉢: 3, ㉣: 업무정지
④ ㉠: 2, ㉡: 3, ㉢: 1, ㉣: 과태료
⑤ ㉠: 2, ㉡: 3, ㉢: 3, ㉣: 업무정지

07 공인중개사법령상 개업공인중개사 중개사무소의 개설등록을 취소하여야 하는 경우를 모두 고른 것은? 상중하

㉠ 최근 1년 이내에 「공인중개사법」에 의하여 2회 업무정지처분을 받고 다시 업무정지처분에 해당하는 행위를 한 경우
㉡ 최근 1년 이내에 「공인중개사법」에 의하여 1회 업무정지처분, 2회 과태료처분을 받고 다시 업무정지처분에 해당하는 행위를 한 경우
㉢ 최근 1년 이내에 「공인중개사법」에 의하여 2회 업무정지처분, 1회 과태료처분을 받고 다시 업무정지처분에 해당하는 행위를 한 경우
㉣ 최근 1년 이내에 「공인중개사법」에 의하여 2회 과태료처분을 받고 다시 2회 업무정지처분에 해당하는 행위를 한 경우

① ㉠　② ㉠, ㉢　③ ㉡, ㉣
④ ㉢, ㉣　⑤ ㉠, ㉡, ㉢

대표문제 업무정지

공인중개사법령상 개업공인중개사 업무정지의 기준에서 개별기준에 따른 업무정지기간이 6개월인 것은? 기출응용 35회

① 거래계약서에 서명 및 날인을 하지 않은 경우
② 거래정보사업자에게 공개를 의뢰한 중개대상물의 거래가 완성된 사실을 그 거래정보사업자에 통보하지 않은 경우
③ 최근 1년 이내에 이 법에 따라 2회 이상 업무정지 또는 과태료의 처분을 받고 다시 과태료의 처분에 해당하는 행위를 한 경우
④ 전속중개계약서에 따르지 않고 전속중개계약을 체결하거나 계약서를 보존하지 않은 경우
⑤ 인장등록을 하지 않거나 등록하지 않은 인장을 사용한 경우

POINT

업무정지에 관하여 학습하여야 합니다.

해설

①②④⑤ 3개월에 해당하는 업무정지사유이다.
③ 6개월에 해당하는 업무정지사유이다.

이론+ 6개월의 업무정지사유

「공인중개사법」 시행규칙 [별표 4]에 의하면 업무정지사유 중 그 기간이 6개월에 해당하는 경우는 다음과 같다.

1. 법 제10조 제2항을 위반하여 같은 조 제1항 제1호부터 제11호까지의 어느 하나에 해당하는 자를 소속공인중개사 또는 중개보조원으로 둔 경우
2. 법 제24조 제7항을 위반하여 중개대상물에 관한 정보를 거짓으로 공개한 경우
3. 법 제38조 제2항 각 호의 어느 하나를 최근 1년 이내에 1회 위반한 경우
4. 최근 1년 이내에 이 법에 따라 2회 이상 업무정지 또는 과태료의 처분을 받고 다시 과태료의 처분에 해당하는 행위를 한 경우
5. 「독점규제 및 공정거래에 관한 법률」 제26조 제1항 제1호를 위반하여 같은 법 제28조에 따른 처분을 받은 경우 또는 같은 법 제27조와 제28조에 따른 처분을 동시에 받은 경우

정답 ③

08 「공인중개사법 시행규칙」상 개업공인중개사 업무정지의 기준기간으로 옳은 것은 모두 몇 개인가?

상 중 하

위반행위	업무정지기준
㉠ 「독점규제 및 공정거래에 관한 법률」 제51조 제1항 제1호에 규정된 부당한 공동행위에 의하여 부당하게 경쟁을 제한하는 행위를 하여 과징금처분을 받은 경우 또는 시정조치와 과징금처분을 동시에 받은 경우	6개월
㉡ 등록 등 결격사유에 해당하는 자를 고용인으로 둔 경우	3개월
㉢ 중개대상물 확인·설명서를 교부하지 않은 경우	3개월
㉣ 부동산거래정보망에 정보를 거짓으로 공개한 경우	3개월
㉤ 중개대상물 확인·설명서에 서명 및 날인을 하지 않은 경우	3개월
㉥ 거래계약서에 서명 및 날인을 하지 않은 경우	3개월
㉦ 등록을 취소할 수 있는 위반행위를 최근 1년 이내에 1회 위반한 경우	3개월
㉧ 등록하지 않은 인장을 사용한 경우	3개월
㉨ 최근 1년 이내에 2회 이상 업무정지 또는 과태료의 처분을 받고 다시 과태료의 처분에 해당하는 행위를 한 경우	3개월

① 1개 ② 2개 ③ 3개
④ 4개 ⑤ 5개

09 공인중개사법령상 개업공인중개사인 甲에 대한 처분으로 옳음(○), 틀림(×)의 표기가 옳은 것은? (주어진 사례의 조건만 고려함)

상 중 하

㉠ 甲이 중개사무소등록증을 대여한 날부터 3개월 후 폐업을 하였고, 2년의 폐업기간 경과 후 다시 개설등록을 하고 업무개시를 한 경우, 위 대여행위를 이유로 업무정지처분을 할 수 있다.
㉡ 甲이 미성년자를 중개보조원으로 고용한 날부터 40일만에 고용관계를 해소한 경우, 이를 이유로 업무정지처분을 할 수 있다.
㉢ 甲이 업무정지사유에 해당하는 거짓 보고를 한 날부터 2개월 후 폐업을 하였고 2년의 폐업기간 경과 후 다시 개설등록을 한 경우, 위 거짓 보고를 한 행위를 이유로 업무정지처분을 할 수 있다.

① ㉠ (○), ㉡ (○), ㉢ (○) ② ㉠ (○), ㉡ (○), ㉢ (×)
③ ㉠ (○), ㉡ (×), ㉢ (×) ④ ㉠ (×), ㉡ (○), ㉢ (×)
⑤ ㉠ (×), ㉡ (×), ㉢ (×)

10 **공인중개사법령상 개업공인중개사에 대한 업무정지처분을 할 수 있는 사유에 해당하는 것을 모두 고른 것은?** 상중하

㉠ 인장등록을 하지 아니하거나 등록하지 아니한 인장을 사용한 경우 ㉡ 거래당사자에게 교부해야 하는 중개대상물 확인·설명서를 교부하지 않은 경우 ㉢ 거래당사자에게 교부해야 하는 거래계약서를 적정하게 작성·교부하지 않은 경우 ㉣ 거짓으로 거래가 완료된 것처럼 꾸미는 등 중개대상물의 시세에 부당한 영향을 주거나 줄 우려가 있는 행위를 한 경우

① ㉠, ㉢
② ㉡, ㉣
③ ㉠, ㉡, ㉢
④ ㉡, ㉢, ㉣
⑤ ㉠, ㉡, ㉢, ㉣

11 **개업공인중개사 甲이 서울특별시 강남구에서 중개업을 영위하던 중 2025.3.10. 중개사무소를 경기도 성남시 분당구로 이전하였다. 甲은 강남구에서 중개업을 하면서 아래와 같이 행정처분을 받았다. 다음의 설명 중 옳은 것은?** 상중하

㉠ 2023.6.10. 1개월의 업무정지처분을 받음 ㉡ 2024.7.10. 20만원의 과태료처분을 받음 ㉢ 2024.9.10. 30만원의 과태료처분을 받음 ㉣ 2024.10.5. 중개사무소등록증을 사무소에 게시하지 아니한 사실이 적발되어 행정처분절차가 진행 중이었음

① 甲은 2025.3.16.까지 강남구청장에게 신고하여야 한다.
② 분당구청장은 강남구청장에게 甲의 관련 서류를 송부하여 줄 것을 요청하여야 하고, 강남구청장은 10일 이내에 해당 서류를 송부하여야 한다.
③ ㉣의 위반사항에 대하여 분당구청장은 업무정지처분을 할 수 있다.
④ 강남구청장은 ㉠, ㉡, ㉢, ㉣의 서류를 송부하여야 한다.
⑤ 이전신고를 하는 甲은 분당구의 조례가 정하는 바에 따라 수수료를 납부하여야 한다.

12 **공인중개사법령상 개업공인중개사의 업무정지사유이면서 중개행위를 한 소속공인중개사의 자격정지사유에 해당하는 것을 모두 고른 것은?** 상중하

㉠ 인장등록을 하지 아니한 경우 ㉡ 중개대상물 확인·설명서에 서명 및 날인을 하지 아니한 경우 ㉢ 거래계약서에 서명 및 날인을 하지 아니한 경우 ㉣ 거래계약서를 교부하지 않은 경우

① ㉠, ㉡
② ㉢, ㉣
③ ㉠, ㉡, ㉢
④ ㉡, ㉢, ㉣
⑤ ㉠, ㉡, ㉢, ㉣

대표문제 행정제재처분효과의 승계

공인중개사법령상 행정제재처분효과의 승계 등에 관한 설명으로 옳은 것은?

기출응용 34회

① 폐업신고한 개업공인중개사의 중개사무소에 다른 개업공인중개사가 중개사무소를 개설등록한 경우 그 지위를 승계한다.
② 중개대상물에 관한 정보를 거짓으로 공개한 사유로 행한 업무정지처분의 효과는 그 처분에 대한 불복기간이 지난 날부터 1년간 다시 중개사무소의 개설등록을 한 자에게 승계된다.
③ 폐업신고 전의 위반행위에 대한 행정처분이 등록취소에 해당하는 경우로서 폐업기간이 1년인 경우 재등록 개업공인중개사에게 그 위반행위에 대해서 행정처분을 할 수 없다.
④ 재등록 개업공인중개사에 대하여 폐업신고 전의 업무정지에 해당하는 위반행위를 이유로 행정처분을 할 때 폐업기간과 폐업의 사유는 고려하지 않는다.
⑤ 개업공인중개사가 2023.5.9. 과태료부과처분을 받은 후 폐업신고를 하고 2024.4.9. 다시 중개사무소의 개설등록을 한 경우 그 처분의 효과는 승계된다.

POINT

행정제재처분효과의 승계 등에 관하여 학습하여야 합니다.

해설

① 폐업신고한 개업공인중개사의 중개사무소에 다른 개업공인중개사가 중개사무소를 개설등록한 경우 그 지위는 승계되지 않는다.
② 중개대상물에 관한 정보를 거짓으로 공개한 사유로 행한 업무정지처분의 효과는 그 처분일로부터 1년간 다시 중개사무소의 개설등록을 한 자에게 승계된다.
③ 폐업신고 전의 위반행위에 대한 행정처분이 등록취소에 해당하는 경우로서 폐업기간이 1년인 경우 재등록 개업공인중개사에게 그 위반행위에 대해서 행정처분을 할 수 있다.
④ 재등록 개업공인중개사에 대하여 폐업신고 전의 업무정지에 해당하는 위반행위를 이유로 행정처분을 할 때 폐업기간과 폐업의 사유 등을 고려하여야 한다.

정답 ⑤

최신 기출응용 33회

13 공인중개사법령상 행정제재처분효과의 승계 등에 관한 설명으로 옳은 것을 모두 고른 것은?

상 중 하

㉠ 폐업신고 전에 개업공인중개사에게 한 업무정지처분의 효과는 그 처분일부터 3년간 재등록 개업공인중개사에게 승계된다.
㉡ 폐업기간이 3년을 초과한 재등록 개업공인중개사에 대해 폐업신고 전의 중개사무소 업무정지사유에 해당하는 위반행위를 이유로 행정처분을 할 수 없다.
㉢ 폐업신고 전에 개업공인중개사에게 한 과태료부과처분의 효과는 그 처분일부터 6개월이 된 때에 재등록을 한 개업공인중개사에게 승계된다.
㉣ 폐업기간이 2년 6개월이 지난 재등록 개업공인중개사에게 폐업신고 전의 중개사무소 개설등록 취소사유에 해당하는 위반행위를 이유로 개설등록취소처분을 할 수 있다.

① ㉠
② ㉠, ㉣
③ ㉡, ㉢
④ ㉡, ㉢, ㉣
⑤ ㉠, ㉡, ㉢, ㉣

14 **공인중개사법령상 재등록 개업공인중개사에 대한 행정처분의 내용으로 타당하지 않은 것은?**

상 중 하

① 개업공인중개사가 폐업신고 후 다시 등록을 한 때에는 폐업신고 전의 개업공인중개사의 지위를 승계한다.

② 등록관청은 폐업 후 재등록 개업공인중개사에 대하여 폐업신고 전의 등록취소사유로 인한 위반행위를 사유로 등록취소처분을 할 수 있다. 다만, 폐업기간이 3년을 초과한 경우에는 이를 할 수 없다.

③ 등록관청은 폐업 후 재등록 개업공인중개사에 대하여 폐업신고 전의 업무정지사유로 인한 위반행위를 사유로 업무정지처분을 할 수 있다. 다만, 폐업기간이 1년을 초과한 경우에는 이를 할 수 없다.

④ 등록관청이 위 ②, ③을 사유로 행정처분을 하는 때에는 폐업기간, 폐업의 사유를 고려하여야 한다.

⑤ 2024년 1월 및 동년 3월에 각각 과태료처분을 받고 또한 동년 4월에 3개월의 업무정지처분을 받은 개업공인중개사가 동년 8월에 폐업한 후 동년 11월에 재등록한 경우, 만일 2025년 2월에 과태료처분에 해당하는 위반행위를 하였다면 재등록 개업공인중개사는 등록취소처분을 받을 수 있다.

15 **개업공인중개사에 대한 행정처분의 승계 등에 관한 「공인중개사법」 규정으로 옳은 것은?**

상 중 하

① 재등록 개업공인중개사에 대하여 폐업신고 전의 업무정지사유의 위반행위에 대한 업무정지처분을 할 수 있으나, 폐업기간이 6개월을 초과한 경우에는 할 수 없다.

② 재등록 개업공인중개사에 대하여 폐업신고 전의 등록취소사유의 위반행위에 대한 등록취소처분을 할 수 있으나, 폐업기간이 1년을 초과한 경우에는 할 수 없다.

③ 폐업신고 전의 개업공인중개사에 대한 업무정지, 과태료처분의 효과는 그 폐업일로부터 1년간 다시 중개사무소의 개설등록을 한 자(재등록 개업공인중개사)에게 승계된다.

④ 1년간 폐업 후 재등록한 개업공인중개사가 폐업신고 전의 등록취소사유로 등록취소처분을 받은 경우 등록 등의 결격사유기간은 등록취소 후 2년이다.

⑤ 개업공인중개사가 폐업신고 후 다시 중개사무소의 개설등록을 한 때에는 폐업신고 전의 개업공인중개사의 지위는 승계되지 않는다.

16 개업공인중개사 甲·乙·丙에 대한 「공인중개사법」 제40조(행정제재처분효과의 승계 등)의 적용에 관한 설명으로 옳은 것을 모두 고른 것은? 상중하

ㄱ 甲이 2024.11.18. 「공인중개사법」에 따른 과태료부과처분을 받았으나 2024.12.18. 폐업신고를 하였다가 2025.10.17. 다시 중개사무소의 개설등록을 하였다면, 위 과태료부과처분의 효과는 승계된다.
ㄴ 乙이 2024.8.5. 국토교통부령으로 정하는 전속중개계약서에 의하지 않고 전속중개계약을 체결한 후, 2024.9.5. 폐업신고를 하였다가 2025.10.5. 다시 중개사무소의 개설등록을 하였다면 등록관청은 업무정지처분을 할 수 있다.
ㄷ 丙이 2022.8.10. 다른 사람에게 자기의 상호를 사용하여 중개업무를 하게 한 후, 2022.9.10. 폐업신고를 하였다가 2025.10.10. 다시 중개사무소의 개설등록을 하였다면 등록관청은 개설등록을 취소해야 한다.

① ㄱ
② ㄱ, ㄴ
③ ㄱ, ㄷ
④ ㄴ, ㄷ
⑤ ㄱ, ㄴ, ㄷ

17 공인중개사법령상 공인중개사인 개업공인중개사 甲의 중개사무소 폐업 및 재등록에 관한 설명으로 옳은 것은? 상중하

① 甲이 중개사무소를 폐업하고자 하는 경우, 시·도지사에게 미리 신고하여야 한다.
② 甲이 폐업사실을 신고하고 중개사무소 간판을 철거하지 아니한 경우, 과태료부과처분을 받을 수 있다.
③ 甲이 공인중개사법령 위반으로 2025.2.9. 1개월의 업무정지처분을 받았으나 2025.7.2. 폐업신고를 하였다가 2025.12.12. 다시 중개사무소 개설등록을 한 경우, 종전의 업무정지처분의 효과는 승계되지 않고 소멸한다.
④ 甲이 공인중개사법령 위반으로 2025.1.9. 1개월의 업무정지처분에 해당하는 행위를 하였으나 2025.3.6. 폐업신고를 하였다가 2025.12.6. 다시 중개사무소 개설등록을 한 경우, 종전의 위반행위에 대하여 1개월의 업무정지처분을 받을 수 있다.
⑤ 甲이 공인중개사법령 위반으로 2023.2.6. 등록취소처분에 해당하는 행위를 하였으나 2023.3.7. 폐업신고를 하였다가 2025.10.17. 다시 중개사무소 개설등록을 한 경우, 그에게 종전의 위반행위에 대한 등록취소처분을 할 수 없다.

대표문제 자격취소

공인중개사법령상 공인중개사의 자격취소 등에 관한 설명으로 <u>틀린</u> 것은? 기출응용 34회

① 「공인중개사법」 또는 공인중개사의 직무와 관련하여 「형법」규정을 위반하여 금고 이상의 형(집행유예 포함)을 선고받은 경우 자격취소사유에 해당한다.

② 공인중개사가 자격정지처분을 받은 기간 중에 법인인 개업공인중개사의 임원이 되는 경우 시·도지사는 그 자격을 취소하여야 한다.

③ 자격취소처분을 받아 공인중개사자격증을 반납하려는 자는 그 처분을 받은 날부터 7일 이내에 반납해야 한다.

④ 시·도지사는 공인중개사의 자격취소처분을 한 때에는 5일 이내에 이를 국토교통부장관과 다른 시·도지사에게 통보해야 한다.

⑤ 공인중개사의 자격취소처분은 청문을 거쳐 중개사무소의 소재지를 관할하는 시·도지사가 행한다.

POINT

자격취소사유와 절차에 관하여 학습해야 합니다.

해설

공인중개사의 자격취소처분은 청문을 거쳐 공인중개사자격증을 교부한 시·도지사가 행한다.

정답 ⑤

18 공인중개사법령상 공인중개사의 자격취소처분사유가 <u>아닌</u> 것은? 상 중 하

① 공인중개사자격을 부정한 방법으로 취득한 경우

② 「형법」상 절도죄로 인하여 징역 2년의 실형을 선고받은 경우

③ 개업공인중개사의 요청으로 자격정지기간 중에 중개업무를 수행한 경우

④ 공인중개사가 다른 사람에게 자기의 성명을 사용하여 중개업무를 하게 한 경우

⑤ 「공인중개사법」을 위반하여 징역형을 선고받은 경우

19 공인중개사법령상 공인중개사의 자격취소에 관한 설명으로 옳은 것은? 상중하

① 자격증을 교부한 시·도지사와 공인중개사의 사무소가 소재하는 시·도지사가 서로 다른 경우 청문은 자격증을 교부한 시·도지사가 이를 행한다.

② 공인중개사인 개업공인중개사가 자격정지기간 중인 소속공인중개사로 하여금 중개업무를 수행하게 한 경우에는 개업공인중개사 및 소속공인중개사 모두 자격취소처분을 받는다.

③ 자격증을 교부한 시·도지사와 공인중개사의 사무소가 소재하는 시·도지사가 서로 다른 경우에는 자격증을 교부한 시·도지사가 자격취소처분에 필요한 절차를 이행한 후 공인중개사의 사무소가 소재하는 시·도지사에게 그 결과를 통보하여야 한다.

④ 자격취소처분을 행한 시·도지사는 7일 이내에 국토교통부장관과 다른 시·도지사에게 그 사실을 통보해야 한다.

⑤ 자격취소된 자는 3년간 중개업무의 종사가 제한되고, 3년간 공인중개사가 될 수 없다.

최신 기출응용 32회

20 공인중개사법령상 공인중개사자격의 취소사유에 해당하는 것을 모두 고른 것은? 상중하

㉠ 「공인중개사법」을 위반하여 징역형의 선고를 받은 경우
㉡ 공인중개사가 다른 사람에게 자기의 성명을 사용하여 중개업무를 하게 한 경우
㉢ 「공인중개사법」에 따라 공인중개사 자격정지처분을 받고 그 자격정지기간 중에 중개업무를 행한 경우

① ㉠
② ㉢
③ ㉠, ㉡
④ ㉡, ㉢
⑤ ㉠, ㉡, ㉢

21 **공인중개사법령상 공인중개사의 자격취소에 관한 설명으로 옳은 것은?** 상중하

① 자격증을 교부한 시·도지사와 공인중개사의 사무소를 관할하는 시·도지사가 서로 다른 경우에는 자격증을 교부한 시·도지사가 자격취소처분에 필요한 절차를 이행한다.

② 시·도지사는 공인중개사의 자격취소처분을 한 때에는 5일 이내에 이를 국토교통부장관과 다른 시·도지사에게 통보해야 한다.

③ 자격취소사유가 발생한 경우에는 청문을 실시하지 않아도 해당 공인중개사의 자격을 취소할 수 있다.

④ 공인중개사의 자격이 취소된 자는 자격취소처분을 받은 날부터 10일 이내에 그 공인중개사자격증을 교부한 시·도지사에게 공인중개사자격증을 반납하여야 한다.

⑤ 공인중개사자격이 취소되었으나 공인중개사자격증을 분실 등의 사유로 반납할 수 없는 자는 신규발급절차를 거쳐 발급된 공인중개사자격증을 반납하여야 한다.

대표문제 자격취소·자격정지

공인중개사법령상 공인중개사의 자격취소사유와 소속공인중개사의 자격정지사유에 관한 구분으로 옳은 것을 모두 고른 것은? 기출응용 31회

㉠ 부정한 방법으로 자격을 취득한 경우 – 취소사유
㉡ 「공인중개사법」을 위반하여 징역형의 집행유예를 받은 경우 – 취소사유
㉢ 거래계약서를 작성할 때 서로 다른 둘 이상의 거래계약서를 작성한 경우 – 정지사유
㉣ 중개의뢰인과 직접 거래를 하거나 거래당사자 쌍방을 대리하는 경우 – 정지사유

① ㉠
② ㉠, ㉣
③ ㉢, ㉣
④ ㉠, ㉡, ㉢
⑤ ㉠, ㉡, ㉢, ㉣

POINT

자격취소사유와 자격정지사유를 구분하여 학습하여야 합니다.

해설

㉠㉡ 자격취소사유는 다음과 같다.

1. 부정한 방법으로 공인중개사의 자격을 취득한 경우
2. 공인중개사가 다른 사람에게 자기의 성명을 사용하여 중개업무를 하게 하거나 다른 사람에게 공인중개사자격증을 양도 또는 대여한 경우
3. 자격정지처분을 받고 그 자격정지기간 중에 중개업무를 행하거나 다른 개업공인중개사의 소속공인중개사, 중개보조원 또는 법인인 개업공인중개사의 사원·임원이 되는 경우
4. 「공인중개사법」 또는 공인중개사의 직무와 관련하여 「형법」 규정을 위반하여 금고 이상의 형(집행유예를 포함한다)을 선고받은 경우

㉢㉣ 자격정지사유는 다음과 같다.

1. 둘 이상의 중개사무소에 소속된 경우
2. 인장등록을 하지 아니하거나 등록하지 아니한 인장을 사용한 경우
3. 성실·정확하게 중개대상물의 확인·설명을 하지 아니하거나 설명의 근거자료를 제시하지 아니한 경우
4. 해당 중개업무를 수행한 경우 중개대상물 확인·설명서에 서명 및 날인을 하지 아니한 경우
5. 해당 중개업무를 수행한 경우 거래계약서에 서명 및 날인을 하지 아니한 경우
6. 거래계약서에 거래금액 등 거래내용을 거짓으로 기재하거나 서로 다른 둘 이상의 거래계약서를 작성한 경우
7. 「공인중개사법」 제33조 제1항 각 호 소정의 금지행위를 한 경우(중개의뢰인과의 직접 거래 등)

따라서 ㉠, ㉡, ㉢, ㉣ 모두 정답이 된다.

정답 ⑤

22 **공인중개사법령상 소속공인중개사의 규정 위반행위 중 자격정지기준이 6개월에 해당하는 것을 모두 고른 것은?** 상중하

㉠ 거래계약서에 거래금액 등 거래내용을 거짓으로 기재한 경우 ㉡ 거래계약서에 서명·날인을 하지 아니한 경우 ㉢ 법 제33조 제1항 각 호에 규정된 금지행위를 한 경우 ㉣ 확인·설명의 근거자료를 제시하지 아니한 경우

① ㉠
② ㉠, ㉢
③ ㉡, ㉢
④ ㉠, ㉡, ㉣
⑤ ㉡, ㉢, ㉣

23 **소속공인중개사의 자격정지처분에 관한 설명으로 틀린 것은?** 상중하

① 자격정지처분을 받은 경우 시·도지사에게 자격증을 반납할 필요가 없다.
② 시·도지사는 위반행위의 동기·결과 및 횟수 등을 참작하여 자격정지기준의 5분의 1 범위 안에서 가중 또는 경감할 수 있으나, 가중하여 처분하더라도 자격정지기간은 6개월을 초과할 수 없다.
③ 자격정지의 기준은 국토교통부령으로 정한다.
④ 시·도지사가 청문을 실시하지 아니하고 자격정지처분을 한 경우라도 그 효력에는 영향을 미치지 아니한다.
⑤ 등록관청은 공인중개사가 자격정지사유에 해당하는 위반행위를 한 사실을 알게 된 때에는 지체 없이 그 사실을 시·도지사에게 통보하여야 한다.

24 「공인중개사법 시행규칙」 [별표 3]에 규정된 공인중개사 자격정지기준으로 옳은 것은 모두 몇 개인가? 상중하

위반행위	자격정지기준
• 소속공인중개사가 다른 개업공인중개사인 법인의 임원이 된 경우	6개월
• 성실·정확하게 중개대상물의 확인·설명을 하지 않은 경우	6개월
• 법정중개보수를 초과하여 금품을 받은 경우	6개월
• 거래계약서에 거래금액을 거짓으로 기재한 경우	3개월
• 거래당사자 쌍방을 대리한 경우	3개월

① 1개
② 2개
③ 3개
④ 4개
⑤ 5개

최신 기출응용 32회

25 공인중개사법령상 소속공인중개사로서 업무를 수행하는 기간 동안 발생한 사유 중 자격정지사유로 규정되어 있지 <u>않은</u> 것은? 상중하

① 인장등록을 하지 아니하거나 등록하지 아니한 인장을 사용한 경우
② 성실·정확하게 중개대상물의 확인·설명을 하지 않은 경우
③ 해당 중개업무를 수행한 경우 중개대상물 확인·설명서에 서명 및 날인을 하지 아니한 경우
④ 다른 사람에게 자격증을 양도 또는 대여한 경우
⑤ 단체를 구성하여 특정 중개대상물에 대하여 중개를 제한하거나 단체 구성원 이외의 자와 공동중개를 제한하는 행위를 한 경우

대표문제 거래정보사업자의 지정취소

거래정보사업자의 지정취소에 관한 설명으로 옳은 것은? 기출응용 35회

① 지정을 받은 날부터 30일 이내에 운영규정을 제정하여 국토교통부장관의 승인을 얻지 아니한 때에는 지정이 취소될 수 있고, 500만원 이하의 과태료처분을 받을 수 있다.

② 사망 또는 법인의 해산으로 부동산거래정보망의 계속적 운영이 불가능한 때에는 지정을 취소하여야 한다.

③ 거래정보사업자가 개업공인중개사로부터 의뢰받은 정보의 내용과 다르게 공개한 때에는 지정이 취소될 수 있고, 1년 이하의 징역 또는 1천만원 이하의 벌금형에 처해진다.

④ 거짓이나 그 밖에 부정한 방법으로 지정을 받은 때에는 지정이 취소되고, 3년 이하의 징역 또는 3천만원 이하의 벌금형에 처해진다.

⑤ 국토교통부장관은 정당한 사유 없이 지정신청일로부터 6개월 이내에 부동산거래정보망을 설치·운영하지 아니한 때에는 지정을 취소할 수 있다.

POINT

거래정보사업자의 지정취소에 관하여 학습하여야 합니다.

해설

① 지정을 받은 날부터 3개월 이내에 운영규정을 제정하여 국토교통부장관의 승인을 얻지 아니한 때에는 지정이 취소될 수 있고, 500만원 이하의 과태료처분을 받을 수 있다.

② 사망 또는 법인의 해산으로 부동산거래정보망의 계속적 운영이 불가능한 때에는 지정을 취소할 수 있다.

④ 지정이 취소될 수 있는 사유에 해당한다. 따라서 행정형벌인 징역이나 벌금사유에 해당하지 않는다.

⑤ 국토교통부장관은 정당한 사유 없이 지정받은 날부터 1년 이내에 부동산거래정보망을 설치·운영하지 아니한 때에는 지정을 취소할 수 있다.

정답 ③

26 **국토교통부장관이 거래정보사업자의 지정을 취소할 수 있는 사유가 아닌 것은?**

상 중 하

① 정당한 사유 없이 지정을 받은 날로부터 1년 이내에 부동산거래정보망을 설치·운영하지 아니한 때
② 거래정보사업자가 공인중개사 1명과 정보처리기사 1명을 확보하고 지정을 받은 때
③ 법인의 해산으로 부동산거래정보망의 계속적 운영이 불가능한 때
④ 거짓이나 그 밖에 부정한 방법으로 지정을 받은 때
⑤ 거래정보사업자가 개업공인중개사로부터 의뢰받은 정보의 내용과 다르게 공개한 때

11 벌칙(행정벌)

빠른 정답 CHECK!(본책) p.233 / 정답 및 해설(책속의 책) p.57

대표문제 행정형벌

공인중개사법령상 다음의 행위를 한 자에 대하여 3년의 징역에 처할 수 있는 경우는?

기출응용 35회

① 중개의뢰인과 직접 거래를 하거나 거래당사자 쌍방을 대리하는 행위
② 둘 이상의 중개사무소를 둔 경우
③ 개업공인중개사가 아닌 자로서 '공인중개사사무소', '부동산중개' 또는 이와 유사한 명칭을 사용한 경우
④ 사례·증여 그 밖의 어떠한 명목으로도 법정보수 또는 실비를 초과하여 금품을 받은 경우
⑤ 이 법 및 다른 법의 규정이 있는 경우를 제외하고 그 업무상 알게 된 비밀을 누설한 경우

POINT

행정형벌의 종류와 각 사유를 암기하여야 합니다.

해설

「공인중개사법」상 다음의 어느 하나에 해당하는 자는 3년 이하의 징역 또는 3천만원 이하의 벌금에 처한다(법 제48조).

1. 중개사무소의 개설등록을 하지 아니하고 중개업을 한 자
2. 거짓이나 그 밖의 부정한 방법으로 중개사무소의 개설등록을 한 자
3. 관계 법령에서 양도·알선 등이 금지된 부동산의 분양·임대 등과 관련 있는 증서 등의 매매·교환 등을 중개하거나 그 매매를 업으로 하는 행위
4. 중개의뢰인과 직접 거래를 하거나 거래당사자 쌍방을 대리하는 행위
5. 탈세 등 관계 법령을 위반할 목적으로 소유권보존등기 또는 이전등기를 하지 아니한 부동산이나 관계 법령의 규정에 의하여 전매 등 권리의 변동이 제한된 부동산의 매매를 중개하는 등 부동산투기를 조장하는 행위
6. 부당한 이익을 얻거나 제3자에게 부당한 이익을 얻게 할 목적으로 거짓으로 거래가 완료된 것처럼 꾸미는 등 중개대상물의 시세에 부당한 영향을 주거나 줄 우려가 있는 행위
7. 단체를 구성하여 특정 중개대상물에 대하여 중개를 제한하거나 단체 구성원 이외의 자와 공동중개를 제한하는 행위

8. 안내문, 온라인 커뮤니티 등을 이용하여 특정 개업공인중개사등에 대한 중개의뢰를 제한하거나 제한을 유도하는 행위
9. 안내문, 온라인 커뮤니티 등을 이용하여 중개대상물에 대하여 시세보다 현저하게 높게 표시·광고 또는 중개하는 특정 개업공인중개사등에게만 중개의뢰를 하도록 유도함으로써 다른 개업공인중개사등을 부당하게 차별하는 행위
10. 안내문, 온라인 커뮤니티 등을 이용하여 특정 가격 이하로 중개를 의뢰하지 아니하도록 유도하는 행위
11. 정당한 사유 없이 개업공인중개사등의 중개대상물에 대한 정당한 표시·광고 행위를 방해하는 행위
12. 개업공인중개사등에게 중개대상물을 시세보다 현저하게 높게 표시·광고하도록 강요하거나 대가를 약속하고 시세보다 현저하게 높게 표시·광고하도록 유도하는 행위

따라서 ①은 3년 이하의 징역 또는 3천만원 이하의 벌금사유에 해당한다. 하지만 ②, ③, ④, ⑤는 1년 이하의 징역 또는 1천만원 이하의 벌금사유에 해당한다.

정답 ①

최신 기출응용 33회

01 공인중개사법령상 3년 이하의 징역 또는 3천만원 이하의 벌금에 처해지는 개업공인중개사 등의 행위가 아닌 것은? 상중하

① 거짓이나 그 밖의 부정한 방법으로 중개사무소의 개설등록을 한 행위
② 공인중개사가 아닌 자로서 공인중개사 또는 이와 유사한 명칭을 사용한 행위
③ 중개의뢰인과 직접 거래를 하는 행위
④ 거래당사자 쌍방을 대리하는 행위
⑤ 중개대상물의 시세에 부당한 영향을 주거나 줄 우려가 있는 행위

02 공인중개사법령상 개업공인중개사에 대한 벌칙규정 내용이 바르게 연결된 것을 모두 고른 것은?

상중하

> ㉠ 안내문, 온라인 커뮤니티 등을 이용하여 특정 가격 이하로 중개를 의뢰하지 아니하도록 유도하는 행위를 한 자 – 1년 이하의 징역 또는 1천만원 이하의 벌금
> ㉡ 개업공인중개사가 인터넷을 이용하여 중개대상물에 대한 표시·광고를 하는 때에는 중개대상물의 종류별로 소재지, 면적, 가격 등의 사항을 명시하여야 한다는 규정을 위반하여 표시·광고한 자 – 500만원 이하의 과태료
> ㉢ 중개의뢰인과 직접 거래를 한 자 – 3년 이하의 징역 또는 3천만원 이하의 벌금
> ㉣ 등록취소 후 중개사무소등록증을 반납하지 아니한 자 – 100만원 이하의 과태료
> ㉤ 이중으로 중개사무소의 개설등록을 하거나 둘 이상의 중개사무소에 소속된 자 – 1년 이하의 징역 또는 1천만원 이하의 벌금

① ㉠, ㉡, ㉢
② ㉠, ㉡, ㉤
③ ㉠, ㉣, ㉤
④ ㉡, ㉢, ㉣
⑤ ㉢, ㉣, ㉤

03 공인중개사법령상 벌금부과기준에 해당하는 것을 모두 고른 것은?

상중하

> ㉠ 안내문, 온라인 커뮤니티 등을 이용하여 특정 가격 이하로 중개를 의뢰하지 아니하도록 유도하는 행위
> ㉡ 이중으로 중개사무소의 개설등록을 하거나 둘 이상의 중개사무소에 소속된 경우
> ㉢ 중개의뢰인과 직접 거래를 하거나 거래당사자 쌍방을 대리하는 행위
> ㉣ 임시 중개시설물을 설치한 개업공인중개사
> ㉤ 실무교육을 받은 후 2년마다 시·도지사가 실시하는 연수교육을 받아야 한다는 규정을 위반한 자

① ㉠
② ㉠, ㉡
③ ㉡, ㉢, ㉤
④ ㉠, ㉡, ㉢, ㉣
⑤ ㉠, ㉡, ㉢, ㉣, ㉤

04 공인중개사법령상 3년 이하의 징역 또는 3천만원 이하의 벌금에 처해지는 것을 모두 고른 것은? 상중하

> ㉠ 개업공인중개사가 고용한 중개보조원의 수가 개업공인중개사와 소속공인중개사를 합한 수의 5배를 초과한 경우
> ㉡ 이중으로 중개사무소의 개설등록을 하거나 둘 이상의 중개사무소에 소속된 자
> ㉢ 탈세 등 관계 법령을 위반할 목적으로 소유권이전등기를 하지 아니한 부동산의 매매를 중개하는 등 부동산투기를 조장하는 행위를 한 자
> ㉣ 개업공인중개사등에게 중개대상물을 시세보다 현저하게 높게 표시·광고하도록 강요하거나 대가를 약속하고 시세보다 현저하게 높게 표시·광고하도록 유도하는 행위
> ㉤ 다른 사람에게 자기의 성명을 사용하여 중개업무를 하게 한 자

① ㉠, ㉡
② ㉠, ㉤
③ ㉡, ㉣
④ ㉢, ㉣
⑤ ㉢, ㉤

05 1년 이하의 징역 또는 1천만원 이하의 벌금형의 사유에 해당되는 것은 모두 몇 개인가? 상중하

> ㉠ 둘 이상의 중개사무소를 설치하거나 천막 등 임시 중개시설물을 설치한 개업공인중개사
> ㉡ 개업공인중개사가 중개보조원을 법률규정에 위반하여 초과고용한 경우
> ㉢ 둘 이상의 중개사무소에 소속한 소속공인중개사
> ㉣ 공개의뢰받은 정보를 의뢰받은 내용과 다르게 공개하거나 개업공인중개사에 따라 정보를 차별적으로 공개한 부동산거래정보사업자
> ㉤ 서로 다른 둘 이상의 거래계약서를 작성하거나 거래금액 등 거래내용을 거짓으로 거래계약서에 기재한 소속공인중개사

① 1개
② 2개
③ 3개
④ 4개
⑤ 5개

06 공인중개사법령상 법정형이 1년 이하의 징역 또는 1천만원 이하의 벌금에 해당하는 것을 모두 고른 것은?

상 중 하

㉠ 개업공인중개사가 아닌 자로서 중개업을 하기 위하여 중개대상물에 대한 표시·광고를 한 자 ㉡ 공인중개사자격증, 중개사무소등록증을 양도·대여하거나 양도·대여받는 행위를 알선한 자 ㉢ 개업공인중개사가 개업공인중개사와 소속공인중개사를 합한 수의 5배를 초과하여 중개보조원을 고용한 경우 ㉣ 탈세 등 관계 법령을 위반할 목적으로 소유권 보존등기 또는 이전등기를 하지 아니한 부동산의 매매를 중개하는 등 부동산투기를 조장하는 행위를 한 개업공인중개사

① ㉠, ㉣
② ㉡, ㉢
③ ㉠, ㉡, ㉢
④ ㉡, ㉢, ㉣
⑤ ㉠, ㉡, ㉢, ㉣

07 공인중개사법령상 행정형벌의 대상이 됨과 동시에 행정처분의 대상이 되는 경우는?

상 중 하

① 개업공인중개사가 업무보증을 설정하지 아니하고 중개업무를 개시한 경우
② 개업공인중개사가 거짓된 언행 등으로 중개의뢰인의 판단을 그르치게 한 경우
③ 소속공인중개사가 자격취소처분을 받은 경우 자격증을 반납하지 않은 경우
④ 개업공인중개사가 중개행위에 사용할 인장을 등록하지 아니한 경우
⑤ 전속중개계약을 체결한 개업공인중개사가 의뢰인의 비공개요청을 무시하고 정보를 공개한 경우

대표문제 과태료 부과기준

공인중개사법령상 규정 위반으로 과태료가 부과되는 경우 과태료 부과기준에서 정하는 금액이 가장 적은 경우는? 기출응용 34회

① 폐업신고를 하지 않은 경우
② 공인중개사자격증을 반납하지 않은 경우
③ 중개사무소의 이전신고를 하지 않은 경우
④ 중개사무소등록증 등을 게시하지 않은 경우
⑤ 손해배상책임의 보장에 관한 사항을 설명하지 않은 경우

POINT

행정질서벌(과태료)금액에 관하여 학습하여야 합니다.

해설

「공인중개사법 시행령」 [별표 2]에 의하면 과태료금액은 다음과 같다.
① 폐업신고를 하지 않은 경우 – 20만원
② 공인중개사자격증을 반납하지 않은 경우 – 30만원
③ 중개사무소의 이전신고를 하지 않은 경우 – 30만원
④ 중개사무소등록증 등을 게시하지 않은 경우 – 30만원
⑤ 손해배상책임의 보장에 관한 사항을 설명하지 않은 경우 – 30만원

정답 ①

08 공인중개사법령상 과태료 적용사유와 부과대상자 및 부과관청이 옳게 연결된 것은?

상 중 하

① 운영규정의 내용을 위반하여 부동산거래정보망을 운영한 자 – 등록관청
② 의뢰받은 내용과 다르게 정보를 공개한 거래정보사업자 – 시·도지사
③ 공제사업의 운용실적을 공시하지 아니한 협회 – 등록관청
④ 공인중개사자격증을 반납하지 아니한 공인중개사 – 등록관청
⑤ 중개대상물의 확인·설명을 하지 아니한 개업공인중개사 – 등록관청

09 다음 중 공인중개사법령상 과태료를 부과할 경우 과태료의 부과기준에서 정하는 과태료 금액이 가장 큰 경우는?

상 중 하

① 중개의뢰인에게 본인이 중개보조원이라는 사실을 미리 알리지 않은 경우
② 거짓으로 공인중개사자격증을 반납할 수 없는 사유서를 제출한 경우
③ 중개사무소의 이전신고를 하지 않은 경우
④ 중개사무소등록증을 게시하지 않은 경우
⑤ 휴업기간의 변경신고를 하지 않은 경우

10 공인중개사법령상 과태료의 부과대상자와 부과기관이 바르게 연결된 것을 모두 고른 것은?

상 중 하

> ㉠ 부동산거래정보망의 이용 및 정보제공방법 등에 관한 운영규정의 내용을 위반하여 부동산거래정보망을 운영한 거래정보사업자 – 국토교통부장관
> ㉡ 운영규정의 승인 또는 변경승인을 얻지 아니한 거래정보사업자 – 국토교통부장관
> ㉢ 중개사무소의 이전신고를 하지 아니한 개업공인중개사 – 등록관청
> ㉣ 공인중개사자격이 취소된 자로 공인중개사자격증을 반납하지 아니한 자 – 등록관청
> ㉤ 중개사무소 개설등록이 취소된 자로 중개사무소등록증을 반납하지 아니한 자 – 국토교통부장관

① ㉠, ㉢
② ㉠, ㉡, ㉢
③ ㉡, ㉣, ㉤
④ ㉠, ㉡, ㉢, ㉣
⑤ ㉠, ㉡, ㉢, ㉣, ㉤

11 **공인중개사법령상 500만원 이하의 과태료처분을 할 수 있는 사유에 해당하지 않는 것은?** 상중하

① 중개의뢰인에게 본인이 중개보조원이라는 사실을 미리 알리지 아니한 사람 및 그가 소속된 개업공인중개사

② 중개대상물이 존재하지만 실제로 중개의 대상이 될 수 없는 중개대상물에 대한 표시·광고를 한 개업공인중개사

③ 실무교육을 받은 후 2년마다 시·도지사가 실시하는 연수교육을 받아야 한다는 규정을 위반한 개업공인중개사 및 소속공인중개사

④ 중개대상물이 존재하지만 실제로 중개할 의사가 없는 중개대상물에 대한 표시·광고를 한 개업공인중개사

⑤ 중개대상물에 대하여 표시·광고를 하는 경우로서 중개사무소, 개업공인중개사에 관한 사항 등을 명시하지 아니한 개업공인중개사

12 **공인중개사법령상 100만원 이하의 과태료처분 사유에 해당하지 않는 것은?** 상중하

① 중개사무소의 명칭에 '공인중개사사무소'라는 문자를 사용한 부칙 제6조 제2항에 규정된 개업공인중개사

② 중개사무소의 명칭에 '공인중개사사무소' 또는 '부동산중개'라는 문자를 사용하지 아니한 법인인 개업공인중개사

③ 등록증·중개보수 요율표 등 국토교통부령으로 정하는 사항을 해당 중개사무소 안의 보기 쉬운 곳에 게시하지 아니한 개업공인중개사

④ 옥외 간판에 개업공인중개사의 성명을 표시하지 아니한 개업공인중개사

⑤ 국토교통부장관의 필요한 조치를 요구받은 정보통신서비스 제공자가 정당한 사유 없이 요구에 따르지 아니하여 필요한 조치를 하지 아니한 경우

CHAPTER

12 부동산 거래신고 등에 관한 법률

빠른 정답 CHECK!(본책) p.233 / 정답 및 해설(책속의 책) p.61

제1절 | 부동산 거래신고

대표문제 부동산 거래신고

부동산 거래신고 등에 관한 법령상 부동산 거래신고의 대상이 아닌 것은? 기출응용 35회

① 「주택법」에 따른 조정대상지역에 소재하는 주택의 임대차계약

② 「공공주택 특별법」에 따른 부동산의 공급계약

③ 토지거래허가를 받은 토지의 매매계약

④ 「택지개발촉진법」에 따른 부동산 공급계약을 통하여 부동산을 공급받는 자로 선정된 지위의 매매계약

⑤ 「빈집 및 소규모주택 정비에 관한 특례법」에 따른 사업시행계획인가로 취득한 입주자로 선정된 지위의 매매계약

POINT

부동산 거래신고에 관하여 학습하여야 합니다.

해설

「부동산 거래신고 등에 관한 법률」에서 규정하고 있는 부동산 거래신고대상은 다음과 같다.

1. 부동산의 매매계약
2. 「택지개발촉진법」, 「주택법」 등 다음의 법률에 따른 부동산에 대한 공급계약
   - 「건축물의 분양에 관한 법률」
   - 「공공주택 특별법」
   - 「도시개발법」
   - 「도시 및 주거환경정비법」
   - 「빈집 및 소규모주택 정비에 관한 특례법」
   - 「산업입지 및 개발에 관한 법률」
   - 「주택법」
   - 「택지개발촉진법」

> 3. 다음의 어느 하나에 해당하는 지위의 매매계약
>   • 「택지개발촉진법」, 「주택법」 등에 따른 부동산에 대한 공급계약을 통하여 부동산을 공급받는 자로 선정된 지위
>   • 「도시 및 주거환경정비법」에 따른 관리처분계획의 인가 및 「빈집 및 소규모주택 정비에 관한 특례법」에 따른 사업시행계획인가로 취득한 입주자로 선정된 지위

따라서 ①의 주택의 임대차계약은 부동산 거래신고대상에 해당하지 않는다.

정답 ①

최신 기출응용 33회

01 부동산 거래신고 등에 관한 법령상 부동산거래계약신고서 작성에 관한 설명으로 틀린 것은? 상 중 하

① 거래대상의 종류가 공급계약(분양)인 경우 물건별 거래가격 및 총 실제 거래가격에 부가가치세를 포함한 금액을 적는다.

② 총 실제 거래가격란에는 전체 거래가격(둘 이상의 부동산을 함께 거래하는 경우 각각의 부동산별 거래가격의 합계 금액)을 적는다.

③ '종전 부동산'란은 입주권 매매의 경우에만 작성한다.

④ '계약대상 면적'란에는 실제 거래면적을 계산하여 적되, 건축물 면적은 집합건축물의 경우 전용면적을 적는다.

⑤ 거래당사자 간 직접 거래의 경우에는 공동으로 신고서에 서명 또는 날인을 하여 거래당사자 공동으로 신고서를 제출하면 된다.

02 「부동산 거래신고 등에 관한 법률」상의 부동산 거래신고에 관한 설명으로 옳은 것은?

상 중 하

① 수도권 등(수도권·광역시 및 세종특별자치시)에 소재하는 토지의 경우 실제 거래가격이 1억원 이상인 토지를 매수하려면 자금의 조달계획, 토지이용계획을 신고하여야 한다.

② 수도권 등(수도권·광역시 및 세종특별자치시) 외의 지역에 소재하는 토지의 경우 실제 거래가격이 3억원 이상인 토지를 매수하려면 자금의 조달계획, 토지이용계획을 신고하여야 한다.

③ 법인 외의 자(국가등은 제외한다)가 실제 거래가격이 3억원인 주택을 매수하거나 투기과열지구 또는 조정대상지역에 소재하는 주택을 매수하는 경우 자금조달·입주계획서를 신고관청에 제출하여야 한다.

④ 국토교통부장관은 부동산거래가격 검증체계를 활용하여 그 적정성을 검증하여야 한다.

⑤ 개업공인중개사의 위임을 받은 중개보조원은 부동산거래계약신고서의 제출을 대행할 수 있다.

03 부동산 거래신고 등에 관한 법령상 부동산 거래신고에 관한 설명으로 옳은 것은?

상 중 하

① 부동산매매계약을 체결한 경우 거래당사자는 거래계약의 체결일부터 60일 이내에 신고관청에 단독 또는 공동으로 신고하여야 한다.

② 「주택법」에 따라 지정된 조정대상지역에 소재하는 주택으로서 실제 거래가격이 3억원이고, 매수인이 국가인 경우 국가는 매도인과 공동으로 실제 거래가격 등을 신고하여야 한다.

③ 부동산 거래신고를 받은 신고관청은 그 신고내용을 확인한 후 신고인에게 신고필증을 지체 없이 발급하여야 한다.

④ 개업공인중개사가 거래계약서를 작성·교부한 경우에는 거래당사자 또는 해당 개업공인중개사가 신고할 수 있다.

⑤ 부동산거래계약을 신고하려는 개업공인중개사는 부동산거래계약신고서에 서명 또는 날인하여 관할 등록관청에 제출하여야 한다.

04 부동산 거래신고 등에 관한 법령상 부동산 거래신고에 관한 설명으로 틀린 것은?

상 중 하

① 거래당사자 또는 개업공인중개사는 신고내용 중 변경사항이 생긴 경우 「부동산등기법」에 따른 부동산에 관한 등기신청 전에 신고관청에 신고내용을 변경신고할 수 있다.

② 개업공인중개사가 공동으로 토지의 매매를 중개하여 거래계약서를 작성·교부한 경우 해당 개업공인중개사가 공동으로 신고해야 한다.

③ 매수인은 신고인이 거래신고를 하고 신고필증을 발급받은 때에 「부동산등기 특별조치법」에 따른 검인을 받은 것으로 본다.

④ 「도시 및 주거환경정비법」에 따른 공급계약에 의해 부동산을 공급받는 자로 선정된 지위를 매매하는 계약은 부동산 거래신고의 대상이 아니다.

⑤ 부동산거래계약시스템을 통하여 부동산거래계약 해제등을 한 경우에는 부동산거래계약 해제등이 이루어진 때에 부동산거래계약 해제등 신고서를 제출한 것으로 본다.

PART 1

05 부동산 거래신고 등에 관한 법령상 부동산 거래신고의 대상이 되는 계약이 아닌 것은?

상 중 하

① 「도시 및 주거환경정비법」에 따른 관리처분계약의 인가로 취득한 입주자로 선정된 지위의 매매계약

② 「주택법」에 따라 공급된 주택의 임대차계약

③ 「도시 및 주거환경정비법」에 따른 부동산에 대한 공급계약

④ 「빈집 및 소규모주택 정비에 관한 특례법」에 따른 사업시행계획인가로 취득한 입주자로 선정된 지위의 매매계약

⑤ 「주택법」 등에 따른 부동산에 대한 공급계약을 통하여 부동산을 공급받는 자로 선정된 지위의 매매계약

최신 기출응용 32회

06 甲이 「건축법 시행령」에 따른 단독주택을 매수하는 계약을 체결하였을 때, 부동산 거래신고 등에 관한 법령에 따라 甲 본인이 그 주택에 입주할지 여부를 신고해야 하는 경우를 모두 고른 것은? (甲·乙·丙은 자연인이고, 丁은 지방공기업법상 지방공단임) 상중하

> ㉠ 甲이 「주택법」상 투기과열지구에 소재하는 乙 소유의 주택을 실제 거래가격 10억원으로 매수하는 경우
> ㉡ 甲이 「주택법」상 '투기과열지구 또는 조정대상지역' 외의 장소에 소재하는 丙 소유의 주택을 실제 거래가격 3억원으로 매수하는 경우
> ㉢ 甲이 「주택법」상 투기과열지구에 소재하는 丁 소유의 주택을 실제 거래가격 10억원으로 매수하는 경우

① ㉠
② ㉡
③ ㉠, ㉡
④ ㉠, ㉢
⑤ ㉡, ㉢

최신 기출응용 34회

07 부동산 거래신고 등에 관한 법령상 부동산거래계약신고서의 작성방법으로 <u>틀린</u> 것은? 상중하

① 관련 필지 등 기재사항이 복잡한 경우에는 다른 용지에 작성하여 간인 처리한 후 첨부한다.
② '거래대상'의 '종류' 중 '공급계약'은 시행사 또는 건축주등이 최초로 부동산을 공급(분양)하는 계약을 말한다.
③ '계약대상 면적'란에는 실제 거래면적을 계산하여 적되, 집합건축물이 아닌 건축물의 경우 건축물 면적은 연면적을 적는다.
④ '종전 부동산'란은 분양권 매매의 경우에만 작성하면 된다.
⑤ 전매계약(분양권, 입주권)의 경우 '물건별 거래가격'란에는 분양가격, 발코니 확장 등 선택비용 및 추가 지급액 등을 각각 적되, 각각의 비용에 대한 부가가치세가 있는 경우 이를 포함한 금액으로 적는다.

08 「부동산 거래신고 등에 관한 법률」상 부동산거래계약신고서를 작성하여 신고하는 경우 이에 관한 설명으로 틀린 것은? 상 중 하

① 거래대상 면적에는 실제 거래면적을 계산하여 적되, 건축물의 면적은 집합건축물의 경우 전용면적을 적고, 그 밖의 건축물의 경우 연면적을 적는다.

② '종전 부동산'란은 입주권 매매의 경우에만 작성한다.

③ 외국인등이 부동산등을 매수하는 경우 '매수용도'란에 주거용 등의 용도 중 하나를 표시하여야 한다.

④ 거래계약의 종류가 공급계약(분양) 또는 전매계약(분양권, 입주권)인 경우 물건별 거래가격, 총 실제 거래가격에 부가가치세를 제외한 금액을 적는다.

⑤ '법인신고서등'란은 법인 주택 거래계약신고서, 주택취득자금 조달 및 입주계획서, 토지취득자금 조달 및 토지이용계획서 등을 이 신고서와 함께 제출하는지 여부 등을 적는다.

PART 1

최신 기출응용 34회

09 부동산 거래신고 등에 관한 법령상 부동산 매매계약의 거래신고에 관한 설명으로 틀린 것은? (단, 거래당사자는 모두 자연인이고, 공동중개는 고려하지 않음) 상 중 하

① 신고할 때는 매수인이 국내에 주소 또는 거소를 두지 않을 경우에는 위탁관리인의 인적사항도 신고하여야 한다.

② 거래당사자 간 직접 거래의 경우 매도인이 거래신고를 거부하면 매수인이 단독으로 신고할 수 있다.

③ 거래당사자는 부동산 거래신고를 한 후 해당 거래계약이 해제, 무효 또는 취소된 경우 해제등이 확정된 날부터 15일 이내에 해당 신고관청에 공동으로 신고하여야 한다.

④ 개업공인중개사가 매매계약의 거래계약서를 작성·교부한 경우에는 그 개업공인중개사가 신고를 해야 한다.

⑤ 개업공인중개사가 매매계약을 신고한 경우에 그 매매계약이 해제되면 그 개업공인중개사가 해제를 신고할 수 있다.

10 **부동산 거래신고 등에 관한 법령상 부동산 거래신고에 관한 설명으로 <u>틀린</u> 것은?**

상중하

① 거래당사자 또는 개업공인중개사는 부동산 거래계약 신고내용 중 거래당사자의 주소·전화번호 또는 휴대전화번호가 잘못 기재된 경우 신고관청에 신고내용의 정정을 신청할 수 있다.

② 자연인 甲이 단독으로 「주택법」상 투기과열지구 외에 소재하는 주택을 실제 거래가격 10억원으로 매수한 경우 입주 예정 시기 등 그 주택의 이용계획은 신고사항이다.

③ 수도권 등에 소재하는 토지를 지분으로 매수하는 경우 모든 거래에 토지의 취득에 필요한 자금의 조달계획, 토지의 이용계획에 관한 내용을 신고하여야 한다.

④ 부동산의 매수인은 신고인이 부동산거래계약 신고필증을 발급받은 때에 「부동산등기 특별조치법」에 따른 검인을 받은 것으로 본다.

⑤ 개업공인중개사가 신고한 후 해당 거래계약이 해제된 경우 그 계약을 해제한 거래당사자는 해제가 확정된 날부터 15일 이내에 해당 신고관청에 단독으로 신고하여야 한다.

11 **부동산 거래신고 등에 관한 법령상 부동산거래계약 신고내용의 정정신청사항이 <u>아닌</u> 것은?**

상중하

① 거래대상 건축물의 종류

② 거래가격

③ 거래대상 부동산의 면적

④ 거래지분비율

⑤ 거래당사자의 전화번호

12 「부동산 거래신고 등에 관한 법률」상 정정신청에 관련된 설명으로 틀린 것은? 상중하

① 거래당사자 또는 개업공인중개사는 부동산거래계약 신고내용 중 거래대상 건축물의 종류가 잘못 기재된 경우에는 신고관청에 신고내용의 정정을 신청할 수 있다.

② 정정신청을 하려는 거래당사자 또는 개업공인중개사는 발급받은 신고필증에 정정사항을 표시하고 해당 정정 부분에 서명 또는 날인을 하여 신고관청에 제출하여야 한다.

③ 거래당사자의 주소·전화번호 또는 휴대전화번호를 정정하는 경우에는 해당 거래당사자 일방이 단독으로 서명 또는 날인하여 정정을 신청할 수 있다.

④ 정정신청을 받은 신고관청은 정정사항을 확인한 후 7일 이내에 해당 내용을 정정하고, 정정사항을 반영한 부동산거래 신고필증을 재발급해야 한다.

⑤ 거래대상 부동산등(부동산을 취득할 수 있는 권리에 관한 계약의 경우에는 그 권리의 대상인 부동산을 말한다)의 지목·면적·거래지분 및 대지권비율이 잘못 기재된 경우 정정신청 사항에 해당한다.

최신 기출응용 35회

13 부동산 거래신고 등에 관한 법령상 부동산 거래계약의 변경신고사항이 아닌 것은? 상중하

① 거래가격

② 개업공인중개사의 전화번호·상호 또는 휴대전화번호

③ 거래지분비율

④ 거래대상 부동산의 면적

⑤ 거래지분

14 「부동산 거래신고 등에 관한 법률」상 변경신고와 관련된 설명으로 틀린 것은? 상중하

① 변경신고를 하는 거래당사자 또는 개업공인중개사는 부동산거래계약 변경신고서에 서명 또는 날인하여 신고관청에 제출하여야 한다.

② 부동산등의 면적 변경이 없는 상태에서 거래가격이 변경된 경우에는 거래계약서 사본 등 그 사실을 증명할 수 있는 서류를 첨부하여야 한다.

③ 변경신고사항인 거래가격 중 분양가격 및 선택품목은 신고서에 거래계약서 사본 등을 첨부하더라도 거래당사자 공동으로 변경신고를 하여야 한다.

④ 거래당사자 또는 개업공인중개사는 「부동산등기법」에 따른 부동산에 관한 등기신청 전에 신고관청에 신고내용의 변경을 신고할 수 있다.

⑤ 변경신고를 받은 신고관청은 변경사항을 확인한 후 지체 없이 해당 내용을 변경하고, 변경사항을 반영한 신고필증을 재발급해야 한다.

제 2 절 | 주택임대차계약의 신고

대표문제 주택임대차계약신고

부동산 거래신고 등에 관한 법령상 주택임대차계약의 신고에 관한 설명으로 옳은 것은?
(단, 다른 법률에 따른 신고의 의제는 고려하지 않음) 기출응용 35회

① A특별자치시 소재 주택으로서 보증금이 6천만원이고 월차임이 30만원으로 임대차계약을 신규 체결한 경우 신고대상이다.
② B시 소재 주택으로서 보증금이 5천만원이고 월차임이 50만원으로 임대차계약을 신규 체결한 경우 신고대상이 아니다.
③ 자연인 甲과 「지방공기업법」에 따른 지방공사 乙이 신고대상인 주택임대차계약을 체결한 경우 甲과 乙은 관할 신고관청에 공동으로 신고하여야 한다.
④ C광역시 D군 소재 주택으로서 보증금이 7천만원이고 월차임이 80만원으로 신고된 임대차계약에서 보증금 및 차임의 증감 없이 임대차 기간만 연장하는 갱신계약은 신고대상이 아니다.
⑤ 개업공인중개사가 신고대상인 주택임대차계약을 중개한 경우 해당 개업공인중개사가 신고하여야 한다.

POINT
주택임대차계약신고에 관하여 학습하여야 합니다.

해설
① 임대차계약당사자는 주택에 대하여 보증금이 6천만원을 초과하거나 월차임이 30만원을 초과하는 주택임대차계약을 체결한 경우 신고대상이 된다. 따라서 보증금이 6천만원이고 월차임이 30만원으로 임대차계약을 체결한 경우 신고대상이 아니다.
② 임대차계약당사자는 주택에 대하여 보증금이 6천만원을 초과하거나 월차임이 30만원을 초과하는 주택임대차계약을 체결한 경우 신고대상이 된다. 따라서 보증금이 5천반원이고 월치임이 50만원으로 임대차계약을 체결한 경우 신고대상에 해당한다.
③ 임대차계약당사자 중 일방이 국가등인 경우에는 국가등이 신고하여야 한다. 국가등이 주택임대차계약을 신고하려는 경우에는 임대차신고서에 단독으로 서명 또는 날인해 신고관청에 제출해야 한다.
④ 임대차계약당사자가 주택임대차계약을 갱신하는 경우로서 보증금 및 차임의 증감 없이 임대차 기간만 연장하는 계약은 신고사항에 해당하지 않는다.
⑤ 주택임대차계약을 신고하려는 임대차계약당사자는 주택임대차계약신고서에 공동으로 서명 또는 날인해 신고관청에 제출해야 한다. 부동산 거래신고제도와는 달리 주택임대차신고제도에서는 개업공인중개사가 개입한 경우 개업공인중개사가 신고하여야 하는 규정은 없다.

정답 ④

최신 기출응용 34회

15 **甲이 서울특별시에 있는 자기소유의 주택에 대해 임차인 乙과 보증금 3억원의 임대차계약을 체결하는 경우, 「부동산 거래신고 등에 관한 법률」에 따른 신고에 관한 설명으로 옳은 것을 모두 고른 것은?** (단, 甲과 乙은 자연인임)

상 중 하

㉠ 보증금이 6천만원을 초과하는 경우이므로 乙이 단독으로 신고해야 한다. ㉡ 乙이 「주민등록법」에 따라 전입신고를 하는 경우 주택임대차계약의 신고를 한 것으로 본다. ㉢ 주택임대차계약 신고내용의 검증에 관하여는 부동산 거래신고내용의 검증규정을 준용한다.

① ㉠
② ㉡
③ ㉠, ㉡
④ ㉡, ㉢
⑤ ㉠, ㉡, ㉢

최신 기출응용 32회

16 **개업공인중개사 甲이 A도 B시 소재의 X주택에 관한 乙과 丙 간의 임대차계약 체결을 중개하면서 「부동산 거래신고 등에 관한 법률」에 따른 주택임대차계약의 신고에 관하여 설명한 내용의 일부이다. ( )에 들어갈 숫자를 바르게 나열한 것은?** (X주택은 주택임대차보호법의 적용대상이며, 乙과 丙은 자연인임)

상 중 하

보증금이 (㉠)천만원을 초과하거나 월차임이 (㉡)만원을 초과하는 주택임대차계약을 신규로 체결한 계약당사자는 그 보증금 또는 차임 등을 임대차계약의 체결일부터 (㉢)일 이내에 (㉣) 소재지를 관할하는 신고관청에 공동으로 신고해야 한다.

① ㉠: 3, ㉡: 30, ㉢: 60, ㉣: 주택
② ㉠: 3, ㉡: 50, ㉢: 30, ㉣: 중개사무소
③ ㉠: 6, ㉡: 30, ㉢: 30, ㉣: 주택
④ ㉠: 6, ㉡: 30, ㉢: 60, ㉣: 주택
⑤ ㉠: 6, ㉡: 50, ㉢: 60, ㉣: 중개사무소

17 「부동산 거래신고 등에 관한 법률」상 주택임대차계약의 신고에 관한 설명 중 틀린 것은?

상중하

① 임대차계약당사자는 주택에 대하여 보증금이 6천만원을 초과하거나 월차임이 30만원을 초과하는 주택임대차계약을 체결한 경우 신고관청에 신고하여야 한다.

② 주택임대차계약의 신고지역은 특별자치시·특별자치도·시·군(광역시 및 경기도의 관할 구역에 있는 군으로 한정한다)·구(자치구를 말한다)이다.

③ 임대차신고서등의 작성 등을 대행하는 사람은 위임한 임대차계약당사자가 서명 또는 날인한 위임장(법인인 경우에는 법인인감을 날인한 위임자)과 신분증명서 사본을 함께 제출해야 한다.

④ 임대차계약당사자 일방 또는 위임을 받은 사람이 임대차 신고사항이 모두 적혀 있고 임대차계약당사자의 서명이나 날인이 되어 있는 주택임대차계약서를 신고관청에 제출하면 임대차계약당사자가 공동으로 임대차신고서를 제출한 것으로 본다.

⑤ 임대차계약당사자는 주택임대차 신고사항 또는 주택임대차계약 변경신고의 내용이 잘못 적힌 경우에는 신고관청에 신고내용의 정정을 신청하여야 한다.

PART 1

제 3 절 | 외국인등의 부동산 취득에 관한 특례

대표문제 외국인등의 부동산 취득

부동산 거래신고 등에 관한 법령상 외국인등의 대한민국 안의 부동산(이하 '국내 부동산'이라 함) **취득에 관한 설명으로 <u>틀린</u> 것은?** (단, 상호주의에 따른 제한은 고려하지 않음)

기출응용 35회

① 국제연합과 그 산하기구·전문기구는 외국인등에 포함된다.

② 외국의 법령에 따라 설립된 법인이 건축물의 증축으로 국내 부동산을 취득한 때에는 부동산을 취득한 날부터 60일 이내에 신고관청에 취득신고를 하여야 한다.

③ 국내 부동산을 가지고 있는 대한민국 국민이 외국인으로 변경된 경우 그 외국인이 해당 부동산을 계속보유하려는 때에는 외국인으로 변경된 날부터 6개월 이내에 신고관청에 계속보유신고를 하여야 한다.

④ 외국인이 국내 부동산을 매수하기 위하여 체결한 매매계약은 부동산 거래신고의 대상이다.

⑤ 외국인이 국내 부동산을 취득하는 교환계약을 체결하였을 때에는 계약체결일부터 60일 이내에 신고관청에 취득신고를 하여야 한다.

POINT

외국인등의 부동산 취득 등에 관한 특례에 대하여 학습하여야 합니다.

해설

외국인등이 상속·경매 그 밖에 다음에 해당하는 계약 외의 원인으로 대한민국 안의 부동산등을 취득한 때에는 부동산등을 취득한 날부터 6개월 이내에 신고관청에 신고하여야 한다.

1. 「공익사업을 위한 토지 등의 취득 및 보상에 관한 법률」 및 그 밖의 법률에 따른 환매권의 행사
2. 법원의 확정판결
3. 법인의 합병
4. 건축물의 신축·증축·개축·재축

정답 ②

최신 기출응용 35회

18 부동산 거래신고 등에 관한 법령상 국내 토지를 외국인이 취득하는 것에 관한 설명이다. (　　)에 들어갈 숫자로 옳은 것은? (단, 상호주의에 따른 제한은 고려하지 않음) 상중하

- 외국인이 토지를 매수하는 계약을 체결하면 계약체결일부터 (㉠)일 이내에 신고해야 한다.
- 외국인이 토지의 교환계약을 체결하면 계약체결일부터 (㉡)일 이내에 신고해야 한다.
- 외국인이 토지를 경매에 의하여 취득하면 취득일부터 (㉢)개월 이내에 신고해야 한다.

	㉠	㉡	㉢
①	30	30	3
②	30	30	6
③	30	60	6
④	60	30	3
⑤	60	60	6

최신 기출응용 33회

19 부동산 거래신고 등에 관한 법령상 외국인의 부동산 취득 등에 관한 설명으로 옳은 것은? (단, 상호주의에 따른 제한은 고려하지 않음) 상중하

① 「문화유산의 보존 및 활용에 관한 법률」에 따른 지정문화유산과 이를 위한 보호물 또는 보호구역에서 외국인이 토지취득의 허가를 받지 아니하고 체결한 토지취득계약은 유효하다.

② 외국인이 건축물의 개축을 원인으로 대한민국 안의 부동산을 취득한 때에는 신고관청으로부터 부동산 취득의 허가를 받아야 한다.

③ 외국인이 취득하려는 토지가 토지거래허가구역과 「군사기지 및 군사시설 보호구역」에 따른 군사기지 및 군사시설보호구역에 있으면 토지거래계약허가와 토지취득허가를 모두 받아야 한다.

④ 대한민국 안의 부동산을 가지고 있는 대한민국 국민이 외국인으로 변경된 경우 그 외국인이 해당 부동산을 계속 보유하려는 경우에는 부동산 보유의 허가를 받아야 한다.

⑤ 외국인등이 허가를 받지 아니하고 토지취득계약을 체결하거나 부정한 방법으로 허가를 받아 토지취득계약을 체결한 경우 2년 이하의 징역 또는 2천만원 이하의 벌금형에 해당한다.

PART 1

20 **개업공인중개사가 대한민국 안의 토지를 취득하고자 하는 외국인등에게 설명한 내용으로 틀린 것은?** 상중하

① 외국인등이 계약(부동산 거래신고대상인 계약은 제외한다)에 의하여 토지를 취득하는 때에는 토지취득일부터 6개월 이내에 이를 신고해야 한다.

② 외국인등이 경매로 토지를 취득한 때에는 경락대금을 완납한 날부터 6개월 이내에 이를 신고해야 한다.

③ 외국인등이 국내의 토지에 대한 지상권, 저당권을 설정하거나 임차권계약 등을 체결하는 경우에는 적용되지 않는다.

④ 토지취득의 허가를 받으려는 외국인등은 신청서에 토지거래계약 당사자 간의 합의서를 신고관청에 제출하여야 한다.

⑤ 「문화유산의 보존 및 활용에 관한 법률」에 따른 지정문화유산과 이를 위한 보호물 및 보호구역의 경우 허가대상이다.

21 **부동산 거래신고 등에 관한 법률의 내용 중 외국인등의 국내 부동산 취득에 관한 설명이다. 다음 중 틀린 것은?** 상중하

① 외국인등이 사전에 토지취득의 허가를 요하는 경우 허가를 받지 아니하고 취득하였거나 부정한 방법으로 허가를 받아 계약을 체결한 경우 그 취득 및 계약은 무효이고, 2년 이하의 징역 또는 2천만원 이하의 벌금형에 처한다.

② 외국인등으로 국적이 변경되어 계속 토지를 보유하게 된 경우에 국적변경일로부터 6개월 이내에 시장·군수·구청장에게 신고하여야 한다. 위반 시에는 100만원 이하의 과태료에 처한다.

③ 외국인등이 계약 외의 원인으로 토지를 취득한 경우에 취득일로부터 6개월 이내에 시장·군수·구청장에게 신고하여야 한다. 위반 시에는 100만원 이하의 과태료에 처한다.

④ 외국인등이 토지를 취득하는 계약(부동산 거래신고대상인 계약은 제외한다)을 체결하였을 때에는 계약체결일로부터 60일 이내에 토지소재지를 관할하는 시장·군수·구청장에게 신고하여야 한다. 위반 시에는 300만원 이하의 과태료에 처한다.

⑤ 외국인등의 토지취득의 허가를 신청받은 시장·군수·구청장은 신청일로부터 30일 이내에 허가·불허가처분을 하여야 한다.

22 **부동산 거래신고 등에 관한 법령상 외국인등의 부동산 취득에 관한 설명으로 옳은 것을 모두 고른 것은?** (단, 법 제7조에 따른 상호주의는 고려하지 않음) 상 중 하

> ㉠ 외국의 법령에 따라 설립된 법인 또는 단체가 자본금의 2분의 1 이상이나 의결권의 2분의 1 이상을 가지고 있는 법인 또는 단체는 외국인등에 해당한다.
> ㉡ 외국인등이 건축물의 신축을 원인으로 대한민국 안의 부동산을 취득한 때에도 부동산 취득신고를 해야 한다.
> ㉢ 「자연환경보전법」에 따른 생태·경관보전지역 안의 토지는 외국인등이 취득할 수 없다.
> ㉣ 외국인등이 허가 없이 「자연유산의 보존 및 활용에 관한 법률」에 따른 천연기념물 등과 이를 위한 보호물 또는 보호구역 안의 토지를 취득하는 계약을 체결한 경우 그 계약은 효력이 발생하지 않는다.

① ㉠, ㉢
② ㉠, ㉣
③ ㉠, ㉡, ㉣
④ ㉡, ㉢, ㉣
⑤ ㉠, ㉡, ㉢, ㉣

23 **부동산 거래신고 등에 관한 법령상 외국인등의 부동산 취득 등에 관한 설명으로 옳은 것을 모두 고른 것은?** 상 중 하

> ㉠ 외국정부도 외국인등에 포함된다.
> ㉡ 외국인등이 대한민국 안의 부동산에 대한 매매계약을 체결하였을 때에는 계약체결일부터 6개월 이내에 신고관청에 신고하여야 한다.
> ㉢ 외국인이 상속으로 대한민국 안의 부동산을 취득한 때에는 부동산을 취득한 날부터 30일 이내에 신고관청에 신고하여야 한다.
> ㉣ 신고관청은 「군사기지 및 군사시설 보호법」에 따른 군사기지 및 군사시설보호구역 내 허가신청을 받은 경우 15일 이내에 허가 또는 불허가처분을 하여야 한다.

① ㉠
② ㉠, ㉣
③ ㉡, ㉢
④ ㉠, ㉡, ㉣
⑤ ㉠, ㉡, ㉢, ㉣

최신 기출응용 33회

24 **부동산 거래신고 등에 관한 법령상 외국인등에 해당되는 것을 모두 고른 것은?**

상 중 하

> ㉠ 국제연합과 그 산하기구
> ㉡ 사원 또는 구성원의 2분의 1 이상이 대한민국의 국적을 보유하고 있지 아니한 법인
> ㉢ 외국 정부
> ㉣ 비정부 간 국제기구
> ㉤ 준정부 간 기구

① ㉠, ㉡
② ㉡, ㉢, ㉤
③ ㉠, ㉡, ㉢, ㉤
④ ㉠, ㉢, ㉣, ㉤
⑤ ㉠, ㉡, ㉢, ㉣, ㉤

제 4 절 | 토지거래허가구역 등

대표문제 토지거래허가기준

부동산 거래신고 등에 관한 법령상 토지거래허가구역(이하 '허가구역'이라 함)**의 지정에 관한 설명으로 옳은 것은?** 기출응용 35회

① 허가구역으로 지정한 때에는 지체 없이 허가구역에 대한 축척 10만분의 1 또는 5만분의 1의 지형도를 공고하여야 한다.
② 토지의 투기적인 거래 성행으로 지가가 급격히 상승하는 등의 특별한 사유가 있으면 7년 이내의 기간을 정하여 허가구역을 지정할 수 있다.
③ 허가구역의 지정은 시장·군수 또는 구청장이 허가구역 지정의 통지를 받은 날부터 5일 후에 그 효력이 발생한다.
④ 공공기관이 관련 법령에 따른 개발사업을 시행하는 경우로서 해당 지역의 지가변동률 등이 인근지역에 비하여 급격이 상승하거나 상승할 우려가 있는 지역은 국토교통부장관이 지정권자가 된다.
⑤ 허가구역 지정에 관한 공고내용의 통지를 받은 시장·군수 또는 구청장은 그 사실을 10일 이상 공고해야 하고, 그 공고내용을 15일간 일반이 열람할 수 있도록 해야 한다.

POINT

「부동산 거래신고 등에 관한 법률」상 토지거래허가에 관하여 학습하여야 합니다.

해설

① 허가구역으로 지정한 때에는 지체 없이 허가구역에 대한 축척 5만분의 1 또는 2만 5천분의 1의 지형도를 공고하여야 한다.
② 국토교통부장관 또는 시·도지사는 국토의 이용 및 관리에 관한 계획의 원활한 수립과 집행, 합리적인 토지 이용 등을 위하여 토지의 투기적인 거래가 성행하거나 지가(地價)가 급격히 상승하는 지역과 그러한 우려가 있는 지역으로서 영 제7조 제1항에 해당하는 지역에 대해서는 5년 이내의 기간을 정하여 토지거래계약에 관한 허가구역으로 지정할 수 있다.
③ 허가구역의 지정은 허가구역의 지정을 공고한 날부터 5일 후에 그 효력이 발생한다.
⑤ 허가구역 지정에 관한 공고내용의 통지를 받은 시장·군수 또는 구청장은 지체 없이 그 공고내용을 그 허가구역을 관할하는 등기소의 장에게 통지하여야 하며, 지체 없이 그 사실을 7일 이상 공고하고, 그 공고내용을 15일간 일반이 열람할 수 있도록 하여야 한다.

정답 ④

최신 기출응용 34회

25 부동산 거래신고 등에 관한 법령상 토지거래허가구역 내의 토지매매에 관한 설명으로 옳은 것을 모두 고른 것은? (단, 법령상 특례는 고려하지 않으며, 다툼이 있으면 판례에 따름)

상 중 하

㉠ 허가구역의 지정은 허가구역의 지정을 공고한 날부터 5일 후에 그 효력이 발생한다.
㉡ 선매자가 토지를 매수할 때의 가격은 공시지가를 기준으로 한다.
㉢ 매매계약의 확정적 무효에 일부 귀책사유가 있는 당사자도 그 계약의 무효를 주장할 수 있다.

① ㉠
② ㉡
③ ㉠, ㉢
④ ㉡, ㉢
⑤ ㉠, ㉡, ㉢

최신 기출응용 34회

26 부동산 거래신고 등에 관한 법령상 토지거래허가구역 등에 관한 설명으로 틀린 것은? (단, 거래당사자는 모두 대한민국 국적의 자연인임)

상중하

① 허가구역의 토지이용의무를 이행하지 아니한 자에 대하여 시장·군수 또는 구청장은 이행을 명할 수 있으며, 이 경우 이행기간은 1개월 이내로 정하여야 한다.

② 허가구역에 있는 토지거래에 대한 처분에 이의가 있는 자는 그 처분을 받은 날부터 1개월 이내에 시장·군수 또는 구청장에게 이의를 신청할 수 있다.

③ 허가구역에 있는 자기의 거주용 주택용지로 이용하려는 경우 토지취득일로부터 2년간 그 토지를 허가받은 목적대로 이용하여야 한다.

④ 허가관청은 허가신청서를 받은 날부터 15일 이내에 허가 또는 불허가처분을 하여야 한다.

⑤ 허가신청에 대하여 불허가처분을 받은 자는 그 통지를 받은 날부터 1개월 이내에 시장·군수 또는 구청장에게 해당 토지에 관한 권리의 매수를 청구할 수 있다.

최신 기출응용 33회

27 부동산 거래신고 등에 관한 법령에 대한 설명이다. (　　)에 들어갈 숫자는? (단, 국토교통부장관 또는 시·도지사가 따로 정하여 공고한 경우와 종전 규정에 따라 공고된 면제대상 토지면적 기준은 고려하지 않음)

상중하

> 경제 및 지가의 동향과 거래단위면적 등을 종합적으로 고려하여 「국토의 계획 및 이용에 관한 법률」에 따른 도시지역 중 아래의 세부 용도지역별 면적 이하의 토지에 대한 토지거래계약허가는 필요하지 아니하다.
> • 주거지역: (㉠)m²
> • 공업지역: (㉡)m²
>
> 「국토의 계획 및 이용에 관한 법률」에 따른 도시지역 외의 지역 중 아래의 세부 용도지역별 면적 이하의 토지에 대한 토지거래계약허가는 필요하지 아니하다.
> • 농지: (㉢)m²
> • 임야: (㉣)m²

① ㉠: 60, ㉡: 100, ㉢: 250, ㉣: 2천
② ㉠: 60, ㉡: 150, ㉢: 500, ㉣: 1천
③ ㉠: 150, ㉡: 180, ㉢: 250, ㉣: 1천
④ ㉠: 150, ㉡: 300, ㉢: 500, ㉣: 1천
⑤ ㉠: 200, ㉡: 200, ㉢: 500, ㉣: 3천

최신 기출응용 35회

28 부동산 거래신고 등에 관한 법령상 '허가구역 내 토지거래에 대한 허가'의 규정이 적용되지 않는 경우를 모두 고른 것은? 상 중 하

㉠ 「공유재산 및 물품 관리법」에 따른 공유재산의 관리계획에 따라 공유재산을 일반경쟁입찰로 처분하는 경우 ㉡ 국세 및 지방세의 체납처분 또는 강제집행을 하는 경우 ㉢ 「국토의 계획 및 이용에 관한 법률」 또는 「개발제한구역의 지정 및 관리에 관한 특별조치법」에 따라 매수청구된 토지를 취득하는 경우

① ㉠
② ㉡
③ ㉠, ㉢
④ ㉡, ㉢
⑤ ㉠, ㉡, ㉢

최신 기출응용 33회

29 부동산 거래신고 등에 관한 법령상 토지거래허가 등에 관한 설명으로 옳은 것은 모두 몇 개인가? 상 중 하

• 농지에 대하여 토지거래계약허가를 받은 경우에도 「부동산등기 특별조치법」에 따른 검인을 받아야 한다. • 선매자가 토지를 매수할 때의 가격은 「감정평가 및 감정평가사에 관한 법률」에 따라 감정평가법인등이 감정평가한 감정가격을 기준으로 한다. • 시장·군수는 토지의 이용의무기간이 지난 후에도 이행강제금을 부과할 수 있다. • 관계 법령에 따라 개발·이용행위가 제한되거나 금지된 토지로서 국토교통부령이 정하는 토지에 대하여 현상 보존의 목적으로 토지를 취득하려는 경우 토지취득일부터 5년간 허가목적대로 이용하여야 한다.

① 0개
② 1개
③ 2개
④ 3개
⑤ 4개

최신 기출응용 33회

30 **부동산 거래신고 등에 관한 법령상 토지거래허가구역 등에 관한 설명으로 틀린 것은?**

상 중 하

① 선매자로 지정된 자는 지정통지를 받은 날부터 15일 이내에 매수가격 등 선매조건을 기재한 서면을 토지소유자에게 통지하여 선매협의를 하여야 한다.

② 국토교통부장관 또는 시·도지사는 허가구역의 지정사유가 없어졌다고 인정되면 지체 없이 허가구역의 지정을 해제해야 한다.

③ 토지거래허가신청에 대해 불허가처분을 받은 자는 그 통지를 받은 날부터 1개월 이내에 시장·군수 또는 구청장에게 해당 토지에 관한 권리의 매수를 청구할 수 있다.

④ 토지거래허가구역 내에서 허가 또는 변경허가를 받지 아니하고 토지거래계약을 체결한 경우 2년 이하의 징역 또는 2천만원 이하의 벌금형에 해당한다.

⑤ 토지거래허가를 받으려는 자는 그 허가신청서에 계약내용과 그 토지의 이용계획, 취득자금 조달계획 등을 적어 시장·군수 또는 구청장에게 제출해야 한다.

최신 기출응용 32회

31 **부동산 거래신고 등에 관한 법령상 토지거래허가에 관한 내용으로 옳은 것은?** 상 중 하

① 토지거래허가구역의 지정은 지정을 공고한 날부터 10일 후에 효력이 발생한다.

② 토지거래허가구역의 지정 당시 국토교통부장관 또는 시·도지사가 따로 정하여 공고하지 않은 경우, 「국토의 계획 및 이용에 관한 법률」에 따른 도시지역 중 녹지지역 안의 $250m^2$ 면적의 토지거래계약에 관하여는 허가가 필요 없다.

③ 토지거래계약을 허가받은 자는 대통령령으로 정하는 사유가 있는 경우 외에는 토지 취득일부터 10년간 그 토지를 허가받은 목적대로 이용해야 한다.

④ 허가받은 목적대로 토지를 이용하지 않았음을 이유로 이행강제금 부과처분을 받은 자가 시장·군수·구청장에게 이의를 제기하려면 그 처분을 고지받은 날부터 15일 이내에 해야 한다.

⑤ 매수청구를 받은 시장·군수 또는 구청장은 국가, 지방자치단체, 한국토지주택공사 등 중에서 매수할 자를 지정하여, 매수할 자로 하여금 예산의 범위에서 공시지가를 기준으로 하여 해당 토지를 매수하게 하여야 한다.

32 **부동산 거래신고 등에 관한 법령상 토지거래허가구역 등에 관한 설명으로 옳은 것을 모두 고른 것은?** 상 중 하

㉠ 허가구역의 지정은 그 지정을 공고한 날부터 10일 후에 그 효력이 발생한다. ㉡ 「민사집행법」에 따른 경매의 경우에는 허가구역 내 토지거래에 대한 허가의 규정은 적용하지 아니한다. ㉢ 허가구역에 거주하는 농업인·임업인·어업인 또는 대통령령으로 정하는 자가 그 허가구역에서 농업·축산업·임업 또는 어업을 경영하기 위하여 토지를 취득한 경우 토지취득일부터 2년간 그 토지를 허가받은 목적대로 이용해야 한다. ㉣ 토지의 이용의무를 이행하지 않아 이행명령을 받은 자가 그 명령을 이행하는 경우에는 새로운 이행강제금의 부과를 즉시 중지하고, 명령을 이행하기 전에 이미 부과된 이행강제금을 징수해서는 안 된다.

① ㉠, ㉡
② ㉡, ㉢
③ ㉠, ㉡, ㉢
④ ㉠, ㉢, ㉣
⑤ ㉠, ㉡, ㉢, ㉣

33 **「부동산 거래신고 등에 관한 법률」상 토지거래계약을 허가받은 경우 그 토지를 허가받은 목적대로 이용하여야 하는 토지이용의무기간으로 <u>틀린</u> 것은?** (단, 의무기간의 기산점은 토지의 취득 시이고, 대통령령으로 정하는 예외 사유는 고려하지 않음) 상 중 하

① 자기의 거주용 주택용지로 이용하려는 목적으로 허가를 받은 경우에는 2년
② 허가구역을 포함한 지역의 주민을 위한 편익시설의 설치에 이용하려는 목적으로 허가를 받은 경우에는 2년
③ 농업을 영위하기 위한 목적으로 허가를 받은 경우에는 2년
④ 축산업을 영위하기 위한 목적으로 허가를 받았으나 토지의 취득 후 축산물이 없는 경우에는 3년
⑤ 관계 법령의 규정에 의하여 건축물이나 공작물의 설치행위가 금지된 토지에 대하여 현상보존의 목적으로 토지를 취득하기 위하여 허가를 받은 경우에는 5년

34 **부동산 거래신고 등에 관한 법령상 토지거래계약허가를 받아 취득한 토지를 허가받은 목적대로 이용하고 있지 않은 경우 다음 설명 중 틀린 것은?** 상중하

① 시장·군수·구청장은 최초의 이행명령이 있었던 날을 기준으로 1년에 2번씩 그 이행명령이 이행될 때까지 반복하여 이행강제금을 부과·징수할 수 있다.

② 이행강제금 부과처분을 받은 자는 이의를 제기하려는 경우에는 부과처분을 고지받은 날부터 30일 이내에 하여야 한다.

③ 3개월 이내의 기간을 정하여 토지의 이용의무를 이행하도록 문서로 명할 수 있다.

④ 해당 토지에 관한 토지거래계약 허가신청이 있을 때 국가, 지방자치단체, 한국토지주택공사가 그 토지의 매수를 원하면 이들 중에서 매수할 자를 지정하여 협의 매수하게 할 수 있다.

⑤ 해당 토지를 직접 이용하지 않고 임대하고 있다는 이유로 이행명령을 했음에도 정해진 기간에 이행되지 않은 경우, 토지 취득가액의 100분의 7에 상당하는 금액의 이행강제금을 부과한다.

35 **「부동산 거래신고 등에 관한 법률」상 선매협의 및 매수청구에 관한 설명으로 틀린 것은?** 상중하

① 시장·군수 또는 구청장은 허가신청이 있는 경우 공익사업용 토지에 해당하는 토지에 대하여 선매자를 지정하여 그 토지의 매수를 협의하게 할 수 있다.

② 시장·군수 또는 구청장은 허가신청이 있는 경우에는 그 신청이 있는 날부터 1개월 이내에 선매자를 지정하여 토지소유자에게 알려야 하며, 선매자는 지정통지를 받은 날부터 1개월 이내에 그 토지소유자와 선매협의를 끝내야 한다.

③ 선매자가 토지를 매수할 때의 가격은 「감정평가 및 감정평가사에 관한 법률」에 따라 감정평가법인등이 감정평가한 감정가격을 기준으로 한다.

④ 허가신청에 대하여 불허가처분을 받은 자는 그 통지를 받은 날부터 1개월 이내에 시장·군수 또는 구청장에게 해당 토지에 관한 권리의 매수를 청구할 수 있다.

⑤ 매수청구를 받은 시장·군수 또는 구청장은 매수할 자로 하여금 예산의 범위에서 감정가격을 기준으로 하여 해당 토지를 매수하게 하여야 한다.

최신 기출응용 33회

36 **부동산 거래신고 등에 관한 법령상 이행강제금에 관한 설명이다. (   )에 들어갈 숫자로 옳은 것은?** 상중하

> 시장·군수 또는 구청장은 이행명령이 정해진 기간에 이행되지 아니한 경우에는 토지 취득가액(실제 거래가격)의 100분의 (㉠)의 범위에서 이행강제금을 부과한다. 이행명령은 문서로 하여야 하며, 이행기간은 (㉡)개월 이내로 정하여야 한다. 이 경우 토지거래계약허가를 받아 토지를 취득한 자가 직접 이용하지 아니하고 임대한 경우 토지 취득가액의 100분의 (㉢)에 상당하는 금액을 이행강제금으로 부과한다.

① ㉠: 5, ㉡: 2, ㉢: 10
② ㉠: 7, ㉡: 3, ㉢: 10
③ ㉠: 10, ㉡: 1, ㉢: 5
④ ㉠: 10, ㉡: 3, ㉢: 7
⑤ ㉠: 10, ㉡: 1, ㉢: 7

37 **부동산 거래신고 등에 관한 법령상 이행강제금에 관한 설명으로 옳은 것은?** 상중하

① 이행명령은 구두 또는 문서로 하며 이행기간은 30일 이내로 정하여야 한다.
② 시장·군수 또는 구청장은 토지거래계약허가를 받아 토지를 취득한 자가 직접 이용하지 아니하고 임대한 경우 토지 취득가액의 100분의 7에 상당하는 금액의 이행강제금을 부과한다.
③ 이행강제금 부과처분을 받은 자는 이의를 제기하려는 경우에는 부과처분을 고지받은 날부터 15일 이내에 하여야 한다.
④ 이행명령을 받은 자가 그 명령을 이행하는 경우 새로운 이행강제금의 부과를 즉시 중지하며, 명령을 이행하기 전에 부과된 이행강제금도 징수할 수 없다.
⑤ 최초의 이행명령이 있었던 날을 기준으로 1년에 두 번씩 그 이행명령이 이행될 때까지 반복하여 이행강제금을 부과·징수할 수 있다.

38 「부동산 거래신고 등에 관한 법률」상 포상금에 관한 설명이다. 다음 중 옳지 않은 것은?

상 중 하

① 주택임대차계약의 신고, 변경 및 해제신고규정을 위반하여 주택임대차계약의 보증금·차임 등 계약금액을 거짓으로 신고한 자도 포상금대상이다.

② 토지거래허가 또는 변경허가를 받지 아니하고 토지거래허가계약을 체결한 자는 50만원의 포상금대상이다.

③ 신고관청 또는 허가관청은 신청서가 접수된 날부터 1개월 이내에 포상금을 지급하여야 한다.

④ 거짓이나 그 밖의 부정한 방법으로 토지거래계약허가를 받은 자, 토지거래계약허가를 받아 취득한 토지에 대하여 허가받은 목적대로 이용하지 아니한 자의 경우도 포상금 지급대상이다.

⑤ 계약을 체결하지 아니하였음에도 불구하고 거짓으로 부동산 거래신고를 한 자는 포상금대상이며, 부과되는 과태료의 100분의 20에 해당하는 금액이 지급된다.

최신 기출응용 34회

39 부동산 거래신고 등에 관한 법령상 포상금의 지급에 관한 설명으로 틀린 것을 모두 고른 것은?

상 중 하

㉠ 계약을 체결하지 아니하였음에도 불구하고 거짓으로 부동산 거래신고를 한 자는 부과되는 과태료의 100분의 20에 해당하는 금액을 포상금으로 한다. ㉡ 신고관청에 포상금지급신청서가 접수된 날부터 1개월 이내에 포상금을 지급하여야 한다. ㉢ 신고관청은 하나의 위반행위에 대하여 2명 이상이 각각 신고 또는 고발한 경우 균등하게 배분하여 지급한다.

① ㉠ ② ㉠, ㉡
③ ㉠, ㉢ ④ ㉡, ㉢
⑤ ㉠, ㉡, ㉢

최신 기출응용 32회

40 **부동산 거래신고 등에 관한 법령상 신고포상금 지급대상에 해당하는 위반행위를 모두 고른 것은?** 상중하

ㄱ 주택임대차계약의 보증금·차임 등 계약금액을 거짓으로 신고하는 행위
ㄴ 부동산 매매계약에 관하여 개업공인중개사에게 신고를 하지 않도록 요구하는 행위
ㄷ 신고대상이 되는 계약을 체결하지 아니하였음에도 불구하고 거짓으로 부동산 거래신고를 하는 행위
ㄹ 부동산 매매계약에 관하여 부동산의 실제 거래가격을 거짓으로 신고하도록 조장하는 행위

① ㄱ, ㄷ
② ㄱ, ㄹ
③ ㄴ, ㄹ
④ ㄱ, ㄴ, ㄷ
⑤ ㄴ, ㄷ, ㄹ

인생은 곱셈이다.

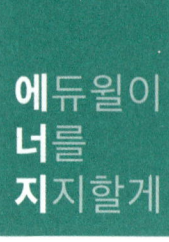

어떤 찬스가 와도 내가 제로면
아무런 의미가 없다.

– 나카무라 미츠루

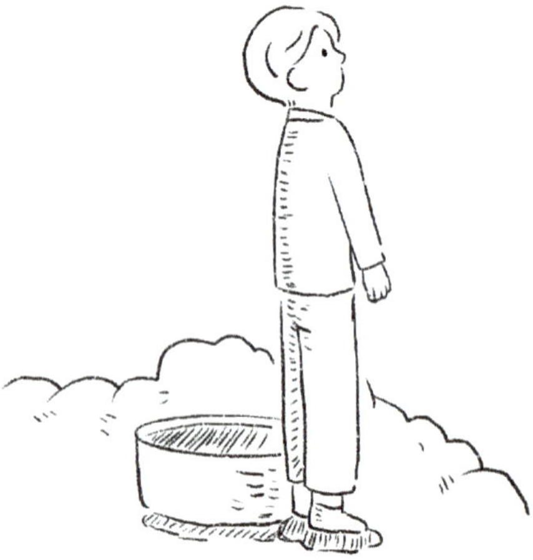

PART

2

중개실무

최근 5개년 PART2 출제비중

21.5%

최근 5개년 출제경향 분석

CHAPTER	문항 수					비중	☆빈출 키워드
	31회	32회	33회	34회	35회		
CH.01	0	1	0	0	0	2.3%	중개실무 총설, 중개계약
CH.02	1	2	3	3	4	30.2%	중개대상물 확인·설명서의 기재사항, 분묘기지권, 장사 등에 관한 법률
CH.03	5	4	6	5	9	67.5%	부동산 실권리자명의 등기에 관한 법률, 주택임대차보호법, 상가건물 임대차보호법, 경매 및 공매, 매수신청대리인의 등록

* 복합문제이거나, 법률이 개정 및 제정된 경우 분류 기준에 따라 위 수치와 달라질 수 있습니다.

CHAPTER

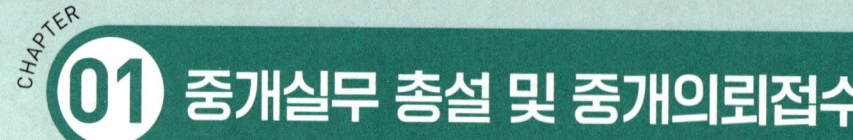

01 중개실무 총설 및 중개의뢰접수

빠른 정답 CHECK!(본책) p.233 / 정답 및 해설(책속의 책) p.75

대표문제 중개행위

공인중개사법령상 중개행위 등에 관한 설명으로 옳은 것은? (다툼이 있으면 판례에 따름)

기출응용 32회

① 중개행위에 해당하는지 여부는 개업공인중개사의 행위를 객관적으로 보아 판단할 것이 아니라 개업공인중개사의 주관적 의사를 기준으로 판단해야 한다.

② 임대차계약을 알선한 개업공인중개사가 계약 체결 후에도 목적물의 인도 등 거래당사자의 계약상 의무의 실현에 관여함으로써 계약상 의무가 원만하게 이행되도록 주선할 것이 예정되어 있는 경우, 그러한 개업공인중개사의 행위는 사회통념상 중개행위의 범주에 포함하지 않는다.

③ 부동산 중개계약은 당사자 간의 청약과 승낙이라는 의사표시의 합치만으로 계약이 성립하는 낙성계약이고, 요식계약이다.

④ 중개실무의 범위에 거래계약서의 작성, 중개대상물 확인·설명서의 작성 및 교부 등도 포함된다.

⑤ 중개실무의 범위는 중개의뢰를 받은 후부터 거래당사자 간의 이행행위가 완료된 때(잔금지급 및 등기이전서류의 교부)까지 해당된다.

POINT

중개행위의 해당 여부를 판단하는 기준에 관한 판례를 학습하여야 합니다.

해설

① 중개행위에 해당하는지 여부는 개업공인중개사의 행위를 객관적으로 보아 사회통념상 거래의 알선·중개를 위한 행위라고 인정되는지 여부에 의하여 결정하여야 한다(대판 2005.10.7, 2005다32197).

② 판례에 의하면, 이행업무라 하더라도 거래계약을 알선한 개업공인중개사가 계약 체결 후에도 중도금 및 잔금의 지급, 목적물의 인도와 같은 거래당사자의 이행의 문제에 관여함으로써 계약상 의무가 원만하게 이행되도록 주선할 것이 예정되어 있는 때에는 그러한 개업공인중개사의 행위는 객관적·외형적으로 보아 사회통념상 거래의 알선·중개를 위한 행위로서 중개행위의 범주에 포함된다고 한다(대판 2007.2.8, 2005다55008).

③ 부동산 중개계약은 당사자 간의 청약과 승낙이라는 의사표시의 합치만으로 계약이 성립하는 낙성계약이고, 그 방식도 문서 또는 구두로 자유롭게 할 수 있는 불요식계약이다.
⑤ 중개실무의 범위는 중개의뢰를 받은 후부터 중개완성(거래계약체결)까지가 해당된다.

정답 ④

PART 2

01 부동산중개계약별 그 특징에 관한 설명으로 틀린 것은? 상 중 하

① 전속중개계약 – 개업공인중개사의 정보공개 활성화로 책임중개 기대 가능, 「공인중개사법」에 명문규정이 없는 중개계약
② 일반중개계약 – 중개내용의 복잡·불명확, 개업공인중개사의 책임중개 기대 곤란, 우리나라에서 가장 일반적으로 이용
③ 독점중개계약 – 개업공인중개사의 책임중개 기대 가능, 개업공인중개사의 가장 확실한 중개보수 보장
④ 공동중개계약 – 중개업의 조직화를 통한 중개업무의 능률화 기대 가능, 부동산거래정보망을 통한 중개와 가장 밀접한 관계
⑤ 순가중개계약 – 담합 및 가격상승의 우려, 「공인중개사법」상 금지행위로 규정된 것은 아님

02 **중개계약의 종류와 의미를 설명한 것으로 옳은 것은?** 상중하

① 일반중개계약은 중개의뢰인이 불특정 다수의 개업공인중개사에게 경쟁적으로 중개를 의뢰하는 방식으로서 개업공인중개사의 책임중개를 기대할 수 있다.

② 공동중개계약은 독점중개계약을 보완한 것으로서 개업공인중개사의 단체 또는 2인 이상의 개업공인중개사들의 부동산거래정보망 등을 매개로 하여 공동 활동에 의해 중개업무가 이루어지는 방식을 말하며, 우리나라에서 가장 많이 사용되고 있다.

③ 전속중개계약이란 중개의뢰인이 중개를 의뢰함에 있어서 특정 개업공인중개사를 정하여 중개대상물을 중개하도록 하는 계약으로서, 부동산거래정보망을 통하여 중개하는 것은 전속중개계약과 가장 밀접한 관련이 있다.

④ 독점중개계약은 특정 개업공인중개사에게 독점적으로 중개의뢰를 하는 계약형태로서 계약이 체결되면 거래를 누가 성사시키든 간에 그 개업공인중개사가 중개보수를 받게 되므로 개업공인중개사에게 가장 유리한 중개계약이라 할 수 있다.

⑤ 순가중개계약이란 중개의뢰인이 미리 매도 또는 매수가격을 제시하여 그 가격을 초과하는 금액을 개업공인중개사가 중개보수로 취득하도록 하는 계약으로서 「공인중개사법」상 명문으로 금지되는 중개계약이다.

CHAPTER

02 중개대상물 조사 및 확인

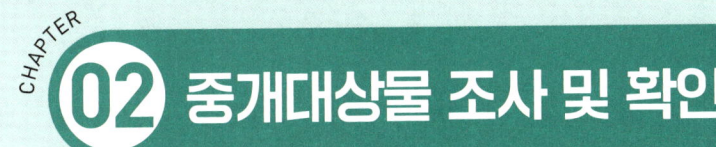

빠른 정답 CHECK!(본책) p.233 / 정답 및 해설(책속의 책) p.75

PART 2

제1절 | 조사 · 확인 방법

대표문제 중개대상물의 조사 및 확인방법

개업공인중개사의 조사 · 확인 · 설명에 관한 내용으로 옳은 것을 모두 고른 것은?

㉠ 토지대장의 면적과 등기사항증명서의 면적이 서로 다른 경우에는 토지대장의 면적을 기준으로 판단한다.
㉡ 토지소유자의 인적사항에 관하여 토지대장과 등기사항증명서가 일치하지 아니하는 경우에는 토지대장을 기준으로 판단한다.
㉢ 토지의 소재지에 대하여 토지대장과 등기사항증명서가 일치하지 아니하는 경우에는 등기사항증명서를 기준으로 판단한다.
㉣ 용도지역에 관한 사항은 건축물대장을 우선적으로 열람하여 확인한다.
㉤ 법정지상권의 성립 여부는 등기사항증명서를 열람하여 조사 · 확인할 수 있다.

① ㉠
② ㉠, ㉡
③ ㉠, ㉢
④ ㉠, ㉡, ㉢
⑤ ㉠, ㉡, ㉢, ㉣, ㉤

POINT

개인공인중개사의 조사 · 확인 · 설명사항에 관하여 학습해야 합니다.

해설

㉡ 토지소유자의 인적사항은 권리관계에 관한 사항이므로 등기사항증명서를 기준으로 판단한다.
㉢ 토지의 소재지, 지목, 면적 등 표시사항에 대하여 토지대장과 등기사항증명서가 일치하지 아니하는 경우에는 토지대장을 기준으로 판단한다.
㉣ 용도지역에 관한 사항은 토지이용계획확인서를 우선적으로 열람하여 확인한다.
㉤ 법정지상권의 성립 여부는 등기사항증명서로 확인할 수 없다. 따라서 매도인에게 문의하거나 현장답사와 탐문 등으로 확인하여야 한다.

정답 ①

01 **개업공인중개사가 중개의뢰인에게 중개대상물에 대하여 설명한 내용으로 옳은 것을 모두 고른 것은?** (다툼이 있으면 판례에 따름)

상 중 하

> ㉠ 토지의 소재지, 지목, 지형 및 경계는 토지대장을 통해 확인할 수 있다.
> ㉡ 분묘기지권은 현장답사를 통하여 확인하여야 한다.
> ㉢ 지적도상의 경계와 실제 경계가 일치하지 않는 경우 특별한 사정이 없는 한 실제 경계를 기준으로 한다.
> ㉣ 동일한 건물에 대하여 등기부상의 소유자와 건축물대장의 소유자가 다른 경우 등기부를 기준으로 한다.

① ㉠, ㉢
② ㉡, ㉣
③ ㉠, ㉡, ㉢
④ ㉠, ㉢, ㉣
⑤ ㉡, ㉢, ㉣

최신 기출응용 35회

02 **개업공인중개사가 X토지를 공유로 취득하고자 하는 甲, 乙에게 설명한 내용으로 옳은 것을 모두 고른 것은?** (다툼이 있으면 판례에 따름)

상 중 하

> ㉠ 甲의 지분이 2분의 1, 乙의 지분이 2분의 1인 경우, 乙과 협의 없이 X토지 전체를 사용·수익하는 甲에 대하여 乙은 X토지의 인도를 청구할 수는 없다.
> ㉡ 甲의 지분이 3분의 2, 乙의 지분이 3분의 1인 경우, 甲이 X토지를 임대하였다면 乙은 그 임대차의 무효를 주장할 수 있다.
> ㉢ 甲의 지분이 3분의 1, 乙의 지분이 3분의 2인 경우, 乙은 甲의 동의 없이 X토지를 타인에게 매도할 수 있다.

① ㉠
② ㉡
③ ㉠, ㉢
④ ㉡, ㉢
⑤ ㉠, ㉡, ㉢

제 2 절 | 기본적 사항의 조사 및 확인

대표문제 분묘기지권

개업공인중개사가 토지를 매수하려는 중개의뢰인에게 분묘기지권에 관하여 설명한 내용으로 옳은 것을 모두 고른 것은? (다툼이 있으면 판례에 따름) 기출응용 35회

㉠ 분묘기지권을 시효취득한 사람은 시효취득한 때부터 지료를 지급할 의무가 발생한다.
㉡ 분묘는 그 내부에 시신이 안장되어 있지 않거나 평장 또는 암장되어 있어 객관적으로 분묘로 인식할 수 있는 외형을 갖추고 있지 아니한 경우 분묘기지권은 인정되지 않는다.
㉢ 자기소유의 토지에 분묘를 설치한 자가 그 토지를 양도하면서 분묘를 이장하겠다는 특약을 하지 않음으로써 분묘기지권을 취득한 경우 특별한 사정이 없는 한 분묘기지권이 성립한 때부터 지료를 지급할 의무가 발생한다.

① ㉡
② ㉠, ㉡
③ ㉠, ㉢
④ ㉡, ㉢
⑤ ㉠, ㉡, ㉢

POINT

분묘기지권에 관하여 학습하여야 합니다.

해설

㉠ 「장사 등에 관한 법률」의 시행일 이전에 타인의 토지에 분묘를 설치한 다음 20년간 평온·공연하게 그 분묘의 기지를 점유함으로써 분묘기지권을 시효·취득하였더라도 분묘기지권자는 토지소유자가 분묘기지에 관한 지료를 청구하면 그 청구한 날부터의 지료를 지급할 의무가 있다고 보아야 한다(대판 전합체 2021.4.29, 2017다228007).

정답 ④

03 **개업공인중개사가 중개의뢰인에게 분묘가 있는 토지에 관하여 설명한 내용으로 틀린 것을 모두 고른 것은?** (다툼이 있으면 판례에 따름) 상중하

㉠ 분묘는 장래의 묘소로서 설치하는 등 그 내부에 시신이 안장되어 있지 않거나 평장 또는 암장되어 있어 객관적으로 분묘로 인식할 수 있는 외형을 갖추고 있지 아니한 경우에도 분묘기지권은 인정된다.
㉡ 시효취득에 의한 분묘기지권이 성립되기 위해서는 해당 분묘가 「장사 등에 관한 법률」이 시행(2001.1.13.)되기 전에 설치되어 있어야 한다.
㉢ 자기소유 토지에 분묘를 설치한 사람이 그 토지를 양도하면서 분묘를 이장하겠다는 특약을 하지 않음으로써 분묘기지권을 취득한 경우 특별한 사정이 없는 한 분묘기지권자는 분묘기지권이 성립한 때부터 토지소유자에게 그 분묘의 기지에 대한 토지사용의 대가로서 지료를 지급할 의무는 없다.

① ㉠
② ㉢
③ ㉠, ㉢
④ ㉡, ㉢
⑤ ㉠, ㉡, ㉢

04 **분묘가 있는 토지를 중개하면서 설명한 내용으로 틀린 것은?** (다툼이 있으면 판례에 따름) 상중하

① 평장 또는 암매장되어 객관적으로 분묘의 존재를 인식할 수 있는 외형을 갖추지 않으면 분묘기지권이 인정되지 않는다.
② 분묘기지권은 분묘의 기지뿐만 아니라 분묘의 수호 및 제사에 필요한 주위의 공지를 포함한 지역에까지 미친다.
③ 외형상 분묘의 형태만 갖추었을 뿐 시신이 안장되어 있지 아니한 경우에는 분묘기지권이 생기지 않는다.
④ 분묘기지권의 효력이 미치는 지역의 범위 내에서 기존의 분묘에 합장하여 단분형태의 분묘를 설치하는 것은 허용된다.
⑤ 분묘기지권은 당사자의 약정 등 특별한 사정이 없으면 권리자가 분묘의 수호를 계속하며 그 분묘가 존속하고 있는 동안 존속한다.

05 분묘가 있는 토지에 관하여 개업공인중개사가 중개의뢰인에게 설명한 내용으로 틀린 것은? (다툼이 있으면 판례에 따름) 상 중 하

① 분묘기지권은 사성이 조성되었다 하여 반드시 사성까지 효력이 미치는 것은 아니다.
② 분묘기지권은 분묘의 설치 목적인 분묘의 수호와 제사에 필요한 범위 내에서 분묘기지 주위의 공지를 포함한 지역에까지 미친다.
③ 분묘기지권이 인정되는 경우 분묘가 멸실되었더라도 유골이 존재하여 분묘의 원상회복이 가능하고 일시적인 멸실에 불과하다면 분묘기지권은 소멸하지 않는다.
④ 분묘기지권자가 분묘의 수호와 봉제사를 계속하고 그 분묘가 존속하고 있는 동안은 분묘기지권은 존속한다.
⑤ 「장사 등에 관한 법률」의 시행일 이전에 타인의 토지에 분묘를 설치한 다음 20년간 평온·공연하게 그 분묘의 기지를 점유함으로써 분묘기지권을 시효·취득한 경우 분묘기지권자는 토지소유자가 분묘기지에 관한 지료를 청구하여도 지료를 지급할 의무는 없다.

06 개업공인중개사가 묘소가 설치되어 있는 임야를 중개하면서 중개의뢰인에게 설명한 내용으로 틀린 것은? (다툼이 있으면 판례에 따름) 상 중 하

① 분묘가 1995년에 설치되었다 하더라도 「장사 등에 관한 법률」이 2001년에 시행되었기 때문에 분묘기지권을 시효취득할 수 없다.
② 암장되어 있어 객관적으로 인식할 수 있는 외형을 갖추고 있지 않은 묘소에는 분묘기지권이 인정되지 않는다.
③ 아직 사망하지 않은 사람을 위한 장래의 묘소인 경우 분묘기지권이 인정되지 않는다.
④ 분묘기지권은 분묘기지와 분묘를 수호하고 봉제사하는 데 필요한 주위의 공지를 포함한 지역에까지 미친다.
⑤ 분묘기지권의 효력이 미치는 지역의 범위 내라고 할지라도 기존의 분묘 외에 새로운 분묘를 신설할 권능은 포함되지 않는다.

최신 기출응용 34회

07 **개업공인중개사가 묘지를 설치하고자 토지를 매수하려는 중개의뢰인에게 장사 등에 관한 법령에 관하여 설명한 내용으로 <u>틀린</u> 것은?** 상중하

① 종중·문중묘지는 종중 또는 문중별로 각각 1개소에 한정하여 설치할 수 있으며, 그 면적은 1천m^2 이하여야 한다.

② 개인묘지란 1기의 분묘 또는 해당 분묘에 매장된 자와 배우자 관계였던 자의 분묘를 같은 구역 안에 설치하는 묘지를 말한다.

③ 법인묘지의 형태는 봉분, 평분 또는 평장으로 하되, 봉분의 높이는 지면으로부터 2m 이하, 평분의 높이는 50cm 이하여야 한다.

④ 화장한 유골을 매장하는 경우 매장 깊이는 지면으로부터 30cm 이상이어야 한다.

⑤ 법인묘지의 허가면적 중 주차장·관리시설 등 부대시설을 제외한 면적의 100분의 20 이상을 녹지공간으로 확보하여야 한다.

최신 기출응용 35회

08 **토지를 매수하여 사설묘지를 설치하려는 중개의뢰인에게 개업공인중개사가 장사 등에 관한 법령에 관하여 설명한 내용으로 옳은 것은?** 상중하

① 가족묘지를 설치하려면 그 묘지를 설치하기 전에 해당 묘지를 관할하는 시장 등에게 신고해야 한다.

② 종중·문중묘지를 설치하려면 해당 묘지를 관할하는 시장 등의 허가를 받아야 한다.

③ 개인묘지나 가족묘지의 면적은 제한을 받지만, 분묘의 형태나 봉분의 높이는 제한을 받지 않는다.

④ 분묘의 설치기간은 원칙적으로 30년이지만, 개인묘지의 경우에는 3회에 한하여 그 기간을 연장할 수 있다.

⑤ 설치기간이 끝난 분묘의 연고자는 그 끝난 날부터 6개월 이내에 해당 분묘에 설치된 시설물을 철거하고 매장된 유골을 화장하거나 봉안해야 한다.

09 개업공인중개사가 「장사 등에 관한 법률」에 대해 중개의뢰인에게 설명한 것으로 <u>틀린</u> 것은?

상 중 하

① 개인묘지는 $100m^2$를 초과해서는 안 된다.

② 매장을 한 자는 매장 후 30일 이내에 매장지를 관할하는 시장 등에게 신고해야 한다.

③ 가족묘지란 「민법」에 따라 친족관계였던 자의 분묘를 같은 구역 안에 설치하는 묘지를 말한다.

④ 시장 등은 묘지의 설치·관리를 목적으로 「민법」에 따라 설립된 재단법인에 한정하여 법인묘지의 설치·관리를 허가할 수 있다.

⑤ 설치기간이 끝난 분묘의 연고자는 설치기간이 끝난 날부터 1년 이내에 해당 분묘에 설치된 시설물을 철거하고 매장된 유골을 화장하거나 봉안해야 한다.

PART 2

제 3 절 | 확인 · 설명서 작성

대표문제 중개대상물 확인 · 설명서의 작성방법

공인중개사법령상 중개대상물 확인·설명서[Ⅱ](비주거용 건축물)**에서 개업공인중개사 기본 확인사항이 <u>아닌</u> 것은?**

기출응용 35회

① 토지이용계획, 공법상 이용제한 및 거래규제에 관한 사항

② 취득 시 부담할 조세의 종류 및 세율

③ 국세 및 지방세 체납정보

④ 관리에 관한 사항

⑤ 거래예정금액

POINT

중개대상물 확인·설명서의 작성방법에 대하여 학습하여야 합니다.

해설

국세 및 지방세 체납정보는 확인·설명서[Ⅰ]의 임대차 확인사항에 포함되지만, 확인·설명서[Ⅱ]에는 임대차 확인사항에 관한 내용이 없다.

정답 ③

최신 기출응용 34회

10 **공인중개사법령상 중개대상물 확인·설명서[Ⅰ]**(주거용 건축물)**의 작성방법으로 옳은 것을 모두 고른 것은?** 상중하

㉠ 실제 권리관계 또는 공시되지 않은 물건의 권리사항은 매도(임대)의뢰인이 고지한 사항을 적는다.
㉡ 공법상 이용제한 및 거래규제에 관한 사항(토지)의 '건폐율 상한 및 용적률 상한'은 시·군의 조례에 따라 적는다.
㉢ 중개보수 및 실비는 개업공인중개사와 중개의뢰인이 협의하여 결정한 금액을 적되 '중개보수'는 거래금액을 기준으로 계산한다.

① ㉠
② ㉠, ㉡
③ ㉠, ㉢
④ ㉡, ㉢
⑤ ㉠, ㉡, ㉢

최신 기출응용 33회

11 **개업공인중개사가 주택의 임대차를 중개하면서 중개대상물 확인·설명서[Ⅰ]**(주거용 건축물)**를 작성하는 경우 제외하거나 생략할 수 있는 것을 모두 고른 것은?** 상중하

㉠ 취득 시 부담할 조세의 종류 및 세율
㉡ 개별공시지가(m^2당) 및 건물(주택)공시가격
㉢ 다가구주택 확인서류 제출 여부
㉣ 건축물의 방향

① ㉠, ㉡
② ㉠, ㉢
③ ㉢, ㉣
④ ㉠, ㉡, ㉣
⑤ ㉡, ㉢, ㉣

12 **공인중개사법령상 주거용 건축물 확인·설명서[Ⅰ]에서 개업공인중개사의 기본 확인사항 중 '임대차 확인사항'에 해당하지 않는 것은?** ㊤㊥㊦

① 확정일자 부여현황정보
② 국세 및 지방세 체납정보
③ 최우선변제금
④ 실제 권리관계 또는 공시되지 않은 물건의 권리사항
⑤ 계약갱신요구권 행사 여부

PART 2

13 **공인중개사법령상 개업공인중개사가 주거용 건축물의 중개대상물 확인·설명서[Ⅰ]를 작성하는 경우 매도인 등으로부터 자료를 요구하여 기재할 수 있는 사항이 아닌 것은?** ㊤㊥㊦

① 수도, 전기, 가스, 소방, 난방방식 및 연료공급, 승강기, 배수 그 밖의 시설물 등 내부·외부 시설물의 상태
② 비선호시설(1km 이내)
③ 벽면·바닥면 및 도배의 상태
④ 일조량, 소음 등 환경조건
⑤ 가정자동화시설(Home Automation 등 IT 관련 시설)

14 **공인중개사법령상 주거용 건축물의 중개대상물 확인·설명서[Ⅰ] 작성방법에 관한 설명으로 틀린 것은?** 상중하

① 최우선변제금은 「주택임대차보호법」을 확인하여 각각 적되, 근저당권등 선순위 담보물권이 설정되어 있는 경우라도 임차인의 전입신고일을 기준으로 적어야 한다.

② '민간임대등록 여부'는 대상물건이 「민간임대주택에 관한 특별법」에 따라 등록된 민간임대주택인지 여부를 임대주택정보체계에 접속하여 확인하거나 임대인에게 확인하여 기재하면 된다.

③ 대상물건에 공동담보가 설정되어 있는 경우에는 공동담보목록 등을 확인하여 공동담보의 채권최고액 등 해당 중개물건의 권리관계를 명확히 적는다.

④ 대상물건에 신탁등기가 되어 있는 경우에는 수탁자 및 신탁물건(신탁원부번호)임을 적고, 신탁원부약정사항에 명시된 대상물건에 대한 임대차계약의 요건을 확인하여 그 요건에 따라 유효한 임대차계약을 체결할 수 있음을 설명해야 한다.

⑤ 취득 시 부담할 조세의 종류 및 세율은 중개가 완성되기 전 「지방세법」의 내용을 확인하여 적는다. 이 경우 임대차의 경우에는 제외한다.

15 **공인중개사법령상 비주거용 건축물의 중개대상물 확인·설명서[Ⅱ]에 기재하는 내용에 관한 설명으로 틀린 것은?** 상중하

① 환경조건을 기재하지 아니한다.

② 벽면 및 바닥면 상태는 기재하지만, 도배 상태는 기재하지 않는다.

③ 임대차계약이 있는 경우 임대보증금, 월 단위의 차임액, 계약기간, 장기수선충당금의 처리 등을 확인하여 기재한다.

④ 입지조건란에 도로와의 관계, 대중교통, 주차장, 교육시설, 판매 및 의료시설을 기재한다.

⑤ 비선호시설을 기재하지 않는다.

최신 기출응용 33회

16 공인중개사법령상 중개대상물 확인·설명서[Ⅱ](비주거용 건축물)에서 개업공인중개사의 기본 확인사항이 아닌 것은? 상중하

① 소재지, 면적 등 대상물건의 표시에 관한 사항
② 소유권 외의 권리사항
③ 비선호시설(1km 이내)의 유무에 관한 사항
④ 관리주체 등 관리에 관한 사항
⑤ 소유권에 관한 사항

17 공인중개사법령상 비주거용 건축물 중개대상물 확인·설명서 작성 시 개업공인중개사의 세부 확인사항이 아닌 것은? 상중하

① 벽면의 균열 유무
② 승강기의 유무
③ 대중교통의 유무
④ 배수의 정상 여부
⑤ 가스(취사용)의 공급방식

18 공인중개사법령상 중개대상물 확인·설명서[Ⅱ](비주거용 건축물)에서 개업공인중개사의 확인사항으로 옳은 것을 모두 고른 것은? 상중하

㉠ '단독경보형 감지기' 설치 여부는 세부 확인사항이다. ㉡ '주차장 여부'는 기본 확인사항이다. ㉢ '벽면 및 바닥면'은 세부 확인사항이다. ㉣ '환경조건(일조량·소음·진동)'은 세부 확인사항이다.

① ㉠, ㉡
② ㉠, ㉣
③ ㉡, ㉢
④ ㉠, ㉡, ㉢
⑤ ㉡, ㉢, ㉣

PART 2

19 **공인중개사법령상 토지에 관한 중개대상물 확인·설명서[Ⅲ]에 기재하는 내용에 관한 설명으로 틀린 것은?** 상중하

① 비선호시설(1km 이내)은 기재하지 아니한다.

② 대상물건의 표시에 건축물에 관한 사항은 기재하지 않지만, 토지에 관한 사항은 기재한다.

③ 관리에 관한 사항, 내부·외부 시설물 상태, 벽면·바닥면 및 도배 상태를 기재하지 않는다.

④ 환경조건은 기재하지 않는다.

⑤ 입지조건란에 도로와의 관계, 대중교통은 기재하지만, 주차장, 교육시설, 판매 및 의료시설은 기재하지 않는다.

20 **공인중개사법령상 개업공인중개사가 토지의 중개대상물 확인·설명서에 기재해야 할 사항에 해당하는 것은 모두 몇 개인가?** 상중하

- 실제 권리관계 또는 공시되지 않은 물건의 권리사항
- 일조량 등 환경조건
- 관리주체의 유형에 관한 사항
- 취득 시 부담할 조세의 종류 및 세율
- 비선호시설(1km 이내)의 유무

① 1개
② 2개
③ 3개
④ 4개
⑤ 5개

21 **공인중개사법령상 개업공인중개사가 확인·설명하여야 할 사항 중 중개대상물 확인·설명서[Ⅰ](주거용 건축물), [Ⅱ](비주거용 건축물), [Ⅲ](토지), [Ⅳ](입목·광업재단·공장재단) 서식에 공통적으로 기재되어 있는 것을 모두 고른 것은?** 상중하

> ㉠ 중개보수
> ㉡ 비선호시설
> ㉢ 취득 시 부담할 조세의 종류 및 세율
> ㉣ 환경조건(일조량·소음)
> ㉤ 실제 권리관계 또는 공시되지 않은 물건의 권리사항

① ㉠, ㉡
② ㉡, ㉣
③ ㉠, ㉢, ㉤
④ ㉠, ㉢, ㉣, ㉤
⑤ ㉠, ㉡, ㉢, ㉣, ㉤

PART 2

제 4 절 | 부동산 전자계약시스템

대표문제 부동산 전자계약

「전자문서 및 전자거래 기본법」에 따른 공인전자문서센터에 보관된 경우, 공인중개사법령상 개업공인중개사가 원본, 사본 또는 전자문서를 보존기간 동안 보존해야 할 의무가 면제된다고 명시적으로 규정된 것을 모두 고른 것은? 기출응용 32회

㉠ 중개대상물 확인·설명서
㉡ 손해배상책임보장에 관한 증서
㉢ 소속공인중개사 고용신고서
㉣ 거래계약서

① ㉠
② ㉠, ㉣
③ ㉡, ㉢
④ ㉡, ㉢, ㉣
⑤ ㉠, ㉡, ㉢, ㉣

POINT

전자계약서의 내용에 관하여 학습하여야 합니다.

해설

㉠㉣ 「전자문서 및 전자거래 기본법」에 따른 공인전자문서센터에 보관된 경우 종이로 된 중개대상물 확인·설명서, 거래계약서는 별도로 보관하지 않아도 된다.

정답 ②

22 부동산 전자계약에 관한 설명으로 옳은 것은?

상중하

① 시·도지사는 부동산 거래 및 주택임대차의 계약·신고·허가·관리 등의 업무와 관련된 정보체계를 구축·운영하여야 한다.

② 부동산거래계약의 신고를 하는 경우 전자인증의 방법으로 신분을 증명할 수 없다.

③ 정보처리시스템을 이용하여 주택임대차계약을 체결하였더라도 해당 주택의 임차인은 정보처리시스템을 통하여 전자계약증서에 확정일자 부여를 신청할 수 없다.

④ 개업공인중개사가 부동산거래계약시스템을 통하여 부동산거래계약을 체결한 경우 부동산거래계약이 체결된 때에 부동산거래계약 신고서를 제출한 것으로 본다.

⑤ 거래계약서 작성 시 확인·설명사항이 「전자문서 및 전자거래 기본법」에 따른 공인전자문서센터에 보관된 경우라도 개업공인중개사는 확인·설명사항을 서면으로 작성하여 보존하여야 한다.

23 부동산 거래의 전자계약에 관한 설명으로 옳지 않은 것은?

상중하

① 국토교통부장관은 효율적인 정보의 관리 및 국민편의 증진을 위하여 부동산거래 및 주택임대차의 계약·신고·허가·관리 등의 업무와 관련된 정보체계를 구축·운영할 수 있다.

② 부동산거래계약의 신고를 하는 경우 전자인증의 방법으로 신분을 증명할 수 있다.

③ 부동산거래계약시스템을 이용하여 주택임대차계약을 체결한 경우 임대차계약서에 별도로 확정일자를 받아야 확정일자의 효력이 인정된다.

④ 부동산거래계약시스템을 통하여 부동산거래계약 해제등을 한 경우에는 부동산거래계약 해제등 신고서를 제출한 것으로 본다.

⑤ 개업공인중개사가 부동산거래계약시스템을 통하여 부동산거래계약을 체결한 경우 부동산거래계약이 체결된 때에 부동산거래계약 신고서를 제출한 것으로 본다.

CHAPTER
03 개별적 중개실무

빠른 정답 CHECK!(본책) p.233 / 정답 및 해설(책속의 책) p.80

제1절 | 부동산 실권리자명의 등기에 관한 법률

대표문제 명의신탁

甲이 乙로부터 乙 소유의 X주택을 2025.1. 매수하면서 그 소유권이전등기는 자신의 친구인 丙에게로 해 줄 것을 요구하였다(이에 대한 丙의 동의가 있었음). **乙로부터 X주택의 소유권이전등기를 받은 丙은 甲의 허락을 얻지 않고 X주택을 丁에게 임대하였고, 丁은 X주택을 인도받은 후 주민등록을 이전하였다. 그런데 丁은 임대차계약 체결 당시에 甲의 허락이 없었음을 알고 있었다. 이에 대하여 개업공인중개사가 丁에게 설명한 내용으로 옳은 것은?** (다툼이 있으면 판례에 따름) 기출응용 35회

① 丙은 X주택의 소유권을 취득할 수 있다.
② 乙은 丙을 상대로 진정명의회복을 위한 소유권이전등기를 청구할 수 없다.
③ 甲은 乙과의 매매계약을 기초로 乙에게 X주택의 소유권이전등기를 청구할 수 없다.
④ 丁은 甲 또는 乙에 대하여 임차권을 주장할 수 없다.
⑤ 甲은 丁을 상대로 그 계약의 무효를 주장할 수 없다.

POINT
명의신탁의 유형과 효력 등에 대해 학습하여야 합니다.

해설
① 丙은 X주택의 소유권을 취득할 수 없다.
② 乙은 丙을 상대로 진정명의회복을 위한 소유권이전등기를 청구할 수 있다.
③ 甲은 乙과의 매매계약을 기초로 乙에게 X주택의 소유권이전등기를 청구할 수 있다.
④ 丁은 甲 또는 乙에 대하여 임차권을 주장할 수 있다.

정답 ⑤

최신 기출응용 34회

01 **2024.4.7. 甲은 친구 乙과 X부동산에 대하여 乙을 명의수탁자로 하는 명의신탁약정을 체결하였다. 개업공인중개사가 이에 관하여 설명한 내용으로 옳은 것을 모두 고른 것은?** (다툼이 있으면 판례에 따름) 상중하

> ㉠ 甲과 乙 사이의 명의신탁약정은 유효이다.
> ㉡ X부동산의 소유자가 甲이라면, 명의신탁약정에 기하여 甲에서 乙로 소유권이전등기가 마쳐졌다는 이유만으로 당연히 불법원인급여에 해당한다고 볼 수 없다.
> ㉢ X부동산의 소유자가 丙이고 계약명의신탁이라면, 丙이 그 약정을 모른 경우 丙으로부터 소유권이전등기를 마친 乙은 유효하게 소유권을 취득한다.

① ㉠
② ㉡
③ ㉡, ㉢
④ ㉠, ㉡
⑤ ㉠, ㉡, ㉢

최신 기출응용 33회

02 **개업공인중개사가 중개의뢰인에게 「부동산 실권리자명의 등기에 관한 법률」의 내용에 관하여 설명한 것으로 옳은 것을 모두 고른 것은?** (다툼이 있으면 판례에 따름) 상중하

> ㉠ 부동산의 위치와 면적을 특정하여 2인 이상이 구분소유하기로 하는 약정을 하고 그 구분소유자의 공유로 등기한 경우, 그 등기는 「부동산 실권리자명의 등기에 관한 법률」 위반으로 무효이다.
> ㉡ 3자 간 등기명의신탁의 경우 명의신탁약정 및 수탁자로의 소유권이전등기는 무효이므로, 소유권은 원소유자인 매도인에게 귀속된다.
> ㉢ 계약명의신탁의 경우 신탁자는 제3자에게 권리를 주장할 수 없고, 수탁자에게 횡령죄를 물을 수도 없다.

① ㉠
② ㉡
③ ㉠, ㉢
④ ㉡, ㉢
⑤ ㉠, ㉡, ㉢

03 신탁자 甲과 수탁자 乙 간 명의신탁약정을 한 뒤 신탁자가 수탁자에게 자금을 지원하여 수탁자가 매도인 丙(甲과 乙 사이의 명의신탁약정 사실을 모름)**과 매매계약을 체결하여 소유권이전등기가 乙의 명의로 경료된 뒤 乙이 丁과 매매계약을 체결, 丁이 소유권이전등기를 경료하였다. 이에 관한 설명으로 옳은 것은?** 상중하

① 수탁자 乙과 매수인 丁 간의 매매계약은 유효하고, 丁이 명의신탁약정 사실을 알았다면 丁은 소유권을 취득할 수 없다.

② 丁의 명의로 경료된 소유권이전등기의 효력은 유효하지만, 신탁자 甲은 丁에게 소유권을 주장할 수 있다.

③ 乙의 처분행위는 횡령죄로 처벌된다.

④ 신탁자 甲과 수탁자 乙 간 명의신탁약정의 효력은 무효이나, 乙의 명의로 경료된 소유권이전등기의 효력은 유효하다.

⑤ 乙은 1년 이하의 징역이나 3천만원 이하의 벌금에 처해진다.

04 **2024.5.1. 甲과 乙은 甲 소유의 X토지에 관해 매매계약을 체결하였다. 乙과 丙은 「농지법」상 농지소유제한을 회피할 목적으로 명의신탁약정을 하였다. 그 후 甲은 乙의 요구에 따라 丙 명의로 소유권이전등기를 마쳐주었다. 그 사정을 아는 개업공인중개사가 X토지의 매수의뢰인에게 설명한 내용으로 옳은 것을 모두 고른 것은?** (다툼이 있으면 판례에 따름) 상중하

㉠ 甲이 丙 명의로 마쳐준 소유권이전등기는 유효하다. ㉡ 乙은 丙을 상대로 매매대금 상당의 부당이득반환청구권을 행사할 수 있다. ㉢ 乙은 甲을 대위하여 丙 명의의 소유권이전등기의 말소를 청구할 수 있다.

① ㉠
② ㉡
③ ㉢
④ ㉠, ㉡
⑤ ㉡, ㉢

제 2 절 | 주택임대차보호법

대표문제 주택임대차보호법

甲의 저당권이 설정되어 있는 乙 소유의 X주택을 丙이 임차하려고 한다. 개업공인중개사가 중개의뢰인 丙에게 임대차계약 체결 후 발생할 수 있는 상황에 관하여 설명한 내용으로 틀린 것은? (다툼이 있으면 판례에 따름) 기출응용 35회

① 丙이 X주택을 인도받고 그 주소로 동거하는 자녀의 주민등록을 이전한 경우 대항력은 인정된다.

② 丙이 부동산임대차등기를 한 때에는 X주택을 인도받고 주민등록의 이전을 하지 않아도 대항력은 인정된다.

③ 乙이 보증금반환채권을 담보하기 위하여 丙에게 전세권을 설정해 준 경우, 乙은 丙의 전세권을 양수한 선의의 제3자에게 연체차임의 공제 주장으로 대항할 수 없다.

④ 丙이 「주택임대차보호법」상 최우선변제권이 인정되는 소액임차인인 경우 甲의 저당권이 실행되면 丙의 임차권은 보증금을 반환받을 때까지 존속한다.

⑤ 丙이 임대차계약을 체결한 후 丁이 X주택에 저당권을 설정받았는데, 丁이 채권을 변제받지 못하자 X주택을 경매한 경우 甲의 저당권과 丙의 임차권은 매각으로 소멸한다.

POINT

「주택임대차보호법」에 관하여 학습하여야 합니다.

해설

③ 乙이 보증금반환채권을 담보하기 위하여 丙에게 전세권을 설정해 준 경우, 乙은 丙의 전세권을 양수한 선의의 제3자에게 연체차임의 공제 주장으로 대항할 수 없다.

이론+ 관련판례

임대차계약에 따른 임대차보증금반환채권을 담보할 목적으로 임대인과 임차인 사이의 합의에 따라 임차인 명의로 전세권설정등기를 마친 경우, 그 전세금의 지급은 이미 지급한 임대차보증금으로 대신한 것이고, 장차 전세권자가 목적물을 사용·수익하는 것을 완전히 배제하는 것도 아니므로, 그 전세권설정등기는 유효하다. 이때 임대인과 임차인이 그와 같은 전세권설정등기를 마치기 위하여 전세권설정계약을 체결하여도, 임대차보증금은 임대차계약이 종료된 후 임차인이 목적물을 인도할 때까지 발생하는 차임 및 기타 임차인의 채무를 담보하는 것이므로, 임대인과 임차인이 위와 같이 임대차보증금반환채권을 담보할 목적으로

전세권을 설정하기 위하여 전세권설정계약을 체결하였다면, 임대차보증금에서 연체차임 등을 공제하고 남은 돈을 전세금으로 하는 것이 임대인과 임차인의 합치된 의사라고 볼 수 있다. 그러나 그 전세권설정계약은 외관상으로는 그 내용에 차임지급 약정이 존재하지 않고 이에 따라 전세금이 연체차임으로 공제되지 않는 등 임대인과 임차인의 진의와 일치하지 않는 부분이 존재한다. 따라서 그러한 전세권설정계약은 위와 같이 임대차계약과 양립할 수 없는 범위에서 통정허위표시에 해당하여 무효라고 봄이 타당하다. 다만, 그러한 전세권설정계약에 의하여 형성된 법률관계에 기초하여 새로이 법률상 이해관계를 가지게 된 제3자에 대하여는 그 제3자가 그와 같은 사정을 알고 있었던 경우에만 그 무효를 주장할 수 있다(대판 2021.12.30, 2018다268538).

④ 丙이 「주택임대차보호법」상 최우선변제권이 인정되는 소액임차인인 경우 甲의 저당권이 실행되면 丙의 임차권은 소멸한다.

정답 ④

최신 기출응용 35회

05 개업공인중개사가 소유자 甲으로부터 X주택을 임차한 「주택임대차보호법」상 임차인 乙에게 임차권등기명령과 그에 따른 임차권등기에 대하여 설명한 내용으로 틀린 것을 모두 고른 것은? (다툼이 있으면 판례에 따름)

상 중 하

ㄱ 임차권등기명령신청을 기각하는 결정에 대하여 임차인은 항고할 수 있다.
ㄴ 乙이 임차권등기를 한 이후에 甲으로부터 X주택을 임차한 임차인은 최우선변제권을 가진다.
ㄷ 乙이 임차권등기를 한 이후 대항요건을 상실한 경우, 乙은 이미 취득한 대항력이나 우선변제권을 잃는다.
ㄹ 乙이 임차권등기를 한 이후에는 이행지체에 빠진 甲의 보증금반환의무가 乙의 임차권등기 말소의무보다 먼저 이행되어야 한다.

① ㄴ, ㄷ
② ㄱ, ㄴ, ㄹ
③ ㄱ, ㄷ, ㄹ
④ ㄴ, ㄷ, ㄹ
⑤ ㄱ, ㄴ, ㄷ, ㄹ

최신 기출응용 35회

06 개업공인중개사가 중개의뢰인에게 「주택임대차보호법」상 계약갱신요구권에 관하여 설명한 것으로 틀린 것은?

상 중 하

① 임대인은 임차인이 임대차기간이 끝나기 6개월 전부터 2개월 전까지의 기간 이내에 계약갱신을 요구한 경우 정당한 사유 없이 거절하지 못한다.

② 임대인은 임차인을 상대로 계약갱신요구권을 행사할 수 없다.

③ 임차인이 계약갱신요구권을 행사하여 임대차계약이 갱신된 경우 임차인은 언제든지 임대인에게 계약해지를 통지할 수 있다.

④ 임차인이 계약갱신요구권을 행사하여 임대차계약이 갱신된 경우 임대인은 차임을 증액할 수 없다.

⑤ 임차인이 임차한 주택의 전부 또는 일부를 고의나 중대한 과실로 파손한 경우 임대인은 임차인의 계약갱신요구를 거절할 수 있다.

최신 기출응용 34회

07 개업공인중개사가 「주택임대차보호법」의 적용에 관하여 설명한 내용으로 틀린 것을 모두 고른 것은? (다툼이 있으면 판례에 따름)

상 중 하

㉠ 「주택임대차보호법」은 주거용 건물의 전부 또는 일부의 임대차에 관하여 적용된다. ㉡ 「주택임대차보호법」상 임대인은 임차인이 임대차기간이 끝나기 6개월 전부터 1개월 전까지의 기간 이내에 계약갱신을 요구할 경우 정당한 사유 없이 거절하지 못한다. ㉢ 임차권등기 없이 우선변제청구권이 인정되는 소액임차인의 소액보증금반환채권은 배당요구가 필요한 배당요구채권에 해당하지 않는다.

① ㉠
② ㉡
③ ㉠, ㉢
④ ㉡, ㉢
⑤ ㉠, ㉡, ㉢

08 **개업공인중개사가 중개의뢰인에게 「주택임대차보호법」의 내용에 관하여 설명한 것으로 틀린 것은?** (단, 임차인은 자연인임) 상중하

① 「주택임대차보호법」은 임대차기간이 끝난 경우에도 임차인이 보증금을 반환받을 때까지는 임대차관계가 존속되는 것으로 본다.

② 임차인의 계약갱신요구권의 행사를 통해 갱신되는 임대차의 존속기간은 2년으로 본다.

③ 법정갱신이 되었더라도 임차인은 언제든지 임대인에 대하여 계약해지의 통지를 할 수 있다. 이러한 해지통지는 임대인이 그 통지를 받은 날로부터 6개월이 지나면 그 효력이 발생한다.

④ 임차인이 대항력을 갖춘 경우 임차주택의 양수인은 임대인의 지위를 승계한 것으로 본다.

⑤ 임차권등기명령의 집행에 따른 임차권등기를 마친 임차인은 이후 대항요건을 상실하더라도 이미 취득한 대항력 또는 우선변제권을 상실하지 아니한다.

09 **「주택임대차보호법」에 관한 설명으로 옳지 않은 것은?** 상중하

① 임차권은 임차주택에 대하여 「민사집행법」에 의한 경매가 행하여진 경우에는 그 임차주택의 매각에 의하여 소멸한다. 다만, 보증금이 전액 변제되지 아니한 대항력이 있는 임차권은 그러하지 아니하다.

② 임차인이 임차주택에 대하여 보증금반환청구소송의 확정판결 기타 이에 준하는 집행권원에 기한 경매를 신청하는 경우에는 반대의무의 이행 또는 이행의 제공을 집행개시의 요건으로 하지 아니한다.

③ 주거용 건물의 임대차는 그 등기가 없는 경우에도 임차인이 주택의 인도와 주민등록을 마친 때에는 그 다음 날부터 제3자에게 대하여 효력이 생긴다. 이 경우 전입신고를 한 때에 주민등록이 된 것으로 본다.

④ 대항요건과 임대차계약증서상의 확정일자를 갖춘 임차인은 「민사집행법」에 의한 경매 또는 「국세징수법」에 의한 공매 시 임차주택(대지를 포함한다)의 환가대금에서 선순위물권자 기타 일반채권자보다 우선하여 보증금을 변제받을 권리가 있다.

⑤ 임차주택의 양수인(기타 임대할 권리를 승계한 자를 포함한다)은 임대인의 지위를 승계한 것으로 본다.

10 주택임대차계약에 관하여 개업공인중개사가 설명한 내용으로 옳은 것은? (다툼이 있으면 판례에 따름) 상중하

① 주택임대차로서 우선변제권을 취득한 것처럼 외관을 만들었을 뿐 실제 주택을 주거용으로 사용·수익할 목적을 갖지 아니한 계약은 무효이므로 「주택임대차보호법」이 정하고 있는 대항력을 부여할 수 없다고 설명했다.

② 저당권등기 이후에 임대인과의 합의에 의하여 보증금을 증액한 경우 보증금 중 증액부분에 관하여 저당권에 기하여 낙찰받은 자에게 대항할 수 있다고 설명했다.

③ 주택임차인이 주택의 인도와 주민등록을 마친 당일 또는 그 이전에 임대차계약서상에 확정일자를 갖춘 경우에 주택의 인도와 주민등록을 마친 날을 기준으로 우선변제권이 발생한다고 설명했다.

④ 확정일자를 받은 임대차계약서에 임대차 목적물을 표시하면서 아파트의 명칭과 그 전유부분 동·호수의 기재가 누락된 경우에는 「주택임대차보호법」에서 규정된 확정일자의 요건을 갖추었다고 볼 수 없다고 설명했다.

⑤ 사망 당시 임차인의 법정상속권자가 그 주택에서 가정공동생활을 하고 있지 아니한 때에는 그 주택에서 가정공동생활을 하던 사실상의 혼인관계에 있는 자가 임차인의 권리와 의무를 단독으로 승계한다고 설명했다.

11 개업공인중개사 甲의 중개로 丙은 2025.5.17. 乙 소유의 용인시 소재 X주택에 대하여 보증금 5천만원에 2년 기간으로 乙과 임대차계약을 체결하고, 계약 당일 주택의 인도와 주민등록 이전, 임대차계약증서상의 확정일자를 받았다. 丙이 임차권등기명령을 신청하는 경우 주택임대차보호법령의 적용에 관한 甲의 설명으로 옳은 것은? 상중하

① 丙은 임차권등기명령신청을 기각하는 결정에 대하여 항고할 수 없다.

② 丙이 임차권등기와 관련하여 든 비용은 乙에게 청구할 수 있으나, 임차권등기명령 신청과 관련하여 든 비용은 乙에게 청구할 수 없다.

③ 임차권등기명령의 집행에 따른 임차권등기를 마치면 丙은 대항력을 유지하지만 우선변제권은 유지하지 못한다.

④ 금융기관 등은 丙을 대위하여 임차권등기명령을 신청할 수 없다.

⑤ 임차권등기명령의 집행에 따라 임차권등기가 끝난 X주택을 임차한 임차인 丁은 소액보증금에 관한 최우선변제를 받을 권리가 없다.

12 **甲 소유의 X주택에 대하여 임차인 乙이 주택의 인도를 받고 2025.3.3. 10:00에 확정일자를 받으면서 주민등록을 마쳤다. 그런데 甲의 채권자 丙이 같은 날 16:00에, 다른 채권자 丁은 다음 날 16:00에 X주택에 대해 근저당권설정등기를 마쳤다. 임차인 乙에게 개업공인중개사가 설명한 내용으로 틀린 것은?** (다툼이 있으면 판례에 따름) 상중하

① 丁이 근저당권을 실행하여 X주택이 경매로 매각된 경우, 乙은 매수인에 대하여 임차권으로 대항할 수 없다.

② 丙 또는 丁 누구든 근저당권을 실행하여 X주택이 경매로 매각된 경우, 매각으로 인하여 乙의 임차권은 소멸한다.

③ 乙은 X주택의 경매 시 경매법원에 배당요구를 하면 丙과 丁보다 우선하여 보증금 전액을 배당받을 수 있다.

④ X주택이 경매로 매각된 후 乙이 우선변제권 행사로 보증금을 반환받기 위해서는 X주택을 먼저 매수인에게 인도하여야 한다.

⑤ X주택에 대해 乙이 집행권원을 얻어 강제경매를 신청하였더라도 우선변제권을 인정받기 위해 배당요구의 종기까지 별도로 배당요구를 하여야 하는 것은 아니다.

PART 2

13 **주택임대차계약에 대하여 개업공인중개사가 중개의뢰인에게 설명한 내용으로 틀린 것은?** (다툼이 있으면 판례에 따름) 상중하

㉠ 임차인이 주택의 인도를 받고 주민등록을 마친 날과 제3자의 저당권설정등기일이 같은 날이면 임차인은 저당권 실행으로 그 주택을 취득한 매수인에게 대항하지 못한다. ㉡ 주택임대차계약이 묵시적으로 갱신된 경우, 임차인은 언제든지 임대인에게 계약해지를 통지할 수 있다. ㉢ 소액임차인의 최우선변제권은 주택가액(대지가액 포함)의 3분의 1에 해당하는 금액까지만 인정된다. ㉣ 임차인이 사망한 경우에 사망 당시 상속권자가 그 주택에서 가정공동생활을 하고 있지 아니한 때에는 그 주택에서 가정공동생활을 하던 사실상의 혼인관계에 있는 자가 임차인의 권리와 의무를 승계한다.

① ㉠, ㉡
② ㉡, ㉣
③ ㉢, ㉣
④ ㉠, ㉡, ㉢
⑤ ㉠, ㉢, ㉣

제 3 절 | 상가건물 임대차보호법

대표문제 상가건물 임대차보호법

개업공인중개사가 상가건물을 임차하려는 중개의뢰인 甲에게 「상가건물 임대차보호법」의 내용에 관하여 설명한 것으로 틀린 것은? 기출응용 35회

① 甲이 상가임대차의 기간의 정함이 없거나 기간을 1년 미만으로 체결한 경우 그 임대차는 그 기간을 1년으로 본다.

② 임대인은 甲이 임대차기간이 만료되기 6개월 전부터 1개월 전까지의 사이에 계약갱신을 요구할 경우 정당한 사유 없이 거절하지 못한다.

③ 임대차계약을 체결하려는 甲은 임대인의 동의를 받아 관할 세무서장에게 건물의 확정일자 부여일 등 관련 정보의 제공을 요청할 수 있다.

④ 甲이 거짓이나 그 밖의 부정한 방법으로 임차한 경우 임대인은 甲의 계약갱신요구를 거절할 수 있다.

⑤ 건물의 경매 시 甲은 환가대금에서 우선변제권에 따른 보증금을 지급받은 이후에 건물을 양수인에게 인도하면 된다.

POINT

「상가건물 임대차보호법」의 적용범위와 관련 내용을 학습하여야 합니다.

해설

건물의 경매 시 환가대금에서 우선변제권에 따른 보증금을 지급받기 위하여 甲은 건물을 양수인에게 인도하였다는 증명을 하여야 한다.

정답 ⑤

14 **개업공인중개사가 중개의뢰인에게 「상가건물 임대차보호법」의 내용에 관하여 설명한 것으로 옳은 것을 모두 고른 것은?** 상중하

㉠ 대통령령으로 정하는 보증금액을 초과하는 임대차인 경우에도 「상가건물 임대차보호법」상 임차인의 계약갱신요구권은 인정된다.
㉡ 임대인은 임차인이 임대차기간 만료 전 6개월부터 2개월까지 사이에 행하는 계약갱신요구에 정당한 사유 없이 거절하지 못한다.
㉢ 임대인의 동의를 받고 전대차계약을 체결한 전차인은 임차인의 계약갱신요구권 행사기간 이내에 임차인을 대위하여 임대인에게 계약갱신요구권을 행사할 수 있다.

① ㉠
② ㉡
③ ㉠, ㉢
④ ㉡, ㉢
⑤ ㉠, ㉡, ㉢

15 **「상가건물 임대차보호법」에 관한 설명으로 옳지 <u>않은</u> 것은?** 상중하

① 이 법은 지역별로 보증금과 월차임에 100을 곱한 금액의 합계액이 일정금액을 초과하는 상가임대차에는 원칙적으로 적용이 없다.
② 상가건물의 일부분을 임차하는 경우에는 사업자등록신청 시에 그 임차부분을 표시한 도면을 첨부하여야 그 사업자등록이 제3자에 대한 관계에서 유효한 임대차의 공시방법이 될 수 있다.
③ 임차인의 계약갱신요구권은 최초의 임대차기간을 포함한 전체 임대차기간이 10년을 초과하지 않는 범위 내에서만 행사할 수 있다.
④ 임대차가 종료한 경우에도 임차인이 보증금을 돌려받을 때까지는 임대차관계는 존속하는 것으로 본다.
⑤ 대항요건을 갖추고 관할 등기소에서 확정일자를 받은 임차인은 경매나 압류부동산 공매 시에 환가대금에서 후순위권리자 그 밖의 채권자보다 우선하여 보증금을 변제받을 권리가 있다.

16 **개업공인중개사가 2025.2.15. 서울특별시에 소재하는 甲 소유의 상가에 대하여 乙과 임대차계약을 중개하면서 설명한 내용으로 옳은 것은?** 상중하

① 보증금 4억원에 월세 600만원이고, 사업자등록의 대상이 되는 상가건물이면 「상가건물 임대차보호법」의 적용대상이 된다.

② 임대차계약을 체결한 임차인이 건물을 인도받고 사업자등록신청을 하면 그날 0시부터 제3자에게 대항력을 행사할 수 있다.

③ 만약 보증금이 5천만원이고 월세가 30만원인 경우 임차인이 경매등기 전에 대항요건을 구비하였다면 동 상가건물이 경매처분될 경우 경락가액의 2분의 1 범위 안에서 보증금 중 일정액에 대하여는 최우선변제를 받을 수 있다.

④ 경제사정의 변동 등으로 인한 임대인의 차임 또는 보증금의 증액청구는 청구 당시의 차임 또는 보증금의 100분의 5를 초과하지 못한다.

⑤ 임대인은 임차인이 임대차기간 만료 전 6개월부터 1개월까지 사이에 행하는 계약갱신요구에 대하여 최초의 임대차기간을 제외하고 10년을 초과하지 않는 범위 내에서 정당한 사유 없이 거절하지 못한다.

17 **개업공인중개사가 「상가건물 임대차보호법」상 권리금을 설명하고 있다. 다음 중 틀린 것은?** (다툼이 있으면 판례에 따름) 상중하

① 권리금 계약이란 신규임차인이 되려는 자가 임차인에게 권리금을 지급하기로 하는 계약을 말한다.

② 임대인은 임대차기간이 끝나기 3개월 전부터 임대차종료 시까지 임차인이 주선한 신규임차인이 되려는 자로부터 권리금을 지급받는 것을 방해해서는 아니 된다.

③ 임대인은 임차인이 주선한 신규임차인이 되려는 자에게 현저히 고액의 차임과 보증금을 요구하는 행위를 하여서는 아니 된다.

④ 임대차 목적물인 상가건물을 1년 6개월 이상 영리목적으로 사용하지 아니한 경우 임대인은 임차인이 주선한 신규임차인이 되려는 자와 임대차계약의 체결을 거절할 수 있는 정당한 사유가 있는 것으로 본다.

⑤ 임대인에게 손해배상을 청구할 권리는 임대차가 종료한 날부터 3년 이내에 행사하지 아니하면 시효의 완성으로 소멸한다.

18 **개업공인중개사 甲의 중개로 乙은 丙 소유의 서울특별시 소재 X상가건물에 대하여 보증금 15억원에 1년 기간으로 丙과 임대차계약을 체결하였다. 乙은 X건물을 인도받아 2025.3.20. 사업자등록을 신청하였으며 2025.3.23. 임대차계약서상의 확정일자를 받았다. 이 사례에서 상가건물 임대차보호법령의 적용에 관한 甲의 설명으로 틀린 것은?**

상 중 하

① 乙은 2025.3.21. 대항력을 취득한다.

② 乙은 2025.3.23. 확정일자를 받았지만 확정일자에 의한 우선변제권을 취득하지 못한다.

③ 丙은 乙이 임대차기간이 만료되기 6개월 전부터 2개월 전까지 사이에 계약갱신을 요구할 경우, 정당한 사유 없이 거절하지 못한다.

④ 乙의 계약갱신요구권은 최초의 임대차기간을 포함한 전체 임대차기간이 10년을 초과하지 아니하는 범위에서만 행사할 수 있다.

⑤ 乙의 계약갱신요구권에 의하여 갱신되는 임대차는 전 임대차와 동일한 조건으로 다시 계약된 것으로 본다.

PART 2

19 **개업공인중개사가 선순위저당권이 설정되어 있는 서울시 소재 상가건물**(상가건물 임대차보호법이 적용됨)**에 대해 임대차기간 2025.5.1.부터 1년, 보증금 5천만원, 월차임 200만원으로 임대차를 중개하면서 임대인 甲과 임차인 乙에게 설명한 내용으로 옳은 것은?**

상 중 하

① 乙의 연체차임액이 400만원에 이르는 경우 甲은 계약을 해지할 수 있다.

② 차임 또는 보증금의 감액이 있은 후 1년 이내에는 다시 감액을 하지 못한다.

③ 甲은 乙이 임대차기간 만료 전 6개월부터 2개월까지 사이에 행하는 계약갱신요구에 대하여 정당한 사유 없이 이를 거절하지 못한다.

④ 상가건물에 대한 경매개시 결정등기 전에 乙이 건물의 인도와 「부가가치세법」에 따른 사업자등록을 신청한 때에는, 보증금 5천만원을 선순위저당권자보다 우선변제받을 수 있다.

⑤ 乙이 임대차의 등기 및 사업자등록을 마치지 못한 상태에서 2026.4.15. 甲이 상가건물을 丙에게 매도한 경우, 丙의 상가건물 인도청구에 대하여 乙은 대항할 수 없다.

20 甲과 乙은 2025.4.15. 서울특별시 소재 甲 소유 X상가건물에 대하여 보증금 6억원, 월차임 600만원으로 하는 임대차계약을 체결한 후, 乙은 X건물을 인도받고 사업자등록을 신청하였다. 이 사안에서 개업공인중개사가 「상가건물 임대차보호법」의 적용과 관련하여 설명한 내용으로 틀린 것을 모두 고른 것은? (일시사용을 위한 임대차계약은 고려하지 않음)

상중하

㉠ 甲과 乙이 계약기간을 정하지 않은 경우 그 기간을 1년으로 본다. ㉡ 乙의 계약갱신요구권은 최초의 임대차기간을 포함한 전체 임대차기간이 10년을 초과하지 않는 범위 내에서 행사할 수 있다. ㉢ 乙의 차임연체액이 2기의 차임액에 달하는 경우 甲은 임대차계약을 해지할 수 있다. ㉣ 乙은 사업자등록 신청 후 X건물에 대하여 저당권을 취득한 丁보다 경매절차에서 우선하여 보증금을 변제받을 권리는 없다.

① ㉢
② ㉠, ㉣
③ ㉡, ㉢
④ ㉠, ㉢
⑤ ㉡, ㉢, ㉣

제 4 절 | 부동산경매 · 공매

대표문제 민사집행법상 경매

공인중개사법령상 개업공인중개사가 다음의 행위를 하기 위하여 법원에 등록해야 하는 것을 모두 고른 것은? (단, 법 제7638호 부칙 제6조 제2항은 고려하지 않음) 기출응용 35회

> ㉠ 「민사집행법」에 의한 경매대상 부동산의 매수신청의 대리
> ㉡ 「민사집행법」에 의한 경매대상 부동산의 알선
> ㉢ 「국세징수법」에 의한 공매대상 부동산의 입찰신청의 대리
> ㉣ 「국세징수법」에 의한 공매대상 부동산의 알선

① ㉠
② ㉠, ㉡
③ ㉡, ㉣
④ ㉠, ㉡, ㉢
⑤ ㉠, ㉢, ㉣

POINT

경매권리분석 및 절차에 관하여 학습하여야 합니다.

해설

개업공인중개사가 「민사집행법」에 의한 경매대상 부동산에 대하여 매수신청 또는 입찰신청의 대리를 하고자 하는 때에는 대법원규칙으로 정하는 요건을 갖추어 법원에 등록하고 그 감독을 받아야 한다. 따라서 법원에 등록하여야 하는 것은 ㉠이다.

정답 ①

최신 기출응용 34회

21 매수신청대리인으로 등록한 개업공인중개사가 X부동산에 대한 「민사집행법」상 경매절차에서 매수신청대리의 위임인에게 설명한 내용으로 틀린 것은? (다툼이 있으면 판례에 따름) 상중하

① 말소기준권리보다 먼저 설정된 전세권은 배당요구의 종기까지 배당요구를 하여도 매수인이 인수하여야 하는 권리에 해당한다.

② X부동산에 대한 경매개시결정의 기입등기 전에 유치권을 취득한 자는 경매절차의 매수인에게 자기의 유치권으로 대항할 수 있다.

③ 최선순위의 지역권은 경매절차의 매수인이 인수한다.

④ 후순위저당권자의 신청에 의한 경매라 하여도 선순위저당권자의 저당권은 매각으로 소멸한다.

⑤ 집행법원은 배당요구의 종기에 대하여 경매개시결정에 따른 압류의 효력이 생긴 때부터 1주 이내에 결정하여 공고하여야 한다.

최신 기출응용 33회

22 매수신청대리인으로 등록한 개업공인중개사가 매수신청대리 위임인에게 「민사집행법」의 내용에 관하여 설명한 것으로 틀린 것은? (다툼이 있으면 판례에 따름) 상중하

① 저당권, 근저당권, 담보가등기, 가압류, 경매신청기입등기, 압류는 순위에 상관없이 매각으로 무조건 소멸한다.

② 전세권 및 등기된 임차권은 저당권·압류채권·가압류채권에 대항할 수 없는 경우에는 매각으로 소멸된다.

③ 경매개시결정의 등기가 된 후에 취득(점유를 개시)한 유치권은 말소기준권리보다 먼저 설정되었건 나중에 설정되었건 무조건 낙찰자가 인수하여야 한다.

④ 최선순위 전세권은 그 전세권자가 배당요구를 하면 매각으로 소멸된다.

⑤ 배당요구의 종기는 경매개시결정에 따른 압류의 효력이 생긴 때부터 1주 이내에 결정하여 공고하여야 한다.

23 「민사집행법」상 부동산경매 절차에서 입찰에 참가할 수 있는 자는? 상중**하**

① 채무자
② 물건현황조사를 실시한 집행관
③ 물상보증인, 채무자의 가족
④ 해당 물건에 대하여 최저경매가격을 평가한 감정인
⑤ 재매각에 있어서의 이전 낙찰자

24 법인인 개업공인중개사가 경매의뢰인에게 경매 관련 권리분석을 설명한 내용으로 틀린 것은? 상**중**하

① 경매를 통하여 토지거래허가구역 내 농지를 취득하고자 하는 경우 토지거래허가는 받을 필요가 없다.
② 농업인이 아닌 자가 경매농지의 최고가매수신고인인 경우 농지취득자격증명을 제출하여야 매각허가결정을 받을 수 있다.
③ 채무자 및 소유자가 한 매각허가에 대한 항고가 기각된 때에는 항고인은 보증으로 제공한 금전이나 유가증권을 돌려줄 것을 요구하지 못한다.
④ 경매개시결정등기 전에 성립한 유치권, 법정지상권, 분묘기지권은 그 성립순위에 관계없이 항상 매수인에게 인수된다.
⑤ 매각허가결정에 대하여 항고를 하고자 하는 사람은 보증으로 최저매각금액의 10분의 1에 해당하는 금전 또는 법원이 인정한 유가증권을 공탁하여야 한다.

25 「민사집행법」에 따른 법원경매 절차상 재매각과 새 매각에 관한 설명으로 옳은 것은?

상중하

① 매각기일 연기신청이 있을 경우 새로운 매각기일을 정하여 재매각을 실시한다.

② 새 매각의 경우 예외 없이 최저매각가격을 저감하여 실시한다.

③ 농지를 매수한 자가 매각결정기일까지 농지취득자격증명서를 제출하지 못하였을 경우 최저매각가격을 저감하여 새 매각을 실시한다.

④ 매각기일에 허가할 매수가격의 신고가 없어 새로운 매각기일을 정하여 실시하는 경우 최저매각가격을 저감하여 새 매각을 실시한다.

⑤ 최고가 매수신고인 또는 차순위매수신고인이 매각대금을 납부하지 않았을 경우 최저매각가격을 저감하여 재매각을 실시한다.

26 법원경매에서 경매로 소멸되는 권리가 <u>아닌</u> 것은?

상중하

① 1순위 저당권과 2순위로 대항요건을 갖춘 임차인이 있으며, 3순위로 가압류등기가 경료된 경우 3순위 가압류채권자의 경매신청 시 2순위 임차권

② 선순위로 저당권이 설정되었고, 후순위로 경매등기 전에 설정된 유치권

③ 최선순위전세권자가 배당요구를 한 경우 그 전세권

④ 최선순위로 담보가등기가 설정된 경우 그 담보가등기

⑤ 선순위로 저당권이 설정되어 있고, 후순위로 지상권이 설정된 경우 그 지상권

27 **매수신청대리인으로 등록한 개업공인중개사가 매수신청대리 위임인에게 「민사집행법」에 따른 부동산경매에 관하여 설명한 내용으로 틀린 것은?** 상중하

① 매각대상 부동산에 경매개시결정의 기입등기가 마쳐진 후 유치권을 취득한 자에 대하여 매수인은 그 유치권으로 담보하는 채권을 변제할 책임이 없다.

② 차순위매수신고는 그 신고액이 최고가매수신고액에서 그 보증액을 뺀 금액을 넘는 때에만 할 수 있다.

③ 매수인은 매각대금을 다 낸 때에 매각의 목적인 권리를 취득한다.

④ 재매각절차에서는 전(前)의 매수인은 매수신청을 할 수 없지만, 매수신청의 보증을 돌려줄 것을 요구할 수 있다.

⑤ 후순위저당권자가 경매신청을 하였더라도 매각부동산 위의 모든 저당권은 매각으로 소멸된다.

PART 2

28 **법원은 X부동산에 대하여 담보권 실행을 위한 경매절차를 개시하는 결정을 내렸고, 최저매각가격을 2억원으로 정하였다. 기일입찰로 진행되는 이 경매에서 매수신청을 하고자 하는 중개의뢰인 甲에게 개업공인중개사가 설명한 내용으로 옳은 것은?** 상중하

① 甲이 2억 2천만원에 매수신청을 하려는 경우, 법원에서 달리 정함이 없으면 2천200만원을 보증금액으로 제공하여야 한다.

② 최고가매수신고를 한 사람이 2명인 때에는 법원은 그 2명뿐만 아니라 모든 사람에게 다시 입찰하게 하여야 한다.

③ 甲이 다른 사람과 동일한 금액으로 최고가매수신고를 하여 다시 입찰하는 경우, 전의 입찰가격에 못미치는 가격으로 입찰하여 매수할 수 있다.

④ 2억 5천만원의 최고가매수신고인이 있는 경우, 법원에서 보증금액을 달리 정하지 않았다면 甲이 차순위매수신고를 하기 위해서는 신고액이 2억 3천만원을 넘어야 한다.

⑤ 甲이 차순위매수신고인인 경우 매각기일이 종결되면 즉시 매수신청의 보증을 돌려줄 것을 신청할 수 있다.

대표문제 매수신청대리인의 등록

개업공인중개사 甲은 「공인중개사의 매수신청대리인 등록 등에 관한 규칙」에 따라 매수신청대리인으로 등록한 후 乙과 매수신청대리에 관한 위임계약을 체결하였다. 이에 관한 설명으로 옳은 것은?

기출응용 35회

① 甲이 법인이고 분사무소를 2개 둔 경우 매수신청대리에 따른 손해배상책임을 보장하기 위하여 설정해야 하는 보증의 금액은 8억원 이상이다.

② 甲은 매수신청대리 사건카드에 乙에게서 위임받은 사건에 관한 사항을 기재하고 서명·날인한 후 이를 3년간 보존해야 한다.

③ 甲은 매수신청대리 대상물에 대한 확인·설명 사항을 서면으로 작성하여 사건카드에 철하여 5년간 보존해야 하며 乙에게 교부할 필요는 없다.

④ 등기사항증명서는 甲이 乙에게 제시할 수 있는 매수신청대리 대상물에 대한 설명의 근거자료에 해당하지 않는다.

⑤ 甲이 중개사무소를 이전한 경우 7일 이내에 乙에게 통지하고 지방법원장에게 그 사실을 신고해야 한다.

POINT

매수신청대리인의 등록에 관하여 학습하여야 합니다.

해설

② 甲은 매수신청대리 사건카드에 乙에게서 위임받은 사건에 관한 사항을 기재하고 서명·날인한 후 이를 5년간 보존해야 한다.

③ 甲은 매수신청대리 대상물에 대한 확인·설명 사항을 서면으로 작성하여 사건카드에 철하여 5년간 보존해야 하며 乙에게 교부하여야 한다.

④ 등기사항증명서는 甲이 乙에게 제시할 수 있는 매수신청대리 대상물에 대한 설명의 근거자료에 해당한다.

⑤ 甲이 중개사무소를 이전한 경우 10일 이내에 지방법원장에게 그 사실을 신고해야 한다.

정답 ①

최신 기출응용 34회

29 **「공인중개사의 매수신청대리인 등록 등에 관한 규칙」에 따른 개업공인중개사의 매수신청대리에 관한 설명으로 옳은 것은?** (다툼이 있으면 판례에 따름) 상 중 하

① 개업공인중개사는 공유자의 우선매수신고에 관한 행위를 위임받아 행할 수 없다.
② 공유자의 우선매수신고에 따라 차순위매수신고인으로 보게 되는 경우 그 차순위매수신고인의 지위를 포기하는 행위는 매수신청대리권의 범위에 속하지 않는다.
③ 소속공인중개사도 매수신청대리인으로 등록할 수 있다.
④ 개업공인중개사는 매수신청대리 사건카드를 비치하고, 사건을 위임받은 때에는 사건카드에 필요한 사항을 기재하고 서명·날인한 후 3년간 보존하여야 한다.
⑤ 개업공인중개사는 매수신청대리행위를 함에 있어서 매각장소 또는 집행법원에 직접 출석하여야 한다.

PART 2

최신 기출응용 32회

30 **매수신청대리인으로 등록한 개업공인중개사 甲이 매수신청대리 위임인 乙에게 「공인중개사의 매수신청대리인 등록 등에 관한 규칙」에 관하여 설명한 내용으로 <u>틀린</u> 것은?** (단, 위임에 관하여 특별한 정함이 없음) 상 중 하

① 甲의 매수신고액이 차순위이고 최고가매수신고액에서 그 보증액을 뺀 금액을 넘는 때에만 甲은 차순위매수신고를 할 수 있다.
② 甲은 乙을 대리하여 입찰표를 작성·제출할 수 있다.
③ 甲의 입찰로 乙이 최고가매수신고인이나 차순위매수신고인이 되지 않은 경우, 甲은 「민사집행법」에 따라 매수신청의 보증을 돌려줄 것을 신청할 수 있다.
④ 乙의 甲에 대한 보수의 지급시기는 당사자 간 약정이 없으면 매각대금의 지급기한일로 한다.
⑤ 甲은 기일입찰의 방법에 의한 매각기일에 매수신청대리행위를 할 때 집행법원이 정한 매각장소 또는 집행법원에 소속공인중개사를 대리하여 출석하게 할 수 있다.

31 다음 (　　)에 들어갈 금액으로 옳은 것은? 상중하

> 법원에 매수신청대리인으로 등록된 개업공인중개사 甲은 乙로부터 매수신청대리의 위임을 받았다. 甲은 법원에서 정한 최저매각가격 3억원의 부동산입찰(보증금액은 최저매각가격의 10분의 1)에 참여하였다. 최고가매수신고인의 신고액이 3억 5천만원인 경우, 甲이 乙의 차순위매수신고를 대리하려면 그 신고액이 (　　)원을 넘어야 한다.

① 3천만
② 3억
③ 3억 1천만
④ 3억 1천5백만
⑤ 3억 2천만

32 매수신청대리인의 등록에 관한 설명으로 옳지 않은 것은? 상중하

① 매수신청대리인 등록 시 대법원규칙에서 정하는 보증보험 또는 공제에 가입하였거나 공탁을 하여야 한다.
② 매수신청대리인으로 등록하고자 하는 공인중개사인 개업공인중개사는 2억원, 법인인 개업공인중개사는 4억원, 법인의 분사무소에는 1개소당 2억원 이상을 추가로 업무보증을 설정하여야 한다.
③ 매수신청대리인 등록이 취소된 후 3년이 지나지 아니한 자는 등록할 수 없다.
④ 부동산경매에 관한 실무교육을 이수하여야 한다.
⑤ 매수신청대리인이 되고자 하는 개업공인중개사는 법원행정처장에게 매수신청대리인 등록을 하여야 한다.

33 「공인중개사의 매수신청대리인 등록 등에 관한 규칙」 및 예규상 매수신청대리인 등록 등에 관한 설명으로 옳지 <u>않은</u> 것은? 상중하

① 법인인 개업공인중개사가 분사무소를 두는 경우에는 분사무소마다 2억원 이상을 추가로 설정하여야 한다.

② 개업공인중개사는 등록증·매수신청대리 등 보수표 그 밖에 예규가 정하는 사항을 해당 중개사무소 안의 보기 쉬운 곳에 게시하여야 한다.

③ 지방법원장은 매수신청대리인 등록을 한 자에 대해서는 매수신청대리인등록증을 교부하여야 한다.

④ 매수신청대리인 등록을 하였다가 폐업신고 후 3년 이내에 다시 등록신청을 하고자 하는 자는 실무교육을 이수하지 아니하여도 된다.

⑤ 매수신청대리인 등록신청수수료는 공인중개사인 개업공인중개사의 경우 20,000원, 법인인 개업공인중개사의 경우 30,000원이고, 정부수입인지로 납부하여야 한다.

34 「공인중개사의 매수신청대리인 등록 등에 관한 규칙」 및 예규상 매수신청대리인인 개업공인중개사가 매수신청대리의 위임을 받은 경우 매수신청대리권의 범위로 볼 수 <u>없는</u> 것은? 상중하

① 매수신청보증의 제공

② 입찰표의 작성 및 제출

③ 차순위매수신고

④ 공유자의 우선매수신고

⑤ 인도명령신청 및 대금납부

35 「공인중개사의 매수신청대리인 등록 등에 관한 규칙」의 내용에 관한 설명으로 틀린 것은?

상중하

① 개업공인중개사는 매수신청대리에 관하여 위임인으로부터 예규에서 정한 보수의 범위 안에서 소정의 보수를 받는다.

② 개업공인중개사는 매수신청대리행위를 함에 있어서 매각장소 또는 집행법원에 직접 출석하여야 한다.

③ 매수신청대리인으로 등록한 개업공인중개사는 동일 부동산에 대하여 이해관계가 다른 2인 이상의 대리인이 되는 행위를 하여서는 아니 된다.

④ 매수신청대리인 등록을 하고자 하는 개업공인중개사는 등록신청일 전 1년 이내에 중개사무소가 있는 곳을 관할하는 지방법원의 장이 지정하는 교육기관에서 부동산경매에 관한 실무교육을 이수하여야 한다.

⑤ 매수신청대리인이 되고자 하는 개업공인중개사는 지방법원의 장에게 매수신청대리인 등록을 하여야 한다.

36 「공인중개사의 매수신청대리인 등록 등에 관한 규칙」 및 예규상 매수신청대리 업무를 수행하는 개업공인중개사의 금지행위에 포함되지 않는 것은?

상중하

① 매수신청대리인이 된 사건에 있어서 매수신청인으로서 매수신청을 하는 행위

② 경매·입찰방해죄에 해당하는 행위

③ 명의대여를 하거나 매수신청대리인등록증을 대여 또는 양도하는 행위

④ 동일 부동산에 대하여 이해관계가 다른 2인 이상의 대리인이 되는 행위

⑤ 다른 개업공인중개사의 매수신청대리인이 되는 행위

37 「공인중개사의 매수신청대리인 등록 등에 관한 규칙」 및 예규상 매수신청대리인 등록의 결격사유가 아닌 것은? 상중하

① 매수신청대리인 등록이 취소된 후 3년이 지나지 아니한 자
② 매수신청대리 업무정지처분을 받고 폐업신고를 한 자로서 업무정지기간이 경과되지 아니한 자
③ 매수신청대리 업무정지처분을 받은 개업공인중개사인 법인의 업무정지의 사유가 발생한 당시의 사원 또는 임원이었던 자로서 해당 개업공인중개사에 대한 업무정지기간이 경과되지 아니한 자
④ 민사집행절차에서의 매각에 관하여 유죄판결을 받고 3년이 지나지 아니한 자
⑤ 매수신청대리인 등록의 결격사유에 해당하는 자가 사원 또는 임원으로 있는 법인인 개업공인중개사

PART 2

38 「공인중개사의 매수신청대리인 등록 등에 관한 규칙」 및 예규상 「민사집행법」상 경매대상 부동산에 관한 매수신청대리인 등록에 대한 설명으로 옳은 것은? 상중하

① 매수신청대리인 등록신청을 받은 지방법원장은 7일 이내에 개업공인중개사의 종별에 따라 구분하여 등록을 하여야 한다.
② 매수신청대리인 등록을 하고자 하는 개업공인중개사는 등록신청일 전 1년 이내에 지방법원장이 지정하는 교육기관에서 부동산경매에 관한 실무교육을 이수하여야 한다.
③ 매수신청대리인으로 등록한 개업공인중개사는 동일 부동산에 대하여 이해관계가 다른 2인 이상의 대리인이 되는 행위를 할 수 있다.
④ 매수신청대리인 등록을 하고자 하는 공인중개사인 개업공인중개사는 매수신청대리인 등록을 신청하기 전에 2억원 이상의 보증을 설정하여야 한다.
⑤ 매수신청대리에 관하여 최고가 매수신고인으로 된 경우 매수신청대리인으로 등록한 개업공인중개사는 감정가의 1.5%와 최저매각가격의 1% 범위 안에서 당사자와 협의하여 보수를 결정한다.

39 「공인중개사의 매수신청대리인 등록 등에 관한 규칙」 및 예규상 매수신청대리인 등록을 한 개업공인중개사가 매수신청대리의 위임을 받은 경우 확인·설명사항이 아닌 것은?

상 중 하

① 매수신청대리 대상물의 표시 및 권리관계
② 매수신청대리 보수
③ 매수신청대리 대상물의 경제적 가치
④ 법령의 규정에 따른 제한사항
⑤ 부담 및 인수하여야 할 사항

40 서울특별시 강남구에 주된 사무소를 두고 있는 법인인 개업공인중개사가 4개소 분사무소의 중개업을 영위하면서 동시에 경매부동산에 대한 상담 및 매수신청대리 업무도 하고 있다. 이때 법인인 개업공인중개사가 중개업무와 매수신청대리 업무에 대한 손해배상책임을 보장하기 위하여 설정하여야 하는 전체 보증금은 총 얼마 이상이어야 하는가?

상 중 하

① 10억원
② 12억원
③ 16억원
④ 20억원
⑤ 24억원

41 **매수신청대리와 관련된 개업공인중개사의 업무에 관한 설명으로 틀린 것은?** 상중하

① 개업공인중개사는 사건을 위임받은 때에는 사건카드에 필요한 사항을 기재하고, 서명·날인한 후 3년간 이를 보존하여야 한다.

② 서명·날인에는 「공인중개사법」 제16조의 규정에 따라 등록한 인장을 사용하여야 한다.

③ 개업공인중개사는 매수신청대리에 관하여 위임인으로부터 보수 이외의 명목으로 보수를 받거나 예규에서 정한 보수 이상을 받아서는 아니 된다.

④ 개업공인중개사가 매수신청대리를 위임받은 경우 매수신청대리 대상물의 권리관계, 경제적 가치, 매수인이 부담하여야 할 사항 등에 대하여 위임인에게 성실·정확하게 설명하고 등기사항증명서 등 설명의 근거자료를 제시하여야 한다.

⑤ 개업공인중개사는 위임계약을 체결한 경우 확인·설명사항을 서면으로 작성하여 서명·날인한 후 위임인에게 교부하고, 그 사본을 사건카드에 철하여 5년간 보존하여야 한다.

PART 2

42 **「공인중개사의 매수신청대리인 등록 등에 관한 규칙」의 내용으로 옳은 것은?** 상중하

① 중개사무소의 개설등록을 하지 않은 공인중개사라도 매수신청대리인으로 등록할 수 있다.

② 매수신청대리인으로 등록된 개업공인중개사는 매수신청대리행위를 함에 있어 매각장소 또는 집행법원에 소속공인중개사를 대리출석하게 할 수 있다.

③ 개업공인중개사는 매수신청대리 사건카드를 작성한 경우 서명·날인한 후 이를 5년간 보존하여야 한다.

④ 매수신청대리인으로 등록된 개업공인중개사는 매수신청대리의 위임을 받은 경우 법원의 부당한 매각허가결정에 대하여 항고할 수 있다.

⑤ 매수신청대리인으로 등록된 개업공인중개사는 본인의 인감증명서가 첨부된 위임장과 매수신청대리인등록증 사본을 한 번 제출하면 그 다음 날부터는 대리행위마다 대리권을 증명할 필요가 없다.

제 6 절 | 집합건물의 소유 및 관리에 관한 법률

대표문제 집합건물의 소유 및 관리에 관한 법률

개업공인중개사가 구분소유권의 목적인 건물을 매수하려는 중개의뢰인에게 「집합건물의 소유 및 관리에 관한 법률」에 관하여 설명한 내용으로 틀린 것은? 기출응용 35회

① 일부의 구분소유자만이 공용하도록 제공되는 것임이 명백한 공용부분은 구분소유자 전원의 공유에 속하지 않는다.

② 대지의 공유자는 그 대지에 구분소유권의 목적인 1동의 건물이 있을 경우 그 건물 사용에 필요한 범위의 대지에 대해 분할을 청구할 수 없다.

③ 구분소유자는 공용부분을 개량하기 위해서 필요한 범위에서 다른 구분소유자의 전유부분의 사용을 청구할 수 없다.

④ 전유부분이 속하는 1동의 건물의 설치 또는 보전의 흠으로 인하여 다른 자에게 손해를 입힌 경우에는 그 흠은 공용부분에 존재하는 것으로 추정한다.

⑤ 대지사용권을 가지지 아니한 구분소유자가 있을 때에는 그 전유부분의 철거를 청구할 권리를 가진 자는 그 구분소유자에 대하여 구분소유권을 시가(時價)로 매도할 것을 청구할 수 있다.

POINT

「집합건물의 소유 및 관리에 관한 법률」에 관하여 학습하여야 합니다.

해설

구분소유자는 공용부분을 개량하기 위해서 필요한 범위에서 다른 구분소유자의 전유부분의 사용을 청구할 수 있다.

정답 ③

최신 기출응용 34회

43 **개업공인중개사가 집합건물을 매수하려는 의뢰인에게 「집합건물의 소유 및 관리에 관한 법률」에 관하여 설명한 것으로 틀린 것은?** (다툼이 있으면 판례에 따름) 상중하

① 전유부분이란 구분소유권의 목적인 건물부분을 말한다.

② 소유자가 기존 건물에 증축을 하고 기존 건물에 마쳐진 등기를 증축한 건물의 현황과 맞추어 1동의 건물로서 증축으로 인한 건물표시변경등기를 마친 경우, 그 증축부분에 대해서도 구분소유권이 성립한다.

③ 구분소유자는 건물의 관리 및 사용에 관하여 구분소유자 공동의 이익에 어긋나는 행위를 하여서는 아니 된다.

④ 일부의 구분소유자만이 공용하도록 제공되는 것임이 명백한 공용부분은 그들 구분소유자의 공유에 속한다.

⑤ 일부공용부분의 관리에 관한 사항 중 구분소유자 전원에게 이해관계가 있는 사항은 그것을 공용하는 구분소유자 전원의 집회결의로써 결정한다.

최신 기출응용 33회

44 **개업공인중개사가 아파트를 매수하려는 의뢰인에게 「집합건물의 소유 및 관리에 관한 법률」의 내용에 관하여 설명한 것으로 틀린 것은?** 상중하

① 전유부분이 속하는 1동의 건물의 설치 또는 보존의 흠으로 인하여 다른 자에게 손해를 입힌 경우, 그 흠은 공용부분에 존재하는 것으로 추정하지 않는다.

② 구분소유자는 그 전유부분이나 공용부분을 보존하거나 개량하기 위하여 필요한 범위에서 다른 구분소유자의 전유부분 또는 자기의 공유에 속하지 아니하는 공용부분의 사용을 청구할 수 있다.

③ 공유자가 공용부분에 관하여 다른 공유자에 대하여 가지는 채권은 그 특별승계인에 대하여도 행사할 수 있다.

④ 대지 위에 구분소유권의 목적인 건물이 속하는 1동의 건물이 있을 때에는 그 대지의 공유자는 그 건물 사용에 필요한 범위의 대지에 대하여 분할을 청구하지 못한다.

⑤ 공용부분에 대해서는 일체성의 원칙이 적용된다. 즉, 공용부분은 그의 전유부분의 처분에 따르고, 공용부분에 대한 지분권만을 분리하여 처분할 수 없는 것이 원칙이다.

빠른 정답 CHECK!

PART 1 공인중개사법령

CHAPTER 01 | 총칙

해설집 p.2

01	③	02	③	03	①	04	③	05	④
06	①	07	⑤	08	①	09	④	10	②
11	③	12	⑤	13	⑤	14	④	15	⑤

CHAPTER 02 | 공인중개사제도

해설집 p.6

01	①	02	①	03	③	04	②	05	④
06	③	07	①	08	④	09	⑤		

CHAPTER 03 | 중개사무소 개설등록 및 결격사유

해설집 p.8

01	①	02	①	03	②	04	⑤	05	④
06	②	07	④	08	③	09	①	10	①
11	④	12	②	13	②	14	③	15	④
16	①	17	⑤	18	④	19	①	20	④
21	④	22	②	23	②	24	⑤		

CHAPTER 04 | 중개업무

해설집 p.15

01	⑤	02	④	03	④	04	③	05	③
06	⑤	07	③	08	④	09	④	10	①
11	②	12	④	13	①	14	④	15	③
16	⑤	17	③	18	③	19	⑤	20	③
21	②	22	③	23	②	24	⑤	25	⑤
26	③	27	④	28	①	29	①	30	④
31	②	32	①	33	⑤	34	④	35	①
36	②	37	⑤	38	②	39	②	40	⑤
41	⑤								

CHAPTER 05 | 중개계약 및 부동산거래정보망

해설집 p.25

01	②	02	④	03	⑤	04	⑤	05	③
06	③	07	④	08	③	09	④	10	⑤
11	④	12	①	13	②	14	②	15	⑤
16	④	17	④	18	⑤				

CHAPTER 06 | 개업공인중개사의 의무 및 책임

해설집 p.31

01	②	02	③	03	⑤	04	①	05	⑤
06	②	07	③	08	③	09	②	10	③
11	④	12	④	13	⑤	14	④	15	②

CHAPTER 07 | 손해배상책임과 반환채무이행보장

해설집 p.35

01	②	02	⑤	03	⑤	04	⑤	05	④
06	①	07	②	08	④	09	④	10	⑤

CHAPTER 08 | 중개보수

해설집 p.38

01	④	02	⑤	03	②	04	④	05	④
06	③	07	⑤	08	②	09	③	10	④
11	③								

CHAPTER 09 | 공인중개사협회 및 교육·보칙·신고센터 등

해설집 p.41

01	⑤	02	②	03	④	04	④	05	⑤
06	④	07	④	08	④	09	②	10	③
11	④	12	④	13	④	14	①	15	①
16	⑤	17	③	18	①	19	③	20	⑤
21	⑤								

CHAPTER 10 | 지도 · 감독 및 행정처분

해설집 p.48

01	④	02	⑤	03	③	04	④	05	①
06	②	07	②	08	⑤	09	⑤	10	⑤
11	③	12	③	13	④	14	⑤	15	④
16	①	17	④	18	②	19	⑤	20	⑤
21	②	22	②	23	②	24	②	25	④
26	②								

CHAPTER 11 | 벌칙(행정벌)

해설집 p.57

01	②	02	⑤	03	④	04	④	05	④
06	③	07	②	08	⑤	09	①	10	②
11	⑤	12	⑤						

CHAPTER 12 | 부동산 거래신고 등에 관한 법률

해설집 p.61

01	⑤	02	①	03	③	04	④	05	②
06	④	07	④	08	④	09	③	10	⑤
11	②	12	④	13	②	14	③	15	④
16	③	17	⑤	18	③	19	⑤	20	①
21	⑤	22	③	23	①	24	⑤	25	③
26	①	27	②	28	⑤	29	③	30	④
31	⑤	32	②	33	④	34	①	35	⑤
36	④	37	②	38	③	39	④	40	①

PART 2 중개실무

CHAPTER 01 | 중개실무 총설 및 중개의뢰접수

해설집 p.75

01	①	02	④

CHAPTER 02 | 중개대상물 조사 및 확인

해설집 p.75

01	②	02	①	03	③	04	④	05	⑤
06	①	07	③	08	②	09	①	10	②
11	①	12	④	13	②	14	①	15	④
16	③	17	③	18	③	19	①	20	③
21	③	22	④	23	③				

CHAPTER 03 | 개별적 중개실무

해설집 p.80

01	③	02	④	03	④	04	③	05	①
06	④	07	④	08	③	09	④	10	①
11	⑤	12	③	13	③	14	③	15	⑤
16	④	17	②	18	③	19	⑤	20	④
21	①	22	③	23	③	24	⑤	25	④
26	②	27	④	28	④	29	⑤	30	⑤
31	⑤	32	⑤	33	④	34	⑤	35	④
36	⑤	37	④	38	④	39	②	40	⑤
41	①	42	③	43	②	44	①		

START

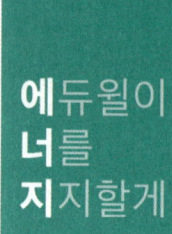

삶의 순간순간이
아름다운 마무리이며
새로운 시작이어야 한다.

– 법정 스님

memo

memo

memo

2025 에듀윌 공인중개사 2차 기출응용 예상문제집 공인중개사법령 및 중개실무

발 행 일	2025년 4월 18일 초판
편 저 자	임선정
펴 낸 이	양형남
펴 낸 곳	(주)에듀윌
I S B N	979-11-360-3685-8
등록번호	제25100-2002-000052호
주 소	08378 서울특별시 구로구 디지털로34길 55 코오롱싸이언스밸리 2차 3층

www.eduwill.net

대표전화 1600-6700

여러분의 작은 소리
에듀윌은 크게 듣겠습니다.

본 교재에 대한 여러분의 목소리를 들려주세요.
공부하시면서 어려웠던 점, 궁금한 점,
칭찬하고 싶은 점, 개선할 점, 어떤 것이라도 좋습니다.

에듀윌은 여러분께서 나누어 주신 의견을
통해 끊임없이 발전하고 있습니다.

에듀윌 도서몰 book.eduwill.net

- 부가학습자료 및 정오표: 에듀윌 도서몰 → 도서자료실
- 교재 문의: 에듀윌 도서몰 → 문의하기 → 교재(내용, 출간) / 주문 및 배송

2025

에듀윌 공인중개사 기출응용 예상문제집

2차 공인중개사법령 및 중개실무

오답 노트가 되는

정답 및 해설

eduwill

2025

에듀윌 공인중개사 기출응용 예상문제집

2차 공인중개사법령 및 중개실무

2025

에듀윌 공인중개사 기출응용 예상문제집

2차 공인중개사법령 및 중개실무

오답 노트가 되는

정답 및 해설

eduwill

PART

1 공인중개사법령

오답 NOTE

CHAPTER 01 총칙

01	③	02	③	03	①	04	③	05	④
06	①	07	⑤	08	①	09	④	10	②
11	③	12	⑤	13	⑤	14	④	15	⑤

01 공인중개사법의 제정목적

정답 ③

「공인중개사법」은 공인중개사의 업무 등에 관한 사항을 정하여 그 '전문성을 제고'하고 '부동산중개업'을 건전하게 육성하여 '국민경제에 이바지함'을 목적으로 한다(법 제1조).

02 용어의 정의

정답 ③

「공인중개사법」상 중개업은 불특정다수인을 상대로 계속적이고 반복적이면서 중개를 업으로 하여야 한다. 보수를 받고 오로지 토지만의 중개를 업으로 하는 경우라 하더라도 불특정다수인을 상대로 하는 행위이므로 중개업에 해당한다.

03 중개의 성립요건

정답 ①

㉠ 중개행위에 해당하는지 여부는 개업공인중개사가 진정으로 거래당사자를 위하여 거래를 알선·중개하려는 의사를 갖고 있었느냐고 하는 개업공인중개사의 주관적 의사에 의하여 결정할 것이 아니라, 개업공인중개사의 행위를 객관적으로 보아 사회통념상 거래의 알선·중개를 위한 행위라고 인정되는지 여부에 의하여 결정하여야 한다(대판 2005.10.7, 2005다32197).

04 중개의 성립요건

정답 ③

㉠ 「공인중개사법」상의 중개가 성립되기 위해서는 공인중개사법령에 규정된 물건을 전제로 알선하여야 한다. 동산은 「공인중개사법」상 중개대상물이 아니므로 동산질권은 중개대상인 권리에 해당하지 아니한다.

㉡ 광업권의 독립적인 이전은 중개대상물이 될 수 없으므로 「공인중개사법」상 중개대상인 권리에 해당하지 아니한다.

ⓒⓡⓑⓢ 「공인중개사법」상 중개대상인 권리에 해당한다.
ⓜ 분묘기지권은 중개대상인 권리에 해당하지 아니한다.

오답 NOTE

05 용어의 정의

정답 ④

① 중개를 행하는 것 ⇨ 중개를 업으로 행하는 것
② 취득한 개업공인중개사 ⇨ 취득한 자
③ 매매·교환·임대차에 관한 행위를 알선하는 것 ⇨ 매매·교환·임대차 그 밖의 권리의 득실변경에 관한 행위를 알선하는 것
⑤ 공인중개사인 자는 제외 ⇨ 공인중개사인 자를 포함

06 용어의 정의

정답 ①

중개사무소 개설등록을 하지 아니하고 부동산거래를 중개하면서 중개대상물의 거래당사자들로부터 중개보수를 현실적으로 받지 아니하고 단지 중개보수를 받을 것을 약속하거나 거래당사자들에게 중개보수를 요구하는 데 그친 경우에는 「공인중개사법」 제2조 제3호 소정의 '중개업'에 해당한다고 할 수 없다(대판 2006.9.22, 2006도4842).

07 용어의 정의

정답 ⑤

ⓐⓑⓒⓓ 모두 옳은 지문이다.

08 용어의 정의

정답 ①

② 반복, 계속성이나 영업성이 없이 우연한 기회에 타인 간의 임야매매 중개행위를 하고 보수를 받은 경우, 중개업에 해당하지 않는다. 중개업에 해당하려면 계속적이고 반복적인 중개행위가 있어야 한다.
③ 외국의 법에 따라 공인중개사자격을 취득한 자는 「공인중개사법」에서 정의하는 공인중개사에 해당하지 않는다.
④ 다른 사람의 의뢰에 의하여 일정한 보수를 받고 부동산에 대한 저당권설정 행위의 알선을 업으로 하는 경우, 그 행위의 알선이 금전소비대차의 알선에 부수하여 이루어졌다고 하더라도 중개업에 해당한다.
⑤ '중개보조원'이란 공인중개사가 아닌 자로서 개업공인중개사에 소속되어 중개대상물에 대한 현장안내 및 일반서무 등 개업공인중개사의 중개업무와 관련된 단순한 업무를 보조하는 자를 말한다.

오답 NOTE

09 중개대상물

정답 ④

중개대상물이 되기 위한 요건은 다음과 같다.

1. 법정중개대상물일 것: 토지, 건축물 그 밖의 토지의 정착물, 입목, 공장재단 및 광업재단
2. 사적 소유물로서 거래가 가능한 물건일 것
3. 중개행위의 개입이 필요하거나 개입이 가능한 물건일 것

따라서 위 조건을 모두 충족한 '개발제한구역 내 토지'가 중개대상물에 해당한다.

10 중개대상물

정답 ②

㉡, ㉢, ㉥, ㉦이 중개대상물에 해당한다. 중개대상물에 해당하려면 사적 소유(거래)의 대상이 되어야 한다.

이론+ 중개대상물

중개대상물인 것	중개대상물이 아닌 것
1. 법정중개대상물로서 사유물: 토지, 건축물(분양권 포함), 입목, 광업재단, 공장재단 • 공법상 제한이 있는 중개대상물: 토지거래허가구역, 접도구역 내 토지, 도로예정지인 사유지 • 사법상 제한이 있는 중개대상물: 가등기·가압류된 토지·건물, 도로예정지인 사유지, 법정지상권의 부담이 있는 토지 등 2. 상속·증여·낙찰받은 부동산 3. 분묘기지권의 부담을 받는 임야 등	1. 법정중개대상물이 아닌 것: 자동차, 기계, 선박, 항공기, 어업재단, 항만운송사업재단 2. 미채굴의 광물, 무주부동산, 포락지, 바닷가 3. 국·공유재산: 청사, 하천, 공원, 공도(국도 및 지방도로) 4. 입주권(입주자로 선정될 수 있는 지위) 5. 권리금(영업용 비품이나 노하우) 6. 재단으로부터 분리된 광업권·공업소유권 7. 세차장 구조물 등

11 중개대상물

정답 ③

㉡ 판례에 의하면, 영업용 건물의 영업시설·비품 등 유형물이나 거래처, 신용, 영업상의 노하우 또는 점포 위치에 따른 영업상의 이점 등의 무형의 재산적 가치는 중개대상물이라고 할 수 없다(대판 2009.1.15, 2008도9427).

12 중개대상물

정답 ⑤

㉠ 영업용 건물의 비품 등 유형물의 대가, 영업상의 노하우 등 무형물의 대가는 중개대상물에 해당하지 아니한다.

오답 NOTE

ⓛ 볼트로 조립된 세차장 구조물은 단순한 영업시설일 뿐 쉽게 분리·철거가 가능하므로 토지의 정착물에 해당하지 아니하며, 중개대상물에도 해당하지 아니한다.

ⓒ 공장 및 광업재단은 소유권보존등기 후 10개월 내에 저당권설정등기를 하지 않으면 재단등기의 효력은 소멸된다(공장 및 광업재단 저당법 제11조 제2항).

ⓡ 특정 동·호수가 지정되어 입주자로 선정된 지위를 가리키는 분양권은 장래의 건물로서 중개대상물이 되지만, 아파트 추첨기일에 당첨이 되면 아파트의 분양예정자로 선정될 수 있는 지위를 가리키는 입주권은 건물로 볼 수 없으며 중개대상물로 볼 수 없다.

ⓜ 입목등기 사실의 확인은 토지등기사항증명서 표제부를 통해 확인할 수 있다(입목에 관한 법률 제19조 제1항).

ⓑ 판례에 의하면, 아파트 전체의 건축이 완료됨으로써 분양대상이 될 세대들이 객관적으로 존재하여 분양목적물로의 현실적인 제공 또는 가능한 상태의 입주권은 중개대상물이 될 수 있다고 한다.

ⓢ 입목에 대하여 저당권이 설정된 경우 입목을 목적으로 하는 저당권의 효력은 입목을 베어낸 경우 그 토지로부터 분리된 수목에 대하여도 미친다(입목에 관한 법률 제4조 제1항).

13 중개대상물

정답 ⑤

ⓖ 견본주택은 「공인중개사법」 제3조에 해당하는 건축물로 볼 수 없으므로 중개대상물이 될 수 없다.

ⓛ 온천권이 토지소유권과 독립되는 물권이나 준물권으로 볼만한 관습이 있음을 인정할 만한 증거는 없는 데다가 온천수도 지하수의 일종이고 온천수의 용출 및 인수에 관한 시설이 그 토지 위의 건물에 상용되는 것인 이상 그 토지 및 건물과 함께 운명을 같이하는 종물로서 그 토지와 건물의 소유권을 취득한 자는 온천수와 그 용출 및 인수시설에 관한 지배권도 아울러 취득하는 것이다.

ⓒ 금전채권은 (구) 「공인중개사법」 제3조, 같은 법 시행령 제2조에서 정한 중개대상물이 아니다. 금전채권 매매계약을 중개한 것은 (구) 「공인중개사법」이 규율하고 있는 중개행위에 해당하지 않으므로, (구) 「공인중개사법」이 규정하고 있는 중개수수료의 한도액은 금전채권 매매계약의 중개행위에는 적용되지 않는다(대판 2019.7.11, 2017도13559).

ⓡ 선박의 경우는 톤수와 상관 없이 중개대상물이 되지 못한다.

14 중개대상물

정답 ④

ⓒ 판례에 의하면, 세차장 구조물은 주벽이라 할 만한 것이 없고, 볼트만 해체하면 쉽게 토지로부터 분리철거가 가능하므로 이를 토지의 정착물이라 볼 수는 없고 중개대상물이 되지 못한다(대판 2009.1.15, 2008도9427).

오답 NOTE

15 중개대상물

정답 ⑤

㉠ 피분양자가 선정된 장차 건축될 특정의 건물은 분양권을 의미하므로 중개대상물이 된다.
㉡ 점포 위치에 따른 영업상의 이점 등 무형의 재산적 가치는 권리금의 형태로 거래되며, 권리금은 중개대상물에 해당하지 않는다.
㉢ 무주의 부동산은 국가에 귀속되어 사적 소유권의 효력이 미치지 못하므로 중개대상물이 될 수 없다.
㉣ 판례에 의하면, 주택이 철거될 경우 일정한 요건하에 이주자택지를 공급받을 대토권은 중개대상물이 되지 않는다고 한다.

CHAPTER 02 공인중개사제도

01	①	02	①	03	③	04	②	05	④
06	③	07	①	08	④	09	⑤		

01 공인중개사 정책심의위원회

정답 ①

심의위원회 위원장은 국토교통부 제1차관이 되고, 위원은 국토교통부장관이 임명하거나 위촉한다.

02 공인중개사 정책심의위원회

정답 ①

㉢ 간사는 심의위원회의 위원장이 국토교통부 소속 공무원 중에서 지명한다.
㉣ 위원장이 부득이한 사유로 직무를 수행할 수 없을 때에는 위원장이 미리 지명한 위원이 그 직무를 대행한다(영 제1조의4 제2항).

03 공인중개사자격시험

정답 ③

① 국토교통부장관이 결정·공고하는 수수료를 납부하여야 한다.
② 공인중개사자격이 취소된 자는 3년간 공인중개사가 될 수 없으며, 3년간 중개보조원도 될 수 없다.
④ 공인중개사시험의 부정행위자는 해당 시험을 무효로 하고, 그 처분이 있은 날로부터 5년간 공인중개사가 될 수 없으나 중개보조원, 개업공인중개사인 법인의 임원·사원은 될 수 있다.
⑤ 자격증교부는 합격자의 결정·공고일로부터 1개월 이내에 시·도지사가 행한다.

오답 NOTE

PART 1

04 공인중개사자격시험 정답 ②

① 국토교통부장관이 직접 공인중개사자격시험의 시험문제를 출제하거나 시험을 시행하려는 경우에는 심의위원회의 의결을 미리 거쳐야 한다(영 제3조).
③ 시·도지사는 공인중개사시험의 합격자에게 공인중개사자격증을 교부해야 한다(규칙 제3조 제1항).
④ 시험시행기관장은 시험에서 부정한 행위를 한 응시자에 대하여는 그 시험을 무효로 하고, 그 처분이 있은 날부터 5년간 시험응시자격을 정지한다.
⑤ 시험시행기관장은 시험을 시행하려는 때에는 예정 시험일시·시험방법 등 시험시행에 관한 개략적인 사항을 매년 2월 말일까지 일간신문, 관보, 방송 중 하나 이상에 공고하고, 인터넷 홈페이지 등에도 이를 공고해야 한다(영 제7조 제2항).

05 공인중개사 정책심의위원회 정답 ④

㉠㉢㉣ 공인중개사 정책심의위원회의 심의사항에 해당한다.

이론+ 공인중개사 정책심의위원회의 심의사항

공인중개사의 업무에 관한 다음의 사항을 심의하기 위하여 국토교통부에 공인중개사 정책심의위원회를 둘 수 있다(법 제2조의2 제1항). 1. 공인중개사의 시험 등 공인중개사의 자격취득에 관한 사항 2. 부동산중개업의 육성에 관한 사항 3. 중개보수 변경에 관한 사항 4. 손해배상책임의 보장 등에 관한 사항

06 공인중개사 정책심의위원회 정답 ③

공인중개사 정책심의위원회에서 심의한 사항 중 공인중개사시험 등 공인중개사의 자격취득에 관한 사항의 경우에는 시·도지사는 이에 따라야 한다.

07 공인중개사 정책심의위원회 정답 ①

② 심의위원회의 회의는 재적위원 과반수의 출석으로 개의하고, 출석위원 과반수의 찬성으로 의결한다.
③ 위원의 임기는 2년으로 하되, 위원의 사임 등으로 새로 위촉된 위원의 임기는 전임위원 임기의 남은 기간으로 한다.
④ 심의위원회에 심의위원회의 사무를 처리할 간사 1명을 둔다.
⑤ 간사는 심의위원회의 위원장이 국토교통부 소속 공무원 중에서 지명한다.

오답 NOTE

08 공인중개사 정책심의위원회

정답 ④

심의위원회의 위원장이 부득이한 사유로 직무를 수행할 수 없을 때에는 위원장이 미리 지명한 위원이 그 직무를 대행한다(영 제1조의4 제2항).

09 공인중개사자격

정답 ⑤

등록관청이 다음 달 10일까지 협회에 통보하는 행정처분은 개업공인중개사에 대한 등록취소·업무정지에 한하며, 자격취소 및 자격정지처분은 협회에 대한 통보사항에 해당하지 않는다.

CHAPTER 03 중개사무소 개설등록 및 결격사유

01	①	02	①	03	②	04	⑤	05	④
06	②	07	④	08	③	09	①	10	①
11	④	12	②	13	②	14	③	15	④
16	①	17	⑤	18	④	19	①	20	④
21	④	22	②	23	②	24	⑤		

01 중개사무소의 개설등록

정답 ①

「공인중개사법」 제10조 제1항(결격사유)에 해당하지 아니함을 증명하는 서류를 제출하여야 하는 등록신청자는 외국인이나 외국에 주된 영업소를 둔 법인의 경우에 한정한다. 이 경우 제출하는 서류는 다음과 같다.

1. 외국 정부나 그 밖에 권한 있는 기관이 발행한 서류 또는 공증인이 공증한 신청인의 진술서로서 「재외공관 공증법」에 따라 그 국가에 주재하는 대한민국공관의 영사관이 확인한 서류
2. 「외국공문서에 대한 인증의 요구를 폐지하는 협약」을 체결한 국가의 경우에는 해당 국가의 정부나 공증인 그 밖의 권한이 있는 기관이 발행한 것으로서 해당 국가의 아포스티유(Apostille) 확인서 발급 권한이 있는 기관이 그 확인서를 발급한 서류

02 중개사무소의 개설등록

정답 ①

② 등록신청을 받은 등록관청은 개업공인중개사의 종별에 따라 구분하여 등록을 행하고, 개설등록 신청을 받은 날부터 7일 이내에 등록신청인에게 통지하여야 한다.

③ 등록관청은 등록증을 교부하는 때에는 손해배상책임을 보장하기 위한 보증의 설정 여부를 확인하여야 한다. 인장등록 여부는 등록증 교부 전에 확인하는 사항에 포함되지 않는다.
④ 휴업기간 중인 개업공인중개사는 그 기간 중에 해당 중개업을 폐업하고 다시 중개사무소의 개설등록을 신청할 수 있으나, 업무정지기간 중인 개업공인중개사는 그 기간 중에 해당 중개업을 폐업하고 다시 중개사무소의 개설등록을 신청할 수 없다.
⑤ 중개사무소의 개설등록을 신청하는 때에 인장등록신고를 같이 할 수 있으나, 손해배상책임을 보장하기 위한 업무보증의 설정은 등록증을 교부하기 전에 확인하여야 하는 사항으로서 중개사무소의 개설등록을 신청하는 때에 같이 할 수 없다.

오답 NOTE

PART 1

03 법인의 중개사무소 등록기준 정답 ②

법인의 등록기준으로 대표자는 공인중개사이어야 하며, 대표자를 제외한 임원 또는 사원(합명회사 또는 합자회사의 무한책임사원을 말한다)의 3분의 1 이상은 공인중개사이어야 한다.

04 중개사무소의 개설등록 정답 ⑤

① 공인중개사(소속공인중개사는 제외한다) 또는 법인이 아닌 자는 중개사무소의 개설등록을 신청할 수 없다.
② 소속공인중개사로서 고용관계 종료신고 후 1년 이내에 중개사무소의 개설등록을 신청하는 경우 실무교육은 이수하지 않아도 된다.
③ 건축물대장에 기재된 건물이라면 미등기건물이라도 중개사무소 개설등록을 할 수 있다.
④ 법인인 개업공인중개사로 등록신청을 받은 경우 등록관청은 「전자정부법」에 따라 행정정보의 공동이용을 통하여 법인등기사항증명서와 건축물대장을 확인하여야 한다.

05 법인의 중개사무소 등록기준 정답 ④

① 대표자는 공인중개사이어야 하고, 대표자를 제외한 임원 또는 사원의 3분의 1 이상이 공인중개사이어야 한다.
② 「상법」상 회사 또는 「협동조합 기본법」에 따른 협동조합(사회적 협동조합은 제외한다)으로서 자본금이 5천만원 이상이어야 한다.
③ 「공인중개사법」 제14조(중개업, 겸업)에 규정된 업무만을 영위할 목적으로 설립된 법인이어야 한다.
⑤ 건축물대장(가설건축물대장은 제외한다)에 기재된 건물로 중개사무소를 확보하여야 한다.

오답 NOTE

06 중개사무소의 개설등록

정답 ②

등록신청서상 개업공인중개사의 종별은 법인, 공인중개사로 구분되어 있다.

07 중개사무소의 개설등록

정답 ④

부칙 제6조 제2항에 규정된 개업공인중개사가 등록관청을 달리하여 공인중개사인 개업공인중개사로 업무를 계속하고자 하는 경우에는 등록신청서를 다시 제출하여야 한다.

08 중개사무소의 개설등록

정답 ③

분사무소는 주된 사무소의 소재지가 속한 시·군·구를 제외한 시·군·구에 설치하되, 시·군·구별로 1개소를 초과할 수 없다. 또한 분사무소에는 공인중개사를 책임자로 두어야 한다. 따라서 법인의 임원 중 공인중개사가 아닌 자는 분사무소의 책임자가 될 수 없다.

09 중개사무소의 개설등록

정답 ①

② 법인인 개업공인중개사의 등록기준으로 「상법」상 회사 또는 「협동조합 기본법」에 따른 협동조합(사회적 협동조합은 제외한다)으로서 자본금이 5천만원 이상이어야 한다. 따라서 자본금이 1천만원 이상인 「협동조합 기본법」상 협동조합은 개설등록을 할 수 없다.

③ 합명회사가 개설등록을 하려면 대표자는 공인중개사이어야 하며, 대표자를 제외한 임원 또는 사원의 3분의 1 이상이 공인중개사이어야 한다.

④ 법인인 개업공인중개사는 법 제14조에 규정된 업무만을 영위할 목적으로 설립된 법인이어야 한다. 따라서 법인 아닌 사단은 개설등록을 할 수 없다.

⑤ 중개사무소를 확보하는 것은 소유·전세·임대차 또는 사용대차 등의 방법에 의하여 사용권을 확보하여야 한다는 의미이다. 따라서 개설등록을 하기 위해 소유권에 의하여 사무소의 사용권을 확보하여야 하는 것은 아니다.

10 법인의 중개사무소 등록기준

정답 ①

분사무소 설치 시 분사무소의 책임자는 분사무소 설치신고일 전 1년 이내에 시·도지사가 실시하는 실무교육을 이수하여야 한다.

이론+ 법인인 개업공인중개사의 등록기준(영 제13조 제1항 제2호)

1. 「상법」상 회사 또는 「협동조합 기본법」에 따른 협동조합(사회적 협동조합은 제외한다)으로서 자본금이 5천만원 이상일 것
2. 「공인중개사법」 제14조에 규정된 업무만을 영위할 목적으로 설립된 법인일 것

3. 대표자는 공인중개사이어야 하며, 대표자를 제외한 임원 또는 사원(합명회사 또는 합자회사의 무한책임사원을 말한다)의 3분의 1 이상은 공인중개사일 것
4. 대표자, 임원 또는 사원 전원 및 분사무소의 책임자(분사무소를 설치하려는 경우에만 해당한다)가 실무교육을 받았을 것
5. 건축물대장(건축법 제20조 제5항에 따른 가설건축물대장은 제외한다)에 기재된 건물(준공검사, 준공인가, 사용승인, 사용검사 등을 받은 건물로서 건축물대장에 기재되기 전의 건물을 포함한다)에 중개사무소를 확보(소유·전세·임대차 또는 사용대차 등의 방법에 의하여 사용권을 확보하여야 한다)할 것

오답 NOTE

PART 1

11 법인의 중개사무소 등록기준 정답 ④

① 건축물대장에 기재된 건물에 중개사무소를 확보하면 된다. 이 경우 「공인중개사법」상 면적에 관한 규정은 없다.
② 대표자, 임원 또는 사원 전원이 실무교육을 받아야 한다.
③ 「협동조합 기본법」에 따른 협동조합인 경우 자본금이 5천만원 이상이면 된다. 이 경우 사회적 협동조합은 제외된다.
⑤ 대표자는 공인중개사이어야 하며, 대표자를 제외한 임원 또는 사원의 3분의 1 이상은 공인중개사이어야 한다.

12 법인의 중개사무소 등록기준 정답 ②

㉢ 대표자를 제외한 임원 또는 사원의 3분의 1 이상이 공인중개사일 것
㉣ 법인의 대표자, 임원 또는 사원 전원이 실무교육을 받았을 것

13 중개사무소의 개설등록, 등록증의 교부 정답 ②

① 소속공인중개사는 이중소속 금지규정에 따라 중개사무소의 개설등록을 신청할 수 없다.
③ 중개사무소등록증의 교부권자는 등록관청이다.
④ 중개사무소의 개설등록신청 시에 제출하여야 하는 서류 중 하나로서 여권용 사진이 포함된다.
⑤ 종별 변경에 따라 등록신청서를 다시 제출하는 경우, 종전의 등록증은 반납하여야 한다.

14 자격증 및 등록증의 교부 정답 ③

자격증을 잃어버리거나 못쓰게 된 경우 시·도지사에게 재교부를 신청하지만, 등록증의 경우에는 등록관청에 신청한다.

오답 NOTE

15 등록관청의 협회 통보사항

정답 ④

업무보증설정 신고사항은 협회에 통보하여야 할 사항이 아니다.

이론+ 등록관청의 협회 통보사항

1. 중개사무소등록증 교부사항
2. 분사무소 설치신고사항
3. 중개업의 휴·폐업 또는 재개, 휴업기간변경 신고사항
4. 개업공인중개사에 대한 행정처분(등록취소, 업무정지)사항
5. 중개사무소 이전신고사항
6. 소속공인중개사 또는 중개보조원의 고용 및 고용관계 종료신고사항

16 중개사무소등록증 등의 게시

정답 ①

개업공인중개사는 중개사무소등록증·중개보수표 그 밖에 국토교통부령으로 정하는 다음의 사항을 해당 중개사무소 안의 보기 쉬운 곳에 게시하여야 한다.

1. 중개사무소등록증 원본(법인인 개업공인중개사의 분사무소의 경우에는 분사무소설치신고확인서 원본을 말한다)
2. 중개보수·실비의 요율 및 한도액표
3. 개업공인중개사 및 소속공인중개사의 공인중개사자격증 원본(해당되는 자가 있는 경우로 한정한다)
4. 보증의 설정을 증명할 수 있는 서류
5. 사업자등록증

따라서 ㉠, ㉡이 게시사항에 해당한다.

17 이중등록 및 이중소속의 금지

정답 ⑤

㉠㉡㉢㉣ 모두 옳은 지문이다.

18 결격사유

정답 ④

① 파산선고를 받은 자는 공인중개사가 될 수 있으나, 중개보조원은 될 수 없다.
② 공인중개사가 등록 등의 결격사유에 해당하더라도 원칙적으로 공인중개사 자격이 취소되지 아니한다.
③ 미성년자는 개업공인중개사, 소속공인중개사, 중개보조원, 개업공인중개사인 법인의 임원·사원이 될 수 없다.
⑤ 피한정후견인의 경우 종료의 심판결과 정상인으로 판결을 받기 전에는 개업공인중개사는 물론이고, 중개업무에 종사조차 할 수 없다.

19 결격사유

정답 ①

「공인중개사법」을 위반하여 300만원 이상의 벌금형을 선고받으면 벌금형을 선고를 받은 날부터 3년간 등록 등의 결격사유에 해당하게 되고, 등록 등의 결격사유에 해당하면 중개사무소의 개설등록이 취소된다.

이론 + 등록 등 결격사유의 유형(법 제10조)

1. 미성년자
2. 피성년후견인 또는 피한정후견인
3. 파산선고를 받고 복권되지 아니한 자
4. 금고 이상의 실형의 선고를 받고 그 집행이 종료(집행이 종료된 것으로 보는 경우를 포함한다)되거나 집행이 면제된 날부터 3년이 지나지 아니한 자
5. 금고 이상의 형의 집행유예를 받고 그 유예기간이 만료된 날부터 2년이 지나지 아니한 자
6. 「공인중개사법」을 위반하여 공인중개사의 자격이 취소된 후 3년이 지나지 아니한 자
7. 「공인중개사법」을 위반하여 공인중개사의 자격이 정지된 자로서 자격정지기간 중에 있는 자
8. 「공인중개사법」 제38조 제1항 제2호·제4호부터 제8호까지, 같은 조 제2항 제2호부터 제11호까지에 해당하는 사유로 중개사무소의 개설등록이 취소된 후 3년(법 제40조 제3항에 따라 등록이 취소된 경우에는 3년에서 같은 항 제1호에 따른 폐업기간을 공제한 기간을 말한다)이 지나지 아니한 자
9. 「공인중개사법」을 위반하여 업무정지처분을 받고 폐업신고를 한 자로서 업무정지기간이 지나지 아니한 자
10. 「공인중개사법」을 위반하여 업무정지처분을 받은 개업공인중개사인 법인의 업무정지의 사유가 발생한 당시의 사원 또는 임원이었던 자로서 해당 개업공인중개사에 대한 업무정지기간이 지나지 아니한 자
11. 「공인중개사법」을 위반하여 300만원 이상의 벌금형의 선고를 받고 3년이 지나지 아니한 자
12. 사원 또는 임원 중 등록 등 결격사유에 해당하는 자가 있는 법인

20 결격사유

정답 ④

① 집행유예기간인 3년과 그 유예기간이 만료된 날부터 2년이 지나야 하므로 5년간 결격사유가 적용되며, 이 경우 집행유예선고일로부터 5년간 결격사유에 해당한다.
② 등록취소 후 2년간(3년에서 폐업기간 1년 공제) 결격사유가 적용된다.
③ 등록기준 미달을 이유로 등록취소된 경우에는 결격사유를 적용하지 아니한다.
⑤ 개업공인중개사의 사망, 법인의 해산으로 인하여 등록이 취소된 경우에는 3년의 결격사유기간이 적용되지 않는다.

오답 NOTE

PART 1

오답 NOTE

21 결격사유

정답 ④

㉠ 이 법을 위반하여 300만원 이상의 벌금형을 선고받아 등록이 취소된 자는 벌금형 선고일로부터 3년간 결격사유에 해당한다.

㉣ 유기형의 가석방의 경우 가석방된 날로부터 3년이 지나야 하는 것이 아니라, 잔여형기를 마치고 3년이 지나야 결격사유에 해당하지 않는다.

22 결격사유

정답 ②

㉡ 질병, 장애, 노령 그 밖의 사유로 인한 정신적 제약으로 사무를 처리할 능력이 부족한 자로서 법원의 한정후견개시 심판을 받은 자가 결격사유에 해당한다.

㉣ 선고유예는 「공인중개사법」상 결격사유에 해당하지 않는다.

㉤ 300만원 이상의 벌금형 선고는 「공인중개사법」을 위반한 경우에만 결격사유에 해당한다.

23 결격사유

정답 ②

㉡ 피성년후견인과 피한정후견인은 결격사유자에 해당하지만 피특정후견인은 결격사유자에 해당하지 않는다.

㉣ 법인의 해산으로 등록이 취소되어도 3년의 결격사유기간의 규정은 적용되지 아니하므로, 그 법인의 대표이었던 자는 중개사무소 개설등록이 취소된 후 3년이 지나지 않은 경우라도 중개사무소의 개설등록이 가능하다.

24 결격사유

정답 ⑤

㉠ 피성년후견인과 피한정후견인은 결격사유자에 해당하지만 피특정후견인은 결격사유자에 해당하지 않는다.

㉡ 집행유예를 받고 그 유예기간이 만료된 후 2년이 지나지 아니한 경우 결격사유에 해당한다. 하지만 선고유예는 결격사유에 해당하지 않는다.

CHAPTER 04 중개업무

01	⑤	02	④	03	④	04	③	05	③
06	⑤	07	③	08	④	09	④	10	①
11	②	12	④	13	①	14	④	15	③
16	⑤	17	③	18	③	19	⑤	20	③
21	②	22	③	23	②	24	⑤	25	⑤
26	③	27	④	28	①	29	①	30	④
31	②	32	①	33	⑤	34	④	35	①
36	②	37	⑤	38	②	39	②	40	⑤
41	⑤								

오답 NOTE

01 개업공인중개사의 업무범위 정답 ⑤

법인 및 공인중개사인 개업공인중개사는 「민사집행법」에 의한 경매 및 「국세징수법」 그 밖의 법령에 의한 공매대상 부동산에 대한 권리분석 및 취득의 알선, 매수신청 또는 입찰신청의 대리업무를 할 수 있다.

02 개업공인중개사의 업무범위 정답 ④

부칙 제6조 제2항에 규정된 개업공인중개사의 업무지역은 해당 중개사무소가 소재하는 특별시·광역시·도이다.

03 법인인 개업공인중개사의 겸업 가능 범위 정답 ④

㉠ 법 제14조 겸업내용에 의하면 법인인 개업공인중개사는 부동산의 이용·개발 및 거래에 관한 상담업무를 할 수 있으며, 중개업과 함께 주택의 분양대행을 겸업하는 행위도 할 수 있다.

㉡㉢ 개업공인중개사는 다른 사람에게 자기의 성명 또는 상호를 사용하여 중개업무를 하게 하거나 자기의 중개사무소등록증을 양도 또는 대여하는 행위를 알선하여서는 아니 된다. 이를 위반한 자는 등록이 취소되고, 1년 이하의 징역 또는 1천만원 이하의 벌금형에 처해진다.

04 법인인 개업공인중개사의 겸업 가능 범위 정답 ③

개업공인중개사를 대상으로 한 중개업의 경영기법 및 경영정보의 제공을 할 수 있고, 공제업무의 대행은 할 수 없다.

오답 NOTE

이론+ 법인인 개업공인중개사의 겸업 가능한 업무(법 제14조)

법인인 개업공인중개사의 겸업 가능한 업무는 다음과 같다.
1. 상업용 건축물 및 주택의 임대관리 등 부동산의 관리대행
2. 부동산의 이용·개발 및 거래에 관한 상담
3. 개업공인중개사를 대상으로 한 중개업의 경영기법 및 경영정보의 제공
4. 상업용 건축물 및 주택의 분양대행
5. 중개업에 부수되는 업무로서 중개의뢰인의 의뢰에 따른 도배·이사업체의 소개 등 주거이전에 부수되는 용역의 알선
6. 「민사집행법」에 의한 경매 및 「국세징수법」 그 밖의 법령에 의한 공매대상 부동산에 대한 권리분석 및 취득의 알선과 매수신청 또는 입찰신청의 대리

05 법인인 개업공인중개사의 겸업 가능 범위

정답 ③

㉠ 이사업은 할 수 없고, 이사업체의 소개 등 용역의 알선을 할 수 있다.
㉡ 법인인 개업공인중개사의 중개업에 대한 경영기법 및 경영정보의 제공은 개업공인중개사만을 대상으로 할 수 있다.
㉣ 임대업은 할 수 없고, 상가 및 주택의 임대관리 등 관리대행을 할 수 있다.

06 법인인 개업공인중개사의 겸업 가능 범위

정답 ⑤

㉡㉣㉤ 법인인 개업공인중개사의 겸업 가능한 업무에 해당한다.

이론+ 법인인 개업공인중개사의 업무

구분	업무범위(법 제14조에 규정된 업무)
고유업	1. 중개업
겸업 가능	2. 상업용 건축물 및 주택의 임대관리 등 부동산의 관리대행
	3. 부동산의 이용·개발 및 거래에 관한 상담
	4. 개업공인중개사를 대상으로 한 중개업의 경영기법 및 경영정보의 제공
	5. 상업용 건축물 및 주택의 분양대행
	6. 중개업에 부수되는 업무로서 중개의뢰인의 의뢰에 따른 도배·이사업체의 소개 등 주거이전에 부수되는 용역의 알선
	7. 「민사집행법」에 의한 경매 및 「국세징수법」 그 밖의 법령에 의한 공매대상 부동산에 대한 권리분석 및 취득의 알선과 매수신청 또는 입찰신청의 대리

07 고용인

정답 ③

① 개업공인중개사가 고용할 수 있는 중개보조원의 수는 개업공인중개사와 소속공인중개사를 합한 수의 5배를 초과하여서는 아니 된다.
② 개업공인중개사는 소속공인중개사 또는 중개보조원을 고용한 경우에는 업무개시 전까지 등록관청에 신고(전자문서에 의한 신고를 포함한다)하여야 한다.
④ 소속공인중개사 또는 중개보조원의 업무상 행위는 그를 고용한 개업공인중개사의 행위로 본다.
⑤ 중개보조원은 현장안내 등 중개업무를 보조하는 경우 중개의뢰인에게 본인이 중개보조원이라는 사실을 미리 알려야 한다.

08 소속공인중개사의 의무

정답 ④

ⓛⓒⓓ 「공인중개사법」 제33조의 금지행위에 해당하며, 이는 개업공인중개사 등(개업공인중개사, 소속공인중개사, 중개보조원 및 개업공인중개사인 법인의 임원·사원)에게 적용된다. 따라서 소속공인중개사에게 금지되는 행위이다.

09 소속공인중개사의 의무

정답 ④

ⓐⓛⓓⓔ 소속공인중개사의 의무에 해당한다.
ⓒ 소속공인중개사는 해당 중개업무를 수행한 경우라 하더라도 개업공인중개사를 대신하여 거래계약서를 작성할 의무는 없다. 다만, 이 경우 중개대상물 확인·설명서 및 거래계약서에 서명 및 날인을 하여야 할 의무가 있다.

10 소속공인중개사와 중개보조원

정답 ①

ⓛ 乙에 대한 고용신고를 받은 등록관청은 乙의 실무교육 수료 여부를 확인하여야 한다.
ⓒ 甲은 乙의 업무개시 전까지 등록관청에 고용신고(전자문서에 의한 신고를 포함한다)를 하여야 한다.

11 고용인

정답 ②

개업공인중개사는 소속공인중개사 또는 중개보조원과의 고용관계가 종료된 때에는 고용관계가 종료된 날부터 10일 이내에 등록관청에 신고하여야 한다(규칙 제8조 제4항).

오답 NOTE

PART 1

오답 NOTE

12 고용인 고용 및 종료신고

정답 ④

개업공인중개사는 중개보조원을 고용한 경우에는 시·도지사 또는 등록관청이 실시하는 직무교육을 받도록 한 후 업무개시 전까지 등록관청에 신고하여야 한다(규칙 제8조 제1항).

13 고용인 고용 및 종료신고

정답 ①

② 소속공인중개사에 대한 고용신고를 받은 등록관청은 시·도지사에게 그의 공인중개사자격 확인을 요청해야 한다.

③ 소속공인중개사는 고용신고일 전 1년 이내에 실무교육을 이수하여야 한다. 중개보조원은 직무교육의 대상이다.

④ 소속공인중개사 또는 중개보조원과의 고용관계가 종료된 때에는 고용관계가 종료된 날부터 10일 이내에 등록관청에 신고해야 한다.

⑤ 외국인을 소속공인중개사로 고용신고하는 경우에는 공인중개사자격을 증명하는 서류는 제출서류에 포함되지 않는다. 이 경우 등록관청은 공인중개사자격증을 발급한 시·도지사에게 공인중개사자격 확인을 요청해야 한다.

14 양벌규정

정답 ④

乙이 징역 또는 벌금형을 선고받은 경우 甲은 乙의 위반행위 방지를 위한 상당한 주의·감독을 게을리하지 않은 경우 벌금형을 받지 않는다.

15 양벌규정

정답 ③

㉠ 고용인과 개업공인중개사가 공동으로 책임을 부담한다.

㉢ 개업공인중개사가 거래당사자에게 재산상 손해를 발생시킨 경우 개업공인중개사만 책임을 부담한다.

㉣ 고용인이 「공인중개사법」상 징역 또는 벌금형에 해당하는 위반행위를 한 경우 그 행위자는 징역형 또는 벌금형에 처하고, 그를 고용한 개업공인중개사에 대하여도 해당 조(條)에 규정된 벌금형에 처한다. 다만, 그 개업공인중개사가 위반행위를 방지하기 위하여 상당한 주의와 감독을 게을리하지 아니한 경우에는 그러하지 아니하다.

16 양벌규정

정답 ⑤

① 폭행죄로 인하여 집행유예를 선고받은 경우에 공인중개사자격은 취소되지 않는다.

② 「공인중개사법」 위반에 해당하지 않기 때문에 개업공인중개사 甲은 손해배상책임을 지지 않는다.

③ 개업공인중개사에게 양벌규정이 적용되지 아니하므로 벌금형을 선고받지 아니한다.

④ 개업공인중개사는 고용인이 「공인중개사법」상 위반행위(제48조, 제49조)를 하는 경우에 한하여 양벌규정을 적용받는다. 따라서 소속공인중개사인 乙이 사적인 일로 형벌을 받은 경우 개업공인중개사는 「공인중개사법」 제50조 소정의 양벌규정이 적용되지 아니하므로, 개업공인중개사는 행정처분 및 행정벌의 처벌을 받지 않는다.

오답 NOTE

PART 1

17 분사무소의 설치

정답 ③

① 분사무소설치신고서는 주된 사무소 등록관청에 제출하여야 하며, 이 경우 대표자는 책임자의 실무교육 수료확인증 사본을 제출하여야 한다.

② 주된 사무소 관할 등록관청은 분사무소 설치신고를 받은 때에는 신고내용이 적합한 경우 7일 이내에 분사무소설치신고확인서를 교부하여야 한다.

④ 분사무소설치신고확인서를 교부한 주된 사무소 관할 등록관청은 지체 없이 그 분사무소 설치예정지역을 관할하는 시장·군수·구청장에게 이를 통보하여야 한다.

⑤ 분사무소를 설치하는 경우 손해배상책임을 보장하기 위하여 최소 2억원 이상의 보증을 추가로 설정하여야 한다.

18 분사무소의 설치

정답 ③

① 공인중개사인 개업공인중개사는 분사무소를 설치할 수 없다.

② 임시 중개시설물을 설치하는 경우에는 등록취소가 될 수 있으며, 1년 이하의 징역 또는 1천만원 이하의 벌금형에 처한다.

④ 분사무소의 설치신고 시에는 주된 사무소의 등록관청인 A군 군수에게 관련 제출서류를 제출하여야 한다.

⑤ 丙은 분사무소 설치신고 전에 실무교육을 받아야 한다.

19 분사무소의 설치

정답 ⑤

분사무소설치신고확인서를 잃어버리거나 못쓰게 된 경우에는 주된 사무소 관할 등록관청에 분사무소설치신고확인서의 재교부신청을 할 수 있다.

20 분사무소의 설치

정답 ③

㉠ 분사무소의 책임자가 되고자 하는 자는 분사무소 설치신고일 전 1년 이내에 시·도지사가 시행하는 실무교육을 받아야 한다.

㉣ 분사무소는 손해배상책임을 보장하기 위하여 1개의 분사무소당 최소 2억원 이상의 보증을 추가로 설정하여야 한다.

오답 NOTE

21 중개사무소의 공동사용

정답 ②

① 업무정지기간 중에 있는 개업공인중개사가 다른 개업공인중개사에게 중개사무소의 공동사용을 위하여 승낙서를 주는 방법으로 공동사무소 설치는 불가능하다.

③ 공동사무소의 설치는 신규로 등록을 신청하는 방법과 이전신고를 하여 설치하는 방법으로 크게 2가지로 나누어진다. 따라서 승인을 받는 사항이 아니다.

④ 개업공인중개사의 종별과 관계없이 개업공인중개사는 중개사무소를 공동으로 사용할 수 있다.

⑤ 부칙 제6조 제2항에 규정된 개업공인중개사가 법인 및 공인중개사인 개업공인중개사와 중개사무소를 공동으로 사용하더라도 업무지역은 전국으로 확대되지 아니한다.

22 중개사무소의 이전

정답 ③

분사무소 이전신고는 이전 후 10일 이내에 주된 사무소 소재지를 관할하는 등록관청에 하여야 한다.

23 중개사무소의 이전

정답 ②

㉡ 중개사무소등록증에 변경사항을 적어 교부하거나 재교부하여야 한다.

㉢ 등록관청의 관할 지역 내로 이전한 경우 서류는 송부하지 않는다.

24 중개사무소의 이전

정답 ⑤

① 중개사무소 이전신고를 받은 등록관청은 그 내용이 적합한 경우, 중개사무소등록증을 재교부하여야 한다.

② 건축물대장에 기재되지 않은 건물에 중개사무소를 확보한 경우, 건축물대장의 기재가 지연된 사유를 적은 서류도 함께 제출해야 한다.

③ 중개사무소 이전신고를 하지 않은 경우 과태료 부과대상이 된다.

④ 분사무소 이전신고는 이전한 날부터 10일 이내에 주된 사무소의 소재지를 관할하는 등록관청에 하면 된다.

25 중개사무소 명칭 및 등록증 등의 게시

정답 ⑤

개업공인중개사가 아닌 자가 그 사무소의 명칭에 '공인중개사사무소', '부동산중개' 또는 이와 유사한 명칭을 사용한 경우 1년 이하의 징역 또는 1천만원 이하의 벌금형에 해당한다.

26 중개사무소 명칭 및 등록증 등의 게시

정답 ③

개업공인중개사가 아닌 자가 '부동산중개'라는 명칭을 사용한 경우, 1년 이하의 징역 또는 1천만원 이하의 벌금에 해당한다(법 제49조 제1항 제6호).

오답 NOTE

PART 1

27 간판의 철거

정답 ④

개업공인중개사는 다음의 어느 하나에 해당하는 경우에는 지체 없이 사무소의 간판을 철거하여야 한다(법 제21조의2 제1항).

> 1. 등록관청에 중개사무소의 이전사실을 신고한 경우
> 2. 등록관청에 폐업사실을 신고한 경우
> 3. 중개사무소의 개설등록 취소처분을 받은 경우

28 중개대상물의 표시·광고

정답 ①

개업공인중개사가 의뢰받은 중개대상물에 대하여 표시·광고를 하려면 중개사무소, 개업공인중개사에 관한 사항을 명시하여야 하며, 중개보조원에 관한 사항은 명시해서는 아니 된다(법 제18조의2 제1항).

29 중개대상물의 표시·광고

정답 ①

개업공인중개사가 의뢰받은 중개대상물에 대하여 표시·광고를 하려면 중개사무소, 개업공인중개사에 관한 사항으로서 다음의 사항을 명시하여야 하며, 중개보조원에 관한 사항은 명시해서는 아니 된다(법 제18조의2 제1항, 영 제17조의2 제1항).

> 1. 중개사무소의 명칭, 소재지, 연락처 및 등록번호
> 2. 개업공인중개사의 성명(법인인 경우에는 대표자의 성명)

따라서 소속공인중개사에 관한 사항을 명시해야 한다는 규정은 「공인중개사법」상 규정에 없는 내용이며, 중개보조원에 관한 사항은 명시해서는 아니 된다.

30 중개대상물의 표시·광고

정답 ④

㉠㉢ 소속공인중개사의 연락처, 성명은 명시해야 하는 사항에 해당하지 않는다.

㉡㉣ 중개사무소의 명칭, 개업공인중개사의 성명은 명시해야 하는 사항에 해당한다.

오답 NOTE

이론+ 중개대상물 표시·광고 시 명시사항

> 개업공인중개사가 의뢰받은 중개대상물에 대하여 표시·광고를 하려면 중개사무소, 개업공인중개사에 관한 사항으로서 다음의 사항을 명시하여야 하며, 중개보조원에 관한 사항은 명시해서는 아니 된다(법 제18조의2 제1항, 영 제17조의2 제1항).
> 1. 중개사무소의 명칭, 소재지, 연락처 및 등록번호
> 2. 개업공인중개사의 성명(법인인 경우에는 대표자의 성명)

31 중개대상물의 표시·광고

정답 ②

① 개업공인중개사가 의뢰받은 중개대상물에 대하여 표시·광고를 하는 경우 중개보조원에 관한 사항은 명시해서는 아니 된다.

③ 중개대상물의 내용을 사실과 다르게 거짓으로 표시·광고한 자를 신고한 자는 포상금 지급대상에 포함되지 않는다. 포상금 지급대상은 다음과 같다.

> 1. 중개사무소의 개설등록을 하지 아니하고 중개업을 한 자
> 2. 거짓이나 그 밖의 부정한 방법으로 중개사무소의 개설등록을 한 자
> 3. 중개사무소등록증을 다른 사람에게 양도·대여하거나 다른 사람으로부터 양수·대여받은 자
> 4. 공인중개사자격증을 다른 사람에게 양도·대여하거나 다른 사람으로부터 양수·대여받은 자
> 5. 개업공인중개사가 아닌 자는 중개대상물에 대한 표시·광고를 하여서는 아니 된다는 규정을 위반한 자
> 6. 부동산거래질서교란행위를 한 자

④ 인터넷을 이용하여 표시·광고를 하는 경우 다음의 사항을 명시하여야 한다.

> 1. 중개사무소의 명칭, 소재지, 연락처 및 등록번호
> 2. 개업공인중개사의 성명(법인인 경우에는 대표자의 성명)
> 3. 소재지
> 4. 면적
> 5. 가격
> 6. 중개대상물 종류
> 7. 거래 형태
> 8. 건축물 및 그 밖의 토지의 정착물인 경우 다음의 사항
>   - 총 층수
>   - 「건축법」 또는 「주택법」 등 관련 법률에 따른 사용승인·사용검사·준공검사 등을 받은 날
>   - 해당 건축물의 방향, 방의 개수, 욕실의 개수, 입주가능일, 주차대수 및 관리비

⑤ 인터넷을 이용한 중개대상물의 표시·광고 모니터링 업무수탁기관은 기본계획서에 따라 분기별로 기본 모니터링 업무를 수행한다.

32 중개대상물의 표시·광고

정답 ①

국토교통부장관은 인터넷을 이용한 중개대상물에 대한 표시·광고를 모니터링 할 수 있다.

이론+ **모니터링 업무의 위탁기관(영 제17조의3 제1항)**

1. 「공공기관의 운영에 관한 법률」 제4조에 따른 공공기관
2. 「정부출연연구기관 등의 설립·운영 및 육성에 관한 법률」 제2조에 따른 정부출연연구기관
3. 「민법」 제32조에 따라 설립된 비영리법인으로서 인터넷 표시·광고 모니터링 또는 인터넷 광고 시장 감시와 관련된 업무를 수행하는 법인
4. 그 밖에 인터넷 표시·광고 모니터링 업무 수행에 필요한 전문인력과 전담조직을 갖췄다고 국토교통부장관이 인정하는 기관 또는 단체

33 중개대상물의 표시·광고

정답 ⑤

시·도지사 및 등록관청은 국토교통부장관의 조사 및 조치요구를 받으면 신속하게 조사 및 조치를 완료하고, 완료한 날부터 10일 이내에 그 결과를 국토교통부장관에게 통보해야 한다.

34 인장등록

정답 ④

법인인 개업공인중개사는 「상업등기규칙」에 따라 신고한 법인의 인장을 등록하여야 한다.

35 인장등록

정답 ①

② 등록한 인장을 변경한 경우에는 7일 이내에 등록관청에 그 변경된 인장을 등록하여야 한다.
③ 분사무소에서 사용할 인장의 경우는 법인의 대표자가 보증하는 인장을 주된 사무소 소재지 관할 등록관청에 등록할 수 있다.
④ 개인인 개업공인중개사, 소속공인중개사가 등록하여야 할 인장은 크기가 가로·세로 각각 7mm 이상 30mm 이내인 인장이어야 한다.
⑤ 개업공인중개사가 거래계약서에 등록하지 아니한 인장을 사용한 경우에도 그 서면의 효력은 발생한다. 다만, 등록관청으로부터 업무정지처분을 받을 수 있다.

오답 NOTE

PART 1

오답 NOTE

36 인장등록

정답 ②

① 법인이 아닌 개업공인중개사 및 소속공인중개사의 인장등록 및 변경등록은 인장등록신고서·등록인장변경신고서를 등록관청에 제출하는 것이다.
③ 개업공인중개사 및 소속공인중개사는 등록한 인장을 변경한 경우에는 변경일로부터 7일 이내에 그 변경된 인장을 등록관청에 등록하여야 한다.
④ 개업공인중개사별로 각자 등록하여야 한다.
⑤ 시·도지사가 자격정지처분을 할 수 있다.

37 인장등록

정답 ⑤

① 개업공인중개사 및 소속공인중개사는 업무개시 전에 중개행위에 사용할 인장을 등록하여야 한다. 중개보조원의 경우 인장등록의무는 없다.
② 개업공인중개사가 등록한 인장을 변경한 경우 변경일부터 7일 이내에 그 변경된 인장을 등록관청에 등록(전자문서에 의한 등록을 포함한다)하면 된다.
③ 분사무소에서 사용할 인장은 주된 사무소의 등록관청에 등록해야 한다.
④ 분사무소에서 사용할 인장은 「상업등기규칙」에 따라 법인의 대표자가 보증하는 인장을 등록할 수 있으며, 「상업등기규칙」에 따른 인감증명서의 제출로 갈음할 수 있다.

38 인장등록

정답 ②

① 공인중개사자격이 없는 법인의 사원 또는 임원이나 중개보조원은 인장등록의무가 없다.
③ 법인인 개업공인중개사의 경우에는 「상업등기규칙」에 따라 신고한 법인의 인장을 등록하여야 한다.
④ 법인인 개업공인중개사의 인장등록은 「상업등기규칙」에 따른 인감증명서의 제출로 갈음할 수 있다.
⑤ 개업공인중개사의 인장등록은 중개사무소의 개설등록신청과 같이 할 수 있다. 이 경우 중개업무를 개시하기 전에 중개행위에 사용할 인장을 등록관청에 등록(전자문서에 의한 등록을 포함한다)하여야 한다.

39 휴업 및 폐업신고

정답 ②

ⓒ 등록관청은 휴업 및 폐업신고를 받은 경우 그 사실을 월별로 모아 중개사무소등록·행정처분등통지서에 의하여 다음 달 10일까지 공인중개사협회에 통보하여야 한다.

오답 NOTE

PART 1

40 휴업 및 폐업신고

정답 ⑤

ⓒ 재개신고를 받은 등록관청은 반납받은 중개사무소등록증을 즉시 반환하여야 한다.

ⓡ 개업공인중개사가 폐업을 하고자 하는 때에는 중개사무소등록증을 첨부하여 등록관청에 미리 신고하여야 한다.

ⓜ 등록관청은 휴업 또는 폐업신고를 받은 경우 월별로 모아 다음 달 10일까지 공인중개사협회에 통보하여야 한다.

41 휴업 및 폐업신고

정답 ⑤

ⓐⓑⓒⓡ 휴업신고, 폐업신고, 변경신고, 3개월을 초과하여 휴업한 부동산중개업의 재개신고 모두 등록관청에 미리 신고하여야 한다.

CHAPTER 05 중개계약 및 부동산거래정보망

01	②	02	④	03	⑤	04	⑤	05	③
06	③	07	④	08	③	09	④	10	⑤
11	④	12	①	13	②	14	②	15	⑤
16	④	17	④	18	⑤				

01 중개계약

정답 ②

① 개업공인중개사는 중개의뢰인과 전속중개계약서을 체결하는 때에는 전속중개계약서를 작성하여 서명 또는 날인한 후 중개의뢰인에게 교부하여야 하며, 국토교통부령이 정하는 바에 따라 3년간 보존하여야 한다.

③ 일반중개계약서, 전속중개계약서 모두 해당 업무를 소속공인중개사가 수행한 경우라도 소속공인중개사의 서명 또는 날인, 서명 및 날인의무는 「공인중개사법」상 규정이 없다.

④ 전속중개계약의 유효기간은 甲과 乙이 별도로 정한 경우 3개월을 초과할 수 있다.

⑤ 전속중개계약을 체결한 甲이 그 유효기간 내에 스스로 발견한 상대방과 거래한 경우 중개보수의 50%에 해당하는 금액의 범위 안에서 개업공인중개사가 중개행위를 하는 경우 소요된 비용(사회통념에 비추어 상당하다고 인정되는 비용을 말한다)을 지불하여야 한다.

오답 NOTE

02 일반중개계약서

정답 ④

일반중개계약서의 권리취득용(매수·임차 등)의 기재사항 내용으로는 구분, 항목, 희망물건의 종류, 취득 희망가격, 희망지역, 그 밖의 조건 등이 있다.

03 일반중개계약과 전속중개계약

정답 ⑤

전속중개계약서에는 유효기간 내에 개업공인중개사의 소개에 의하여 알게 된 상대방과 개업공인중개사를 배제하고 거래당사자 간에 직접 거래한 경우 중개보수에 해당하는 위약금을 지급하도록 규정하고 있다. 하지만 일반중개계약서에는 그러한 규정이 없다.

04 전속중개계약

정답 ⑤

전속중개계약의 유효기간 내에 甲이 乙 외의 다른 개업공인중개사에게 중개를 의뢰하여 거래한 경우 甲은 그가 지급해야 할 중개보수에 해당하는 금액을 乙에게 위약금으로 지급해야 한다.

05 일반중개계약과 전속중개계약

정답 ③

개업공인중개사의 정보공개의무는 전속중개계약서상 개업공인중개사의 의무사항에 포함되며, 일반중개계약서상 개업공인중개사의 의무사항에는 포함되지 않는다.

06 일반중개계약서

정답 ③

㉠㉣ 권리취득용(매수·임차 등)에 기재되는 사항이다.
㉡㉢ 권리이전용(매도·임대 등)에 기재되는 사항이다.

이론+ 일반중개계약서의 권리이전용 기재사항과 권리취득용 기재사항

1. 일반중개계약서의 권리이전용(매도·임대 등)에 기재되는 사항은 다음과 같다.
   - 소유자 및 등기명의인
   - 중개대상물의 표시
   - 권리관계
   - 거래규제 및 공법상 제한사항
   - 중개의뢰금액
   - 그 밖의 사항
2. 일반중개계약서의 권리취득용(매수·임차 등)에 기재되는 사항은 다음과 같다.
   - 희망물건의 종류
   - 취득 희망가격
   - 희망 지역
   - 그 밖의 희망조건

07 전속중개계약 정답 ④

① 전속중개계약의 유효기간은 당사자 간에 다른 약정이 없으면 3개월로 한다.
② 각 권리자의 주소·성명 등 인적사항은 공개하여서는 아니 된다.
③ 중개의뢰인이 전속중개계약 유효기간 내에 스스로 발견한 상대방과 직접 거래계약을 체결한 경우 중개보수의 50%에 해당하는 금액의 범위 안에서 개업공인중개사가 중개행위를 함에 있어서 소요된 비용을 지급하여야 한다.
⑤ 국토교통부령으로 정하는 전속중개계약서 서식을 사용해야 한다.

08 일반중개계약과 전속중개계약 정답 ③

① 일반중개계약과 전속중개계약은 모두 중개계약의 당사자가 개업공인중개사와 중개의뢰인으로 동일하다.
② 전속중개계약을 체결한 개업공인중개사만 정보공개 및 업무처리상황의 통지의무를 부담한다.
④ 전속중개계약을 체결한 중개의뢰인만 전속중개계약 위반 시 위약금 지불의무가 있다.
⑤ 전속중개계약서만 3년간 보존의무가 적용된다.

이론+ 일반중개계약서와 전속중개계약서의 비교

1. 일반중개계약서와 전속중개계약서의 앞쪽에 기재되는 사항

구분	일반중개계약서 (제14호 서식)	전속중개계약서 (제15호 서식)
ⓐ 의뢰내용표시	매도·매수·임대·임차·그 밖의 계약	
ⓑ 개업공인중개사의 의무	거래가 조속히 이루어지도록 성실히 노력할 의무	• 2주일에 1회 이상 업무처리상황 통지의무 • 전속중개계약 후 7일 이내 정보공개 및 지체 없이 공개사실 통지의무(공개, 비공개 여부 표시) • 확인·설명의무의 성실 이행의무
ⓒ 중개의뢰인의 권리·의무	• 다른 개업공인중개사에게도 중개를 의뢰할 수 있는 권리 • 개업공인중개사의 확인·설명의무 이행에 협조의무	• 위약금지불의무(중개보수만큼) • 비용지불의무(중개보수의 50% 범위 내) • 확인·설명의무 이행에 협조의무
ⓓ 유효기간	3개월을 원칙으로 하되, 별도로 정한 경우에는 그 기간에 따름	

오답 NOTE

ⓔ 중개보수	거래가액의 ( )% (또는 원) 지급 ➕ 단, 법정보수 범위를 초과할 수 없음
ⓕ 개업공인중개사의 손해배상	• 중개보수 또는 실비의 과다수령 시 차액 환급 • 확인·설명을 소홀히 하여 재산상 피해 발생 시 손해액 배상
ⓖ 그 밖의 사항	이 계약에 정하지 아니한 사항에 대해서는 별도로 정할 수 있음
ⓗ 작성·보관	2통을 작성하여 쌍방이 1통씩 보관(일반중개계약서: 보관기간 규정 없음, 전속중개계약서: 3년 보존)
ⓘ 서명 또는 날인	중개의뢰인과 개업공인중개사의 서명 또는 날인 (소속공인중개사는 서명 또는 날인 ×)

2. 일반중개계약서와 전속중개계약서의 뒤쪽에 기재되는 사항

(1) 권리이전용(매도·임대 등의 중개의뢰를 받은 경우 기재할 사항)

ⓐ 소유자 및 등기명의인

ⓑ 중개대상물의 표시

- 건물: 소재지, 건축연도, 면적, 구조, 용도
- 토지: 소재지, 지목, 면적, 지구·지역 등, 현재 용도

➕ 은행융자, 권리금, 제세공과금 등(또는 월임대료, 보증금, 관리비용)도 기재해야 한다.

ⓒ 권리관계

ⓓ 거래규제 및 공법상 제한사항

ⓔ 중개의뢰금액

ⓕ 그 밖의 사항

(2) 권리취득용(매수·임차 등의 중개의뢰를 받은 경우 기재할 사항)

ⓐ 희망물건의 종류

ⓑ 취득 희망가격

ⓒ 희망 지역

ⓓ 그 밖의 희망조건

09 전속중개계약

정답 ④

㉡ 개업공인중개사는 전속중개계약을 체결하고 7일 이내에 부동산거래정보망 또는 일간신문에 중개대상물에 관한 정보를 공개하여야 한다.

10 전속중개계약 체결 시 정보공개사항

정답 ⑤

㉢ 권리를 취득함에 따라 부담하여야 할 조세의 종류 및 세율은 확인·설명할 사항이지만, 공개사항은 아니다.

㉤ 권리자의 주소·성명 등 인적사항에 관한 정보는 공개해서는 아니 되는 사항이다.

㉥ 중개보수, 실비금액과 그 산출내역은 확인·설명할 사항이지만, 공개사항은 아니다.

ⓢ 공시지가는 임대차의 경우에는 공개하지 아니할 수 있다.

오답 NOTE

이론 + **전속중개계약 체결 시 부동산거래정보망에 공개하여야 할 정보**

1. 중개대상물의 종류·소재지·지목 및 면적, 건축물의 용도·구조 및 건축연도 등 중개대상물을 특정하기 위하여 필요한 중개대상물의 기본적인 사항
2. 벽면 및 도배의 상태 및 수도·전기·가스·소방·열공급·승강기 설비, 오수·폐수·쓰레기 처리시설 등의 상태
3. 도로 및 대중교통수단과의 연계성, 시장·학교 등과의 근접성, 지형 등 입지조건, 일조·소음·진동 등 환경조건
4. 소유권·전세권·저당권·지상권 및 임차권 등 중개대상물의 권리관계에 관한 사항(다만, 각 권리자의 주소·성명 등 인적사항에 관한 정보는 공개하여서는 아니 된다)
5. 공법상 이용제한 및 거래규제에 관한 사항
6. 중개대상물의 거래예정금액 및 공시지가(다만, 임대차의 경우에는 공시지가를 공개하지 아니할 수 있다)

11 전속중개계약 체결 시 정보공개사항 정답 ④

ⓛ 중개대상물에 대한 권리를 취득함에 따라 부담하여야 할 조세의 종류 및 세율은 개업공인중개사의 확인·설명사항에 해당한다.

12 부동산거래정보망의 지정 및 이용 정답 ①

② 60일 이내 ⇨ 3개월 이내
③ 법인과 개인 모두 부동산거래정보사업자로 지정을 받을 수 있다.
④ 6개월 이내 ⇨ 1년 이내
⑤ 개업공인중개사와 중개의뢰인 상호간 ⇨ 개업공인중개사 상호간

13 부동산거래정보망의 지정 및 이용 정답 ②

① 정보를 거짓으로 공개한 경우 업무정지사유에 해당한다.
③ 일반중개계약을 체결한 개업공인중개사도 「공인중개사법」상 지정받은 거래정보사업자가 설치한 부동산거래정보망에 가입하여 이용할 수 있다.
④ 지정을 취소하여야 하는 것이 아니라, 취소할 수 있다.
⑤ 거래정보사업자는 개업공인중개사로부터 의뢰받은 정보에 한정하여 이를 공개하여야 한다.

14 거래정보사업자의 지정 정답 ②

① 그 개업공인중개사의 인감증명서를 ⇨ 그 개업공인중개사의 중개사무소등록증 사본을

오답 NOTE

③ 개업공인중개사가 보유하고 있는 ⇨ 지정신청자가 보유하고 있는
④ 부동산거래정보사업자로 지정받은 자는 3개월 이내에 운영규정을 정하여 국토교통부장관의 승인을 받아야 하고, 정당한 사유가 없는 한 지정받은 날부터 1년 이내에 부동산거래정보망을 설치·운영하여야 한다.
⑤ 3개월 이내 ⇨ 30일 이내

15 거래정보사업자의 지정취소사유

정답 ⑤

국토교통부장관은 거래정보사업자가 다음의 어느 하나에 해당하는 경우에는 그 지정을 취소할 수 있다(법 제24조 제5항).

1. 거짓이나 그 밖의 부정한 방법으로 지정을 받은 경우
2. 운영규정의 승인 또는 변경승인을 받지 아니하거나 운영규정을 위반하여 부동산거래정보망을 운영한 경우
3. 거래정보사업자가 개업공인중개사로부터 공개를 의뢰받은 중개대상물의 정보 이외의 정보를 부동산거래정보망에 공개하거나, 의뢰받은 내용과 다르게 정보를 공개하거나 개업공인중개사에 따라 차별적으로 정보를 공개한 경우
4. 정당한 사유 없이 지정받은 날부터 1년 이내에 부동산거래정보망을 설치·운영하지 아니한 경우
5. 개인인 거래정보사업자의 사망 또는 법인인 거래정보사업자의 해산 그 밖의 사유로 부동산거래정보망의 계속적인 운영이 불가능한 경우

16 거래정보사업자의 지정취소사유

정답 ④

㉢ 정당한 사유 없이 지정받은 날부터 1년 이내에 부동산거래정보망을 설치·운영하지 아니한 경우 거래정보사업자의 지정취소사유에 해당한다.

17 거래정보사업자의 지정

정답 ④

거래정보사업자의 지정요건은 다음과 같다(규칙 제15조 제2항).

1. 부동산거래정보망의 가입·이용신청을 한 개업공인중개사의 수가 500명 이상이고 2개 이상의 특별시·광역시·도 및 특별자치도(이하 '시·도'라 한다)에서 각각 30인 이상의 개업공인중개사가 가입·이용신청을 하였을 것
2. 정보처리기사 1명 이상을 확보할 것
3. 공인중개사 1명 이상을 확보할 것
4. 부동산거래정보망의 가입자가 이용하는 데 지장이 없는 정도로서 국토교통부장관이 정하는 용량 및 성능을 갖춘 컴퓨터 설비를 확보할 것

18 부동산거래정보망의 지정 및 이용

정답 ⑤

거래정보사업자는 개업공인중개사로부터 공개를 의뢰받은 중개대상물의 정보에 한정하여 이를 부동산거래정보망에 공개하여야 하며, 의뢰받은 내용과 다르게 정보를 공개하거나 어떠한 방법으로든지 개업공인중개사에 따라 정보가 차별적으로 공개되도록 하여서는 아니 된다(법 제24조 제4항). 이를 위반한 경우 1년 이하의 징역 또는 1천만원 이하의 벌금형에 해당한다(법 제49조 제1항 제8호).

오답 NOTE

PART 1

CHAPTER 06 개업공인중개사의 의무 및 책임

01	②	02	③	03	⑤	04	①	05	⑤
06	②	07	③	08	③	09	②	10	③
11	④	12	④	13	⑤	14	④	15	②

01 금지행위

정답 ②

부동산의 매매를 중개한 개업공인중개사가 해당 부동산을 다른 개업공인중개사의 중개를 통하여 임차한 행위는 중개의뢰인과 직접 거래계약을 한 것이 아니므로 금지행위 중 직접 거래에 해당하지 않는다.

02 금지행위

정답 ③

㉠ 관계 법령에 의하여 양도·알선 등이 금지된 부동산의 분양·임대 등과 관련 있는 증서 등의 매매를 중개하는 행위 – 3년 이하의 징역 또는 3천만원 이하의 벌금

㉡ 중개대상물의 매매를 업으로 하는 행위 – 1년 이하의 징역 또는 1천만원 이하의 벌금

㉢ 상가임대차에서 권리금 수수를 도와준 대가로 별도의 수고비를 받는 행위 – 금지행위 아님

㉣ 거래계약체결 후의 중도금 및 잔금의 지급 및 수령에 대하여 거래당사자 쌍방을 대리하는 행위 – 금지행위 아님

㉤ 단체를 구성하여 특정 중개대상물에 대하여 중개를 제한하거나 단체 구성원 이외의 자와 공동중개를 제한하는 행위 – 3년 이하의 징역 또는 3천만원 이하의 벌금

오답 NOTE

03 금지행위

정답 ⑤

① 시세에 부당한 영향을 주는 행위로, 금지행위에 해당한다.
② 법정중개보수를 초과하여 금품을 받은 행위로, 금지행위에 해당한다.
③ 중개의뢰인의 판단을 그르치게 하는 행위로, 금지행위에 해당한다.
④ 직접 거래행위로, 금지행위에 해당한다.
⑤ 일방대리에 해당하므로 금지행위가 아니다.

04 금지행위

정답 ①

ⓒ 개업공인중개사가 중개를 의뢰한 집주인에게 자신이 중개하는 임차인이 남편이라는 사실을 알리지 않고 전세계약을 체결한 경우 「공인중개사법」상 직접 거래에 해당한다.

이론+ 공인중개사가 집주인이 전세 매물로 내놓은 아파트를 남편 명의로 계약한 경우 직접 거래에 해당하는지 여부

개업공인중개사 등이 중개의뢰인과 직접 거래하는 행위를 금지하고 있는 취지는 이를 허용할 경우 중개업자 등이 거래상 알게 된 정보 등을 자신의 이익을 꾀하는 데 이용함으로써 중개의뢰인의 이익을 해하는 일이 없도록 중개의뢰인을 보호하고자 함에 있다. 전세계약서상의 명의자는 남편이지만 해당 아파트에 실제로 거주했으며, 집주인에게 자신이 중개하는 임차인이 남편이라는 사실을 알리지 않았을 뿐만 아니라, 집주인으로부터 중개를 의뢰받고 집주인이 전임차인의 전세금을 빨리 반환해줘야 해 희망하는 금액보다 적은 금액으로 새로운 임차인을 구한다는 사정을 알고 자신이 직접 시세보다 저렴한 금액으로 임차하는 이익을 얻었기에 직접 거래 금지 규정의 취지를 정면으로 위배하였으므로 직접 거래에 해당한다(대판 2021.8.12, 2021도6910).

05 금지행위

정답 ⑤

㉠㉡㉢㉣㉤ 모두 법 제33조 제2항의 내용에 해당한다.

06 반의사불벌죄

정답 ②

개업공인중개사등이 업무상 알게 된 비밀을 누설한 경우에는 피해자의 고소가 없다 하더라도 1년 이하의 징역 또는 1천만원 이하의 벌금형에 처해진다. 다만, 피해자의 명시적인 불처벌의사표시가 있는 경우에는 처벌할 수 없다. 이를 '반의사불벌죄'라고 한다.

07 중개대상물의 확인·설명사항, 전속중개계약 체결 시 정보공개사항

정답 ③

ⓡ 배수 등 시설물의 상태는 중개대상물의 확인·설명사항에 해당하며, 전속중개계약에 따라 부동산거래정보망에 공개해야 할 중개대상물에 관한 정보에는 해당하지 않는다.

오답 NOTE

PART 1

08 중개대상물의 확인·설명의무

정답 ③

ⓞ 거래금액 ⇨ 거래예정금액
ⓙ 권리를 취득함에 따라 부담하여야 할 조세의 종류 및 세율

이론+ 개업공인중개사가 확인·설명할 사항(영 제21조 제1항)

1. 중개대상물의 종류, 소재지·지번·지목·면적·용도·구조 및 건축연도 등 중개대상물에 관한 기본적인 사항
2. 벽면·바닥면 및 도배의 상태
3. 수도·전기·가스·소방·열공급·승강기 및 배수 등 시설물의 상태
4. 도로 및 대중교통수단과의 연계성, 시장·학교와의 근접성 등 입지조건
5. 일조·소음·진동 등 환경조건
6. 소유권·전세권·저당권·지상권 및 임차권 등 중개대상물의 권리관계에 관한 사항
7. 토지이용계획, 공법상의 거래규제 및 이용제한에 관한 사항
8. 거래예정금액·중개보수 및 실비의 금액과 그 산출내역
9. 중개대상물에 대한 권리를 취득함에 따라 부담하여야 할 조세의 종류 및 세율
10. 관리비 금액과 산출내역
11. 「주택임대차보호법」 제3조의7에 따른 임대인의 정보제시의무 및 같은 법 제8조에 따른 보증금 중 일정액의 보호에 관한 사항
12. 「주민등록법」 제29조의2에 따른 전입세대확인서의 열람 또는 교부에 관한 사항
13. 「민간임대주택에 관한 특별법」 제49조에 따른 임대보증금에 대한 보증에 관한 사항(중개대상물인 주택이 같은 법에 따른 민간임대주택인 경우만 해당한다)

⊕ 단, 10.~13.의 사항은 주택 임대차 중개의 경우에만 적용한다.

09 중개대상물의 확인·설명의무

정답 ②

ⓛⓡⓑ 개업공인중개사가 확인 또는 설명을 위하여 중개대상물의 매도의뢰인에게 요구할 수 있는 중개대상물의 자료는 수도·전기·가스·소방·열공급·승강기 및 배수 등 시설물의 상태, 벽면·바닥면 및 도배의 상태, 일조·소음·진동 등 환경조건이다.

오답 NOTE

10 중개대상물의 확인·설명사항, 전속중개계약 체결 시 정보공개사항

정답 ③

① 각 권리자의 주소·성명 등 인적사항은 공개해서는 아니 되는 사항이다.
② 공시지가는 공개하여야 할 사항(다만, 임대차의 경우에는 공개하지 아니할 수 있다)이지만, 확인·설명사항은 아니다.
④ 권리를 취득함에 따라 부담하여야 할 조세의 종류 및 세율은 확인·설명할 사항이지만, 공개사항은 아니다.
⑤ 중개보수 및 실비의 금액과 산출내역은 확인·설명할 사항이지만, 공개사항은 아니다.

11 중개대상물의 확인·설명의무

정답 ④

㉡ 개업공인중개사는 매도의뢰인·임대의뢰인이 자료요구에 불응한 경우에 그러한 사실을 매수의뢰인·임차의뢰인 등 권리를 취득하려는 중개의뢰인에게 설명하고 중개대상물 확인·설명서에 기재하여야 한다.

12 거래계약서의 필수적 기재사항

정답 ④

㉡ 거래예정금액이 아니라, 거래금액이 거래계약서의 필수적 기재사항이다.
㉢ 중개보수 및 실비의 금액과 산출내역은 확인·설명사항이다.
㉣ 권리를 취득함에 따라 부담하여야 할 조세의 종류 및 세율은 확인·설명사항이다.
㉥ 공법상 거래규제 및 이용제한사항은 확인·설명사항 및 전속중개계약을 체결한 경우 공개하여야 하는 사항에 해당한다.

13 거래계약서의 필수적 기재사항

정답 ⑤

㉠㉡㉢㉣ 거래계약서에 기재할 사항으로 명시되어 있다.

> 거래계약서에 필수적으로 기재하여야 하는 내용은 다음과 같다.
> 1. 거래당사자의 인적사항
> 2. 물건의 표시
> 3. 계약일
> 4. 거래금액·계약금액 및 그 지급일자 등 지급에 관한 사항
> 5. 물건의 인도일시
> 6. 권리이전의 내용
> 7. 계약의 조건이나 기한이 있는 경우에는 그 조건 또는 기한
> 8. 중개대상물 확인·설명서 교부일자
> 9. 그 밖의 약정내용

14 거래계약서의 작성

정답 ④

① 3년간 ⇨ 5년간
② 개업공인중개사는 해당 업무를 보조한 중개보조원으로 하여금 거래계약서를 작성하게 할 수 없다.
③ 소속공인중개사 ⇨ 개업공인중개사
⑤ 등록관청 ⇨ 국토교통부장관

15 거래계약서의 작성

정답 ②

① 국토교통부장관은 개업공인중개사가 작성하는 거래계약서의 표준이 되는 서식을 정하여 그 사용을 권장할 수 있다(영 제22조 제3항). 현재 거래계약서의 표준서식(시행규칙 별지 서식을 말한다)은 정해진 바 없다. 따라서 개업공인중개사가 국토교통부장관이 정하는 거래계약서 표준서식을 사용하지 아니한 경우, 등록관청이 등록을 취소할 수 있는 사유에 해당하지 않는다.
③ 등록관청은 개업공인중개사가 거래계약서에 거래금액 등 거래내용을 거짓으로 기재하거나 서로 다른 둘 이상의 거래계약서를 작성한 경우에는 등록을 취소할 수 있다(법 제38조 제2항 제7호).
④ 중개행위를 한 소속공인중개사가 거래계약서를 작성하는 경우, 소속공인중개사와 개업공인중개사가 함께 서명 및 날인하여야 한다.
⑤ 개업공인중개사는 중개대상물에 관하여 중개가 완성된 때에는 거래계약서를 작성하여 거래당사자에게 교부하고 5년 동안 그 원본, 사본 또는 전자문서를 보존하여야 한다. 다만, 거래계약서가 공인전자문서센터에 보관된 경우에는 그러하지 아니하다(법 제26조 제1항, 영 제22조 제2항).

CHAPTER 07 손해배상책임과 반환채무이행보장

01	②	02	⑤	03	⑤	04	⑤	05	④
06	①	07	②	08	④	09	④	10	⑤

01 손해배상책임의 보장

정답 ②

「공인중개사법」 제30조 제1항에 의하면, "개업공인중개사는 중개행위를 하는 경우 고의 또는 과실로 인하여 거래당사자에게 재산상의 손해를 발생하게 한 때에는 그 손해를 배상할 책임이 있다."고 규정하고 있다. 따라서 비재산적 손해에 관하여는 「공인중개사법」상 손해배상책임보장규정이 없다.

오답 NOTE

PART 1

오답 NOTE

02 손해배상책임의 보장

정답 ⑤

① 타인에게 사무소를 제공한 개업공인중개사도 손해배상책임을 진다.

② 고용인의 업무상 행위에 대하여 개업공인중개사는 무과실책임이 있다.

③ 업무보증방법에는 보증보험, 공제, 공탁이 있으며, 그중 하나를 선택해서 가입하면 된다. 반드시 보증보험에 가입해야 할 의무는 없다.

④ 개업공인중개사의 고의 또는 과실로 인하여 거래당사자에게 재산상 손해가 발생한 경우에 손해배상책임을 진다. 이 경우 경과실의 경우에도 손해배상책임을 진다.

03 업무보증의 설정

정답 ⑤

법인인 개업공인중개사의 주된 사무소는 4억원 이상, 분사무소마다 2억원 이상을 추가로 설정하여야 한다. 따라서 해당 법인은 총 10억원 이상의 보증을 설정하여야 한다.

04 손해배상책임의 보장

정답 ⑤

① 개업공인중개사가 업무보증을 설정하지 아니하고 업무를 개시한 경우 등록관청은 등록을 취소할 수 있다.

② 「공인중개사법」에는 손해배상청구권의 소멸시효규정이 없다. 따라서 「민법」상 손해배상청구권의 소멸시효규정에 따라 손해 및 가해자를 안 날부터 3년, 불법행위를 한 날부터 10년이다.

③ 보증의 변경은 이미 설정한 보증의 효력이 있는 기간 중에 하여야 한다.

④ 다른 법률의 규정에 따라 중개업을 할 수 있는 법인의 경우 2천만원 이상의 업무보증을 설정한다. 그러나 법인인 개업공인중개사는 4억원 이상의 업무보증을 설정하므로 업무보증설정금액은 다르다. 하지만 업무보증설정방법은 동일하다.

05 업무보증의 설정

정답 ④

「공인중개사법 시행규칙」 별지 제25호 서식인 손해배상책임보증변경신고서의 내용 중 '보증'란에는 '변경 후 보증내용'을 기재한다.

① 개업공인중개사는 중개업무를 개시하기 전에 손해배상책임을 보장하기 위한 수단으로 업무보증을 설정하여 그 증명서류를 갖추어 등록관청에 신고하여야 한다(법 제30조 제3항). 증명서류라 함은 보증보험증서 사본, 공제증서 사본, 공탁증서 사본 등을 말하며 전자문서를 포함한다.

② 보증을 한 보증보험회사, 공제사업자 또는 공탁기관이 보증사실을 등록관청에 직접 통보한 경우에는 신고를 생략할 수 있다(영 제24조 제2항).

③ 업무보증을 설정한 개업공인중개사가 그 보증을 다른 보증으로 변경하고자 하는 경우에는 이미 설정한 보증의 효력이 있는 기간 중에 다른 보증을 설정하고 그 증명서류를 갖추어 등록관청에 신고하여야 한다(영 제25조 제1항).

⑤ 보증보험에 가입하여 보증을 설정하고, 보증보험금으로 손해배상을 한 때에는 다시 새로운 보증보험에 가입하거나 공제 또는 공탁으로 재보증설정을 하여야 한다. 부족한 돈을 보충하여 채워넣는 방법으로 재보증을 설정할 수는 없다. 보전은 공탁의 경우 쓸 수 있는 재보증방법이다.

오답 NOTE

PART 1

06 공인중개사법령상 각종 기간

정답 ①

- 개업공인중개사가 보증보험으로 손해배상을 한 때에는 (㉠ 15)일 이내에 공제에 다시 가입해야 한다.
- 공인중개사자격이 취소된 자는 자격취소처분을 받은 날부터 (㉡ 7)일 이내에 그 공인중개사자격증을 교부한 시·도지사에게 공인중개사자격증을 반납하여야 한다.
- 개업공인중개사는 중개사무소를 이전한 때에는 이전한 날부터 (㉢ 10)일 이내에 국토교통부령으로 정하는 바에 따라 등록관청에 이전사실을 신고해야 한다.

따라서 ㉠, ㉢, ㉡ 순이 옳다.

07 손해배상책임의 보장

정답 ②

㉠ 다른 법률의 규정에 의하여 중개업을 하고자 하는 자가 부동산중개업을 하는 때에는 중개업무를 개시하기 전에 보장금액 2천만원 이상의 보증을 보증기관에 설정하고 그 증명서류를 갖추어 등록관청에 신고해야 한다.

㉢ 개업공인중개사는 보증보험금으로 손해배상을 한 때에는 15일 이내에 보증보험에 다시 가입하여야 한다.

08 손해배상책임의 보장

정답 ④

甲이 손해배상책임을 보장하기 위한 조치를 이행하지 아니하고 업무를 개시한 경우 법 제38조 제2항 상대적 등록취소에 해당한다.

09 반환채무이행의 보장

정답 ④

개업공인중개사는 거래의 안전을 보장하기 위하여 필요하다고 인정하는 경우에는 거래계약의 이행이 완료될 때까지 계약금·중도금 또는 잔금을 개업공인중개사 또는 다음에 해당하는 자의 명의로 금융기관, 공제사업을 하는 자, 신탁업자 등에 예치하도록 거래당사자에게 권고할 수 있다(법 제31조 제1항, 영 제27조 제1항).

1. 「은행법」에 따른 은행
2. 「보험업법」에 따른 보험회사
3. 「자본시장과 금융투자업에 관한 법률」에 따른 신탁업자
4. 「우체국예금·보험에 관한 법률」에 따른 체신관서

오답 NOTE

5. 법 제42조의 규정에 따라 공제사업을 하는 자
6. 부동산거래계약의 이행을 보장하기 위하여 계약금·중도금 또는 잔금 및 계약 관련 서류를 관리하는 업무를 수행하는 전문회사

10 반환채무이행의 보장

정답 ⑤

① 계약금등을 예치한 경우 매도인·임대인 등 계약금등을 수령할 수 있는 권리가 있는 자는 금융기관 또는 보증보험회사가 발행하는 보증서를 계약금등의 예치명의자에게 교부하고 미리 수령할 수 있다.
② 계약금등의 예치금 권고를 위하여 개업공인중개사가 담보책임을 진다는 의사표시를 미리 거래당사자에게 할 의무를 지는 것은 아니다.
③ 개업공인중개사가 계약금등을 자기 명의로 금융기관 등에 예치하는 경우 그 계약금등을 거래당사자에게 지급할 것을 보장하기 위하여 예치대상이 되는 계약금등에 해당하는 금액을 보장하는 보증보험 또는 공제에 가입하거나 공탁하여야 한다.
④ 개업공인중개사 명의로 금융기관 등에 예치한 경우에 자기 소유 예치금과 분리하여 관리하여야 한다.

CHAPTER 08 중개보수

01	④	02	⑤	03	②	04	④	05	④
06	③	07	⑤	08	②	09	③	10	④
11	③								

01 중개보수

정답 ④

개업공인중개사의 중개보수 지급시기는 개업공인중개사와 중개의뢰인 간의 약정에 따르되, 약정이 없을 때에는 중개대상물의 거래대금 지급이 완료된 날로 한다.

02 중개보수

정답 ⑤

① 중개보수는 산출된 금액을 거래당사자로부터 각각 받는다.
② 개업공인중개사의 고의 또는 과실로 인하여 거래계약이 무효·취소 또는 해제된 경우 중개보수청구권은 소멸한다.
③ 판례에 의하면, 중개보수에 관하여 약정하지 않아도 「상법」상 상인의 지위를 가지는 것이므로 중개보수청구권은 발생한다고 한다.
④ 분양대행은 겸업으로 중개가 아니므로 법정중개보수의 제한을 받지 않는다.

03 중개보수 정답 ②

오답 NOTE

PART 1

① 주택의 중개에 대한 보수는 중개의뢰인 쌍방으로부터 각각 받되, 그 금액은 시·도의 조례로 정하는 요율한도 이내에서 중개의뢰인과 개업공인중개사가 서로 협의하여 결정한다.

③ 분사무소에서 중개가 완성된 경우 분사무소 소재지 관할 시·도조례가 적용되므로 경기도의 조례로 정한 기준에 따라 중개보수 및 실비를 받아야 한다.

④ 주택의 부속토지는 주택의 중개보수규정에 의하여 받으면 된다. 따라서 별도의 토지 중개보수 계산규정을 적용하지 않는다.

⑤ 1천분의 9 이내 ⇨ 1천분의 18 이내

이론+ 주택 중개보수 상한요율(규칙 제20조 제1항)

거래내용	거래금액	상한요율	한도액
1. 매매·교환	5천만원 미만	1천분의 6	25만원
	5천만원 이상 2억원 미만	1천분의 5	80만원
	2억원 이상 9억원 미만	1천분의 4	
	9억원 이상 12억원 미만	1천분의 5	
	12억원 이상 15억원 미만	1천분의 6	
	15억원 이상	1천분의 7	
2. 임대차 등	5천만원 미만	1천분의 5	20만원
	5천만원 이상 1억원 미만	1천분의 4	30만원
	1억원 이상 6억원 미만	1천분의 3	
	6억원 이상 12억원 미만	1천분의 4	
	12억원 이상 15억원 미만	1천분의 5	
	15억원 이상	1천분의 6	

04 중개보수의 제한 정답 ④

㉠ 공인중개사법령상 중개보수 제한규정들은 공매대상 부동산 취득의 알선에 대해서는 적용된다. 대법원은 공매도 본질적으로 매매의 성격을 지니고 있어 목적물만 차이가 있을 뿐 「공인중개사법」에서 정하는 매매를 알선하는 것과 차이가 없다고 보아 「공인중개사법」상의 보수 제한규정의 적용을 받는다고 한다. 즉, "개업공인중개사는 중개업무에 관하여 중개의뢰인으로부터 소정의 보수를 받는다."라고 정한 「공인중개사법」 제32조 제1항과 중개대상물별로 공인중개사가 중개업무에 관해 중개의뢰인으로부터 받을 수 있는 보수의 한도를 정하는 제32조 제4항, 같은 법 시행규칙 제20조 제1항·제4항 등 부동산 중개보수 제한에 관한 규정이 공매대상 부동산 취득의 알선에 대해서도 적용된다고 한다(대판 2021.7.29, 2017다243723).

㉡ 중도금의 일부만 납부된 아파트의 분양권의 매매를 중개하는 경우, 중개보수는 이미 납입한 금액에 프리미엄을 합산한 금액을 거래금액으로 하여 계산한다.

㉢ 중개대상물인 주택의 소재지와 중개사무소 소재지가 다른 경우 중개사무소 소재지를 관할하는 시·도조례에서 정한 기준에 따라 중개보수를 받아야 한다.

오답 NOTE

05 중개보수의 계산 정답 ④

㉣ 주택의 중개에 관한 보수규정을 적용한다.

06 중개보수의 계산 정답 ③

매매계약과 전세계약의 당사자가 동일하므로 매매계약에 관한 거래가액만을 적용하여 중개보수를 산정하여야 한다. 이 경우 거래가액은 1억원이다. 따라서 1억원 × 0.5% = 50만원이므로, 乙로부터 받을 수 있는 중개보수는 50만원이다.

07 중개보수의 계산 정답 ⑤

매매계약과 전세계약의 당사자가 다르므로 매매계약에 대한 중개보수와 전세계약에 대한 중개보수를 각각 받을 수 있다.

- 매매계약에 대한 중개보수: 2억원 × 0.4% = 80만원을 A, B로부터 각각 받는다.
- 전세계약에 대한 중개보수: 1억 5천만원 × 0.3% = 45만원을 B, C로부터 각각 받는다.
- 개업공인중개사 甲이 받을 수 있는 총 중개보수는 A(80만원) + B(80만원 + 45만원) + C(45만원)이므로 총 250만원이 된다.

08 중개보수의 계산 정답 ②

월세가 있는 임대차는 보증금액 + (월세액 × 100)으로 합산한 금액을 거래가액으로 산정한다. 거래금액은 5천만원 + (100만원 × 100) = 1억 5천만원이다. 이 경우 주거용 오피스텔의 임대차 등의 요율은 0.4%이므로 거래금액에 0.4%를 곱하면 된다.

따라서 甲이 丙에게 지불하여야 할 최대 중개보수는 1억 5천만원 × 0.4% = 60만원이다.

이론+ 오피스텔 중개보수 요율(규칙 제20조 제4항)

> 오피스텔로서 다음의 요건을 모두 갖춘 경우 매매·교환은 1천분의 5, 임대차 등은 1천분의 4의 요율범위에서 중개보수를 결정한다.
> 1. 전용면적이 $85m^2$ 이하일 것
> 2. 상·하수도 시설이 갖추어진 전용입식 부엌, 전용수세식 화장실 및 목욕시설(전용수세식 화장실에 목욕시설을 갖춘 경우를 포함한다)을 갖출 것

오답 NOTE

PART 1

09 중개보수의 계산 정답 ③

거래금액은 6천만원(= 계약금 3천만원 + 1차 중도금 3천만원) + 3천만원(프리미엄) = 9천만원이다. 따라서 9천만원 × 0.5% = 45만원이며 A와 B 모두에게 각각 45만원씩 받을 수 있으므로 중개보수 총액은 90만원이다.

10 오피스텔 중개보수의 계산 정답 ④

㉣ 오피스텔의 중개보수규정을 적용한다. 이 경우 오피스텔로서 다음의 요건을 모두 갖춘 경우 매매·교환은 1천분의 5, 임대차 등은 1천분의 4의 요율 범위에서 중개보수를 결정한다.

> 1. 전용면적이 85m^2 이하일 것
> 2. 상·하수도 시설이 갖추어진 전용입식 부엌, 전용수세식 화장실 및 목욕시설(전용수세식 화장실에 목욕시설을 갖춘 경우를 포함한다)을 갖출 것

11 주택 외의 중개대상물 중개보수의 계산 정답 ③

주택의 면적이 3분의 1이므로 이 건물은 주택 이외의 중개대상물로 중개보수를 계산하여야 한다. 따라서 0.9% 이내에서 협의로 정하면 된다. 하지만 문제에서 최고한도액을 묻고 있으므로 0.9%를 받으면 된다. 주의할 점은 점유개정의 경우이므로 매매의 경우만 받아야 하며, 합의된 중개보수가 100만원이지만 최대로 받을 수 있는 중개보수가 90만원이므로 초과된 10만원은 청구할 수 없다는 점이다. 그러므로 甲으로부터 받을 수 있는 중개보수는 90만원이다.

CHAPTER 09 공인중개사협회 및 교육·보칙·신고센터 등

01	⑤	02	②	03	④	04	④	05	⑤
06	④	07	④	08	④	09	②	10	③
11	④	12	④	13	④	14	①	15	①
16	⑤	17	③	18	①	19	③	20	⑤
21	⑤								

오답 NOTE

01 공인중개사협회의 공제사업

정답 ⑤

① 협회가 책임준비금을 다른 용도로 사용하고자 하는 경우에는 국토교통부장관의 승인을 얻어야 한다.
② 협회는 매 회계연도 종료 후 3개월 이내에 공제사업 운용실적을 일간신문 또는 협회보에 공시하고 협회의 인터넷 홈페이지에 게시해야 한다.
③ 협회는 총회의 의결내용을 지체 없이 국토교통부장관에게 보고하여야 한다.
④ 책임준비금의 적립비율은 공제사고 발생률 및 공제금 지급액 등을 종합적으로 고려하여 정하되, 공제료 수입액의 100분의 10 이상으로 정한다.

02 공인중개사협회의 공제사업

정답 ②

책임준비금의 적립비율은 공제사고 발생률 및 공제금 지급액 등을 종합적으로 고려하여 정하되, 공제료 수입액의 100분의 10 이상으로 정한다(영 제34조).

03 공인중개사협회

정답 ④

협회는 정관이 정하는 바에 따라 시·도에 지부를, 시·군·구에는 지회를 둘 수 있다. 이 경우 지부를 설치한 때에는 시·도지사에게, 지회를 설치한 때에는 등록관청에 신고하여야 한다.

04 공인중개사협회

정답 ④

① 금융감독원장 ⇨ 국토교통부장관
② 다음 달 10일까지 ⇨ 지체 없이
③ 2개월 이내 ⇨ 3개월 이내
⑤ 허가 ⇨ 인가

05 공인중개사협회

정답 ⑤

협회는 공제사업을 하고자 하는 때에는 공제규정을 제정하여 국토교통부장관의 승인을 얻어야 한다. 공제규정을 변경하고자 하는 때에도 또한 같다.

06 공인중개사협회의 공제사업

정답 ④

① 금융감독원장은 국토교통부장관의 요청이 있는 때에는 협회의 공제사업에 관한 검사를 할 수 있다.
② 별도로 협회 홈페이지에도 게시하여야 한다.
③ 책임준비금을 다른 용도로 사용하고자 하는 경우에는 국토교통부장관의 승인을 얻어야 한다.
⑤ 운용실적을 공시하지 아니한 협회는 500만원 이하의 과태료에 처한다.

07 공인중개사협회의 운영위원회

정답 ④

운영위원회에는 위원장과 부위원장 각각 1명을 두되, 위원장 및 부위원장은 위원 중에서 각각 호선(互選)한다.

08 협회의 설립절차

정답 ④

• 협회는 회원 (㉠ 300)인 이상이 발기인이 되어 정관을 작성하여 창립총회의 의결을 거친 후 국토교통부장관의 인가를 받아 그 주된 사무소의 소재지에서 설립등기를 함으로써 성립한다(법 제41조 제3항).
• 공인중개사협회를 설립하고자 하는 때에는 발기인이 작성하여 서명·날인한 정관에 대하여 회원 (㉡ 600)인 이상이 출석한 창립총회에서 출석한 회원 과반수의 동의를 얻어 국토교통부장관의 설립인가를 받아야 한다(영 제30조 제1항).
• 창립총회에는 서울특별시에서는 (㉢ 100)인 이상, 광역시·도 및 특별자치도에서는 각각 (㉣ 20)인 이상의 회원이 참여하여야 한다(영 제30조 제2항).

09 공인중개사협회의 공제사업

정답 ②

국토교통부장관은 협회의 공제사업 운영이 적정하지 아니하거나 자산상황이 불량하여 중개사고 피해자 및 공제가입자 등의 권익을 해칠 우려가 있다고 인정하면 다음의 조치를 명할 수 있다.

1. 업무집행방법의 변경
2. 자산예탁기관의 변경
3. 자산의 장부가격의 변경
4. 불건전한 자산에 대한 적립금의 보유
5. 가치가 없다고 인정되는 자산의 손실 처리
6. 그 밖에 이 법 및 공제규정을 준수하지 아니하여 공제사업의 건전성을 해할 우려가 있는 경우 이에 대한 개선명령

따라서 ②는 공제사업 운영에 관한 개선조치로서 명할 수 있는 사항에 해당하지 않는다.

10 개업공인중개사등의 교육

정답 ③

① 폐업신고 후 1년 이내에 중개사무소의 개설등록을 다시 신청하려는 자는 실무교육을 이수하지 않아도 된다.
② 중개보조원의 직무수행에 필요한 직업윤리에 대한 직무교육시간은 3시간 이상 4시간 이내이다.
④ 실무교육의 교육시간은 28시간 이상 32시간 이내로 한다.

오답 NOTE

PART 1

오답 NOTE

⑤ 국토교통부장관, 시·도지사 및 등록관청은 부동산 거래질서를 확립하고, 부동산거래사고로 인한 피해를 방지하기 위하여 부동산거래사고 예방을 위한 교육을 실시하려는 경우에는 교육일 10일 전까지 교육일시·교육장소 및 교육내용 그 밖에 교육에 필요한 사항을 공고하거나 교육대상자에게 통지하여야 한다.

11 개업공인중개사등의 교육

정답 ④

① 중개사무소 개설등록을 신청하려는 법인의 공인중개사가 아닌 사원 또는 임원도 실무교육 대상이다. 법인의 등록기준으로 대표자, 임원 또는 사원 전원 및 분사무소의 책임자는 실무교육을 받아야 한다.
② 개업공인중개사가 되려는 자의 실무교육시간은 28시간 이상 32시간 이하이다.
③ 중개보조원이 받는 교육은 직무교육이며, 교육내용에는 중개보조원의 직무수행에 필요한 직업윤리 등이 포함된다.
⑤ 소속공인중개사는 2년마다 시·도지사가 실시하는 연수교육을 받아야 한다.

12 개업공인중개사등의 교육

정답 ④

① 시·도지사 또는 국토교통부장관 ⇨ 시·도지사 또는 등록관청
② 28시간 이상 32시간 이내 ⇨ 12시간 이상 16시간 이내
③ 1년이 되기 1개월 전까지 ⇨ 2년이 되기 2개월 전까지
⑤ 1년마다 ⇨ 2년마다

이론+ 실무교육·연수교육·직무교육(영 제28조)

구분	교육내용	교육시간
실무교육	개업공인중개사 및 소속공인중개사의 직무수행에 필요한 법률지식, 부동산중개 및 경영실무, 직업윤리 등	28시간 이상 32시간 이하
연수교육	부동산중개 관련 법·제도의 변경사항, 부동산중개 및 경영실무, 직업윤리 등	12시간 이상 16시간 이하
직무교육	중개보조원의 직무수행에 필요한 직업윤리 등	3시간 이상 4시간 이하

13 개업공인중개사등의 교육

정답 ④

㉡ 개업공인중개사로서 폐업신고를 한 후 1년 이내에 소속공인중개사로 고용신고를 하려는 자는 실무교육을 받지 않아도 된다.

14 업무위탁 정답 ①

시험시행기관장은 공인중개사시험 시행에 관한 업무를 협회, 공기업 또는 준정부기관에 위탁할 수 있다. 그러나, 대학 또는 전문대학으로서 부동산 관련 학과가 개설된 학교에 위탁할 수 없다.

오답 NOTE

PART 1

15 포상금의 지급 정답 ①

신고 또는 고발된 사건이더라도 검사가 공소를 제기하거나 기소유예결정이 있어야 한다.

16 포상금의 지급 정답 ⑤

등록관청은 다음의 어느 하나에 해당하는 자가 행정기관에 의하여 발각되기 전에 등록관청, 수사기관이나 부동산거래질서교란행위 신고센터에 신고 또는 고발한 자에게 대통령령으로 정하는 바에 따라 포상금을 지급할 수 있다(법 제46조 제1항).

1. 중개사무소의 개설등록을 하지 아니하고 중개업을 한 자
2. 거짓이나 그 밖의 부정한 방법으로 중개사무소의 개설등록을 한 자
3. 중개사무소등록증을 다른 사람에게 양도·대여하거나 다른 사람으로부터 양수·대여받은 자
4. 공인중개사자격증을 다른 사람에게 양도·대여하거나 다른 사람으로부터 양수·대여받은 자
5. 개업공인중개사가 아닌 자는 중개대상물에 대한 표시·광고를 하여서는 아니 된다는 규정을 위반한 자
6. 부당한 이익을 얻거나 제3자에게 부당한 이익을 얻게 할 목적으로 거짓으로 거래가 완료된 것처럼 꾸미는 등 중개대상물의 시세에 부당한 영향을 주거나 줄 우려가 있는 행위
7. 단체를 구성하여 특정 중개대상물에 대하여 중개를 제한하거나 단체 구성원 이외의 자와 공동중개를 제한하는 행위
8. 안내문, 온라인 커뮤니티 등을 이용하여 특정 개업공인중개사등에 대한 중개의뢰를 제한하거나 제한을 유도하는 행위
9. 안내문, 온라인 커뮤니티 등을 이용하여 중개대상물에 대하여 시세보다 현저하게 높게 표시·광고 또는 중개하는 특정 개업공인중개사등에게만 중개의뢰를 하도록 유도함으로써 다른 개업공인중개사등을 부당하게 차별하는 행위
10. 안내문, 온라인 커뮤니티 등을 이용하여 특정 가격 이하로 중개를 의뢰하지 아니하도록 유도하는 행위
11. 정당한 사유 없이 개업공인중개사등의 중개대상물에 대한 정당한 표시·광고행위를 방해하는 행위
12. 개업공인중개사등에게 중개대상물을 시세보다 현저하게 높게 표시·광고하도록 강요하거나 대가를 약속하고 시세보다 현저하게 높게 표시·광고하도록 유도하는 행위

오답 NOTE

따라서 인장등록, 변경등록을 하지 아니하거나 등록하지 아니한 인장을 사용한 자는 포상금 지급사유에 해당하지 않는다.

17 포상금의 계산

정답 ③

- 甲은 공인중개사자격증을 양도·대여한 A를 고발하였으며, 검사가 공소제기를 하였다. 따라서 甲은 A에 대한 50만원의 포상금을 받을 수 있지만 B의 경우는 포상금대상이 되지 않는다.
- 乙은 중개사무소를 부정한 방법으로 개설등록한 C를 신고하였으며, C가 무죄판결을 받았으므로 포상금대상이 된다. 따라서 乙은 50만원의 포상금을 받을 수 있다.
- 甲과 乙은 포상금 배분에 관한 합의 없이 중개사무소등록증을 대여한 D를 공동으로 고발하여 기소유예처분을 받았으므로 포상금대상이 된다. 따라서 甲과 乙은 25만원씩 포상금을 받을 수 있다.
- 乙은 중개사무소의 개설등록을 하지 않고 중개업을 하는 E를 신고하였다. 하지만 甲은 乙이 신고한 이후에 신고하였으므로 포상금의 대상이 되지 않는다. 이 경우 E는 형사재판에서 유죄판결을 받았으므로 乙은 포상금 50만원을 받을 수 있다.

따라서 甲은 75만원, 乙은 125만원의 포상금을 받을 수 있다.

18 수수료 납부사유

정답 ①

중개사무소의 개설등록을 신청하는 자는 지방자치단체의 조례로 정하는 수수료를 납부하여야 한다.

19 수수료 납부사유

정답 ③

㉠㉢㉣ 조례로 정하는 바에 따라 수수료를 납부해야 하는 경우에 해당한다.
㉡ 국토교통부장관이 시행하는 공인중개사자격시험에 응시하고자 하는 자는 국토교통부장관이 결정·공고하는 수수료를 납부하여야 한다(법 제47조 제1항).

이론+ 지방자치단체의 조례로 정하는 수수료

다음의 어느 하나에 해당하는 자는 지방자치단체의 조례로 정하는 바에 따라 수수료를 납부하여야 한다(법 제47조 제1항).
1. 공인중개사자격시험에 응시하는 자
2. 공인중개사자격증의 재교부를 신청하는 자
3. 중개사무소의 개설등록을 신청하는 자
4. 중개사무소등록증의 재교부를 신청하는 자
5. 분사무소 설치의 신고를 하는 자
6. 분사무소설치신고확인서의 재교부를 신청하는 자

20 부동산거래질서교란행위

정답 ⑤

㉠㉡㉢㉣㉤ 모두 신고사항에 해당한다.

부동산거래질서교란행위 신고센터의 신고사항은 다음과 같다.

1. 자격증 대여 등의 금지규정을 위반한 경우
2. 유사명칭의 사용금지규정을 위반한 경우
3. 중개사무소의 개설등록규정을 위반한 경우
4. 중개보조원의 고지의무규정을 위반한 경우
5. 금지행위(제33조 제1항·제2항)규정을 위반한 경우
6. 거짓이나 그 밖의 부정한 방법으로 중개사무소의 개설등록을 한 경우
7. 이중등록, 이중소속의 금지 등의 규정을 위반한 경우
8. 둘 이상의 사무소를 설치하거나 임시중개시설물을 설치한 경우
9. 법인인 개업공인중개사의 겸업제한규정을 위반한 경우
10. 개업공인중개사가 중개보조원 고용인원수규정을 위반한 경우
11. 중개사무소등록증 등의 게시의무규정을 위반한 경우
12. 사무소명칭표시규정을 위반한 경우
13. 중개사무소등록증 대여 등의 금지규정을 위반한 경우
14. 개업공인중개사가 중개대상물의 확인·설명의무규정을 위반한 경우
15. 개업공인중개사가 임대차중개 시의 설명의무규정을 위반한 경우
16. 개업공인중개사가 거래계약서를 작성하는 때에는 거래금액 등 거래내용을 거짓으로 기재하거나 서로 다른 둘 이상의 거래계약서를 작성한 경우
17. 개업공인중개사 등이 비밀준수의무규정을 위반한 경우
18. 부동산 거래의 신고에 관한 규정을 위반한 경우
19. 부동산 거래의 해제등 신고에 관한 규정을 위반한 경우
20. 누구든지 부동산 거래신고 또는 부동산 거래의 해제등 신고에 관하여 다음의 어느 하나에 해당하는 행위를 한 경우
    - 개업공인중개사에게 부동산 거래신고를 하지 아니하게 하거나 거짓으로 신고하도록 요구하는 행위
    - 부동산 거래신고대상에 해당하는 계약을 체결한 후 신고의무자가 아닌 자가 거짓으로 부동산 거래신고를 하는 행위
    - 거짓으로 부동산 거래신고 또는 부동산거래의 해제등 신고에 따른 신고를 하는 행위를 조장하거나 방조하는 행위
    - 부동산 거래신고대상에 해당하는 계약을 체결하지 아니하였음에도 불구하고 거짓으로 부동산 거래신고를 하는 행위
    - 부동산 거래신고 후 해당 계약이 해제등이 되지 아니하였음에도 불구하고 거짓으로 부동산 거래의 해제등 신고를 하는 행위

21 부동산거래질서교란행위 신고센터의 업무

정답 ⑤

국토교통부장관은 신고센터의 업무를 「한국부동산원법」에 의한 한국부동산원에 위탁한다.

오답 NOTE

PART 1

오답 NOTE

CHAPTER 10 지도·감독 및 행정처분

01	④	02	⑤	03	③	04	④	05	①
06	②	07	②	08	⑤	09	⑤	10	⑤
11	③	12	③	13	④	14	⑤	15	④
16	①	17	④	18	②	19	⑤	20	⑤
21	②	22	②	23	②	24	②	25	④
26	②								

01 절대적 등록취소

정답 ④

개업공인중개사가 6개월을 초과하여 휴업한 경우 등록관청은 중개사무소의 개설등록을 취소할 수 있다(법 제38조 제2항 제5호).

02 절대적 등록취소

정답 ⑤

① 법인인 개업공인중개사가 이사업을 영위한 경우 – 등록을 취소할 수 있는 사유

② 개업공인중개사가 관계 법령에 의하여 양도·알선이 금지된 부동산의 분양·임대 등과 관련된 증서의 매매를 중개한 경우 – 등록을 취소할 수 있는 사유

③ 개업공인중개사가 부득이한 사유 없이 6개월을 초과하여 휴업한 경우 – 등록을 취소할 수 있는 사유

④ 개인인 개업공인중개사가 둘 이상의 중개사무소를 설치한 경우 – 등록을 취소할 수 있는 사유

이론+ 중개사무소 개설등록을 취소하여야 하는 사유

1. 개인인 개업공인중개사가 사망하거나 개업공인중개사인 법인이 해산한 경우
2. 거짓이나 그 밖의 부정한 방법으로 중개사무소의 개설등록을 한 경우
3. 등록 등의 결격사유에 해당하게 된 경우. 다만, 법인의 사원 또는 임원이 결격사유에 해당하는 경우로서 그 사유가 발생한 날부터 2개월 이내에 그 사유를 해소한 경우에는 그러하지 아니하다.
4. 개업공인중개사가 이중으로 중개사무소의 개설등록을 한 경우
5. 개업공인중개사가 다른 개업공인중개사의 소속공인중개사·중개보조원 또는 개업공인중개사인 법인의 사원·임원이 된 경우
6. 다른 사람에게 자기의 성명 또는 상호를 사용하여 중개업무를 하게 하거나 중개사무소등록증을 양도 또는 대여한 경우
7. 업무정지기간 중에 중개업무를 하거나 자격정지처분을 받은 소속공인중개사로 하여금 자격정지기간 중에 중개업무를 하게 한 경우

8. 최근 1년 이내에 이 법에 의하여 2회 이상 업무정지처분을 받고 다시 업무정지처분에 해당하는 행위를 한 경우
9. 개업공인중개사가 개업공인중개사와 소속공인중개사를 합한 수의 5배를 초과하여 중개보조원을 고용한 경우

오답 NOTE

PART 1

03 상대적 등록취소

정답 ③

㉠㉢ 업무정지사유에 해당한다.
㉡㉣㉤ 임의적(상대적) 등록취소사유에 해당한다.

04 등록취소

정답 ④

① 등록을 취소하여야 한다. ⇨ 등록을 취소할 수 있다.
② 개업공인중개사인 법인의 대표자가 사망한 경우는 등록증 재교부 신청을 하여야 하는 사유에 해당한다.
③ 그 개업공인중개사의 등록을 취소할 수 있다. ⇨ 업무정지를 명할 수 있다.
⑤ 등록을 취소할 수 있다. ⇨ 등록을 취소하여야 한다.

05 절대적 등록취소

정답 ①

㉠㉡㉢ 중개사무소 개설등록을 취소하여야 하는 절대적 등록취소사유에 해당된다.

이론+ 중개사무소 개설등록을 취소하여야 하는 사유

등록관청은 개업공인중개사가 다음의 어느 하나에 해당하는 경우에는 중개사무소의 개설등록을 취소하여야 한다(법 제38조 제1항).
1. 개인인 개업공인중개사가 사망하거나 개업공인중개사인 법인이 해산한 경우
2. 거짓이나 그 밖의 부정한 방법으로 중개사무소의 개실등록을 한 경우
3. 등록 등의 결격사유에 해당하게 된 경우. 다만, 법인의 사원 또는 임원이 결격사유에 해당하는 경우로서 그 사유가 발생한 날부터 2개월 이내에 그 사유를 해소한 경우에는 그러하지 아니하다.
4. 이중으로 중개사무소의 개설등록을 한 경우
5. 개업공인중개사가 다른 개업공인중개사의 소속공인중개사·중개보조원 또는 개업공인중개사인 법인의 사원·임원이 된 경우
6. 다른 사람에게 자기의 성명 또는 상호를 사용하여 중개업무를 하게 하거나 중개사무소등록증을 양도 또는 대여한 경우
7. 업무정지기간 중에 중개업무를 하거나 자격정지처분을 받은 소속공인중개사로 하여금 자격정지기간 중에 중개업무를 하게 한 경우

오답 NOTE

8. 최근 1년 이내에 「공인중개사법」에 의하여 2회 이상 업무정지처분을 받고 다시 업무정지처분에 해당하는 행위를 한 경우
9. 개업공인중개사가 개업공인중개사와 소속공인중개사를 합한 수의 5배를 초과하여 중개보조원을 고용한 경우

06 등록취소, 업무정지

정답 ②

- 등록관청은 개업공인중개사가 최근 (㉠ 1)년 이내에 이 법에 의하여 (㉡ 2)회 이상 업무정지처분을 받고 다시 업무정지처분에 해당하는 행위를 한 경우에는 중개사무소의 개설등록을 취소하여야 한다.
- 등록관청은 개업공인중개사가 최근 1년 이내에 이 법에 의하여 (㉢ 3)회 이상 업무정지 또는 과태료의 처분을 받고 다시 업무정지 또는 과태료의 처분에 해당하는 행위를 한 경우 중개사무소의 개설등록을 취소할 수 있다.
- 등록관청은 개업공인중개사가 최근 1년 이내에 이 법에 의하여 2회 이상 업무정지 또는 과태료의 처분을 받고 다시 (㉣ 과태료)의 처분에 해당하는 행위를 한 경우 업무정지처분을 명할 수 있다.

07 절대적 등록취소

정답 ②

㉠ 최근 1년 이내에 「공인중개사법」에 의하여 2회 업무정지처분을 받고 다시 업무정지처분에 해당하는 행위를 한 경우 – 절대적 등록취소사유
㉡ 최근 1년 이내에 「공인중개사법」에 의하여 1회 업무정지처분, 2회 과태료처분을 받고 다시 업무정지처분에 해당하는 행위를 한 경우 – 상대적 등록취소사유
㉢ 최근 1년 이내에 「공인중개사법」에 의하여 2회 업무정지처분, 1회 과태료처분을 받고 다시 업무정지처분에 해당하는 행위를 한 경우 – 절대적 등록취소사유
㉣ 최근 1년 이내에 「공인중개사법」에 의하여 2회 과태료처분을 받고 다시 2회 업무정지처분에 해당하는 행위를 한 경우 – 상대적 등록취소사유

08 업무정지

정답 ⑤

㉠㉢㉤㉥㉦ 5개가 업무정지의 기준기간으로 옳다.
㉡ 등록 등 결격사유에 해당하는 자를 고용인으로 둔 경우 – 6개월
㉣ 부동산거래정보망에 정보를 거짓으로 공개한 경우 – 6개월
㉧ 등록을 취소할 수 있는 위반행위를 최근 1년 이내에 1회 위반한 경우 – 6개월
㉨ 최근 1년 이내에 2회 이상 업무정지 또는 과태료의 처분을 받고 다시 과태료의 처분에 해당하는 행위를 한 경우 – 6개월

이론 + 개업공인중개사의 업무정지의 기준

오답 NOTE

개업공인중개사의 위반행위	업무정지 기간
• 등록 등의 결격사유에 해당하는 자를 고용인으로 둔 경우(다만, 그 사유가 발생한 날부터 2개월 이내에 그 사유를 해소한 경우 제외)	업무정지 6개월
• 부동산거래정보망에 정보를 거짓으로 공개한 경우	
• 법 제38조 제2항 규정에 의한 등록을 취소할 수 있는 위반행위를 최근 1년 이내에 1회 위반한 경우	
• 최근 1년 이내에 2회 이상 업무정지 또는 과태료의 처분을 받고 다시 과태료의 처분에 해당하는 행위를 한 경우	
• 「독점규제 및 공정거래에 관한 법률」 제51조 제1항 제1호에 규정된 부당한 공동행위에 의하여 부당하게 경쟁을 제한하는 행위를 하여 과징금처분을 받은 경우 또는 시정조치와 과징금처분을 동시에 받은 경우	
• 인장등록을 하지 않거나 등록하지 않은 인장을 사용한 경우	업무정지 3개월
• 전속중개계약서에 따르지 아니하고 전속중개계약을 체결하거나 계약서를 보존하지 아니한 경우	
• 거래정보사업자에게 공개를 의뢰한 중개대상물의 거래가 완성된 사실을 그 거래정보사업자에게 통보하지 아니한 경우	
• 중개대상물 확인·설명서에 서명 및 날인을 하지 않은 경우 • 중개대상물 확인·설명서를 교부하지 않거나 보존하지 않은 경우	
• 거래계약서에 서명 및 날인을 하지 않은 경우 • 거래계약서를 작성·교부하지 않거나 보존하지 않은 경우	
• 감독상 명령을 위반한 경우. 즉, 보고, 자료의 제출, 조사 또는 검사를 거부·방해 또는 기피하거나 그 밖의 명령을 이행하지 않거나 거짓으로 보고 또는 자료제출을 한 경우	

09 업무정지

정답 ⑤

㉠ (×) 甲이 중개사무소등록증을 대여한 날부터 3개월 후 폐업을 하였고, 2년의 폐업기간 경과 후 다시 개설등록을 하고 업무개시를 한 경우, 위 대여행위를 이유로 업무정지처분을 할 수 없다. 甲의 중개사무소등록증 대여행위는 절대적 등록취소사유에 해당하고, 이 경우 폐업기간이 3년을 초과하지 아니하였으므로 개설등록을 취소하여야 한다.

㉡ (×) 甲이 미성년자를 중개보조원으로 고용한 날부터 40일만에 고용관계를 해소한 경우, 이를 이유로 업무정지처분을 할 수 없다. 결격사유에 해당하는 고용인을 2개월 이내에 해소한 경우 개업공인중개사는 업무정지에 해당하지 않는다.

PART 1

오답 NOTE

㉢ (×) 甲이 업무정지사유에 해당하는 거짓 보고를 한 날부터 2개월 후 폐업을 하였고 2년의 폐업기간 경과 후 다시 개설등록을 한 경우, 위 거짓 보고를 한 행위를 이유로 업무정지처분을 할 수 없다. 업무정지처분은 폐업기간이 1년이 경과한 경우 처분을 할 수 없다.

10 업무정지 정답 ⑤

㉠㉡㉢㉣ 모두 업무정지처분을 할 수 있다.

㉠ 인장등록을 하지 아니하거나 등록하지 아니한 인장을 사용한 경우 ⇨ 업무정지(법 제39조 제1항 제2호)

㉡ 거래당사자에게 교부해야 하는 중개대상물 확인·설명서를 교부하지 않은 경우 ⇨ 업무정지(법 제39조 제1항 제6호)

㉢ 거래당사자에게 교부해야 하는 거래계약서를 적정하게 작성·교부하지 않은 경우 ⇨ 업무정지(법 제39조 제1항 제8호)

㉣ 거짓으로 거래가 완료된 것처럼 꾸미는 등 중개대상물의 시세에 부당한 영향을 주거나 줄 우려가 있는 행위를 한 경우 ⇨ 업무정지(법 제39조 제1항 제11호)

11 중개사무소 이전 정답 ③

① 중개사무소를 이전한 날부터 10일 이내에 이전 후 등록관청에 신고하여야 한다. 따라서 甲은 2025년 3월 20일까지 분당구청장에게 신고하여야 한다.

② 10일 이내에 ⇨ 지체 없이

④ 강남구청장은 최근 1년간의 행정처분서류 및 행정처분절차가 진행 중인 관련 서류를 송부하여야 한다. 따라서 ㉡, ㉢, ㉣의 서류를 송부하여야 한다.

⑤ 분당구 ⇨ 성남시

12 자격정지·업무정지 정답 ③

㉣ 거래계약서를 교부하지 않은 경우는 개업공인중개사의 업무정지사유에 해당한다.

13 행정제재처분효과의 승계 정답 ④

㉠ 폐업신고 전의 개업공인중개사에 대한 업무정지처분 사유나, 과태료처분 사유로 행한 행정처분(업무정지처분, 과태료처분)의 효과는 그 처분일부터 1년간 다시 중개사무소의 개설등록을 한 자(이하 '재등록 개업공인중개사'라 한다)에게 승계된다(법 제40조 제2항). 따라서 "폐업신고 전에 개업공인중개사에게 한 업무정지처분의 효과는 그 처분일부터 1년간 재등록 개업공인중개사에게 승계된다."로 정정하여야 옳은 지문이 된다.

오답 NOTE

PART 1

14 행정제재처분효과의 승계

정답 ⑤

2025년 2월에 과태료처분에 해당하는 위반행위를 하였다면 재등록 개업공인중개사는 업무정지처분을 받을 수 있으나, 등록취소처분은 받지 아니한다.

15 행정제재처분효과의 승계

정답 ④

① 6개월 ⇨ 1년
② 1년 ⇨ 3년
③ 폐업일 ⇨ 처분일
⑤ 승계되지 않는다. ⇨ 승계된다.

16 행정제재처분효과의 승계

정답 ①

ⓛ 전속중개계약서에 의하지 않고 전속중개계약을 체결한 경우 업무정지사유에 해당한다. 이 경우 폐업신고 전의 위반행위에 대한 행정처분이 업무정지에 해당하는 경우로서 폐업기간이 1년을 초과하는 경우 업무정지처분을 할 수 없다. 따라서 2024.9.5. 폐업신고를 하였다가 2025.10.5. 다시 중개사무소의 개설등록을 하였다면 폐업기간이 1년을 초과한 경우이므로 업무정지처분을 할 수 없다.

ⓒ 다른 사람에게 자기의 상호를 사용하여 중개업무를 하게 한 경우 등록취소사유에 해당한다. 이 경우 폐업신고를 한 날부터 다시 중개사무소의 개설등록을 한 날까지의 기간, 즉 폐업기간이 3년을 초과한 경우 등록취소처분을 할 수 없다. 따라서 2022.9.10. 폐업신고를 하였다가 2025.10.10. 다시 중개사무소의 개설등록을 하였다면, 폐업기간이 3년을 초과한 경우이므로 등록관청은 개설등록취소처분을 할 수 없다.

17 행정제재처분효과의 승계

정답 ④

① 甲이 중개사무소를 폐업하고자 하는 경우, 등록관청에 미리 신고하여야 한다.

② 甲이 폐업사실을 신고하고 중개사무소 간판을 철거하지 아니한 경우, 과태료처분사유에 해당하지 않는다. 이 경우 등록관청은 간판의 철거를 개업공인중개사가 이행하지 아니하는 경우에는 「행정대집행법」에 따라 대집행을 할 수 있다.

③ 甲이 공인중개사법령 위반으로 2025.2.9. 1개월의 업무정지처분을 받았으나 2025.7.2. 폐업신고를 하였다가 2025.12.12. 다시 중개사무소 개설등록을 한 경우, 업무정지처분의 효과는 처분일로부터 1년간 다시 중개사무소의 개설등록을 한 자에게 승계되므로, 종전의 업무정지처분의 효과는 승계된다.

오답 NOTE

⑤ 폐업신고를 한 날부터 다시 중개사무소의 개설등록을 한 날까지의 기간(폐업기간)이 3년을 초과한 경우에는 등록취소처분을 할 수 없다. 甲이 공인중개사법령 위반으로 2023.2.6. 등록취소처분에 해당하는 행위를 하였으나 2023.3.7. 폐업신고를 하였다가 2025.10.17. 다시 중개사무소 개설등록을 한 경우, 3년이 지나지 아니하였으므로 종전의 위반행위에 대한 등록취소처분을 할 수 있다.

18 자격취소

정답 ②

「형법」상 절도죄로 징역형을 선고받은 경우는 자격취소사유가 아니다.

이론+ 공인중개사의 자격취소사유

1. 부정한 방법으로 공인중개사의 자격을 취득한 경우
2. 공인중개사가 다른 사람에게 자기의 성명을 사용하여 중개업무를 하게 하거나 다른 사람에게 공인중개사자격증을 양도 또는 대여한 경우
3. 자격정지처분을 받고 그 자격정지기간 중에 중개업무를 행하거나 다른 개업공인중개사의 소속공인중개사, 중개보조원 또는 법인인 개업공인중개사의 사원·임원이 되는 경우
4. 이 법 또는 공인중개사의 직무와 관련하여 「형법」 규정을 위반하여 금고 이상의 형(집행유예를 포함한다)을 선고받은 경우

19 자격취소

정답 ⑤

① 청문은 공인중개사의 사무소가 소재하는 시·도지사가 이를 행한다.
② 개업공인중개사는 등록취소처분을, 소속공인중개사는 자격취소처분을 받는다.
③ 자격증을 교부한 시·도지사와 공인중개사의 사무소가 소재하는 시·도지사가 서로 다른 경우에는 공인중개사의 사무소가 소재하는 시·도지사가 자격취소처분에 필요한 절차를 이행한 후 자격증을 교부한 시·도지사에게 그 결과를 통보하여야 한다.
④ 자격취소처분을 행한 시·도지사는 5일 이내에 국토교통부장관과 다른 시·도지사에게 그 사실을 통보해야 한다.

20 자격취소

정답 ⑤

㉠㉡㉢ 시·도지사가 공인중개사자격을 취소해야 하는 사유에 해당한다.

21 자격취소

정답 ②

① 자격증을 교부한 시·도지사와 공인중개사의 사무소를 관할하는 시·도지사가 서로 다른 경우에는 공인중개사의 사무소를 관할하는 시·도지사가 자격취소처분에 필요한 절차를 이행한다.
③ 자격취소처분을 하고자 하는 시·도지사는 청문을 실시하여야 한다(법 제35조 제2항).
④ 공인중개사의 자격이 취소된 자는 자격취소처분을 받은 날부터 7일 이내에 그 공인중개사자격증을 교부한 시·도지사에게 공인중개사자격증을 반납하여야 한다(법 제35조 제3항, 규칙 제21조).
⑤ 자격증의 분실 등의 사유로 공인중개사자격증을 반납할 수 없는 자는 자격증반납을 대신하여 그 이유를 기재한 사유서를 시·도지사에게 제출하여야 한다(법 제35조 제4항).

22 자격정지

정답 ②

㉠ 거래계약서에 거래금액 등 거래내용을 거짓으로 기재한 경우 – 6개월
㉡ 거래계약서에 서명·날인을 하지 아니한 경우 – 3개월
㉢ 법 제33조 제1항 각 호에 규정된 금지행위를 한 경우 – 6개월
㉣ 확인·설명의 근거자료를 제시하지 아니한 경우 – 3개월

이론+ 자격정지의 기준

소속공인중개사의 위반행위	자격정지기준
1. 둘 이상의 중개사무소에 소속된 경우	자격정지 6개월
2. 인장등록을 하지 아니하거나 등록하지 아니한 인장을 사용한 경우	자격정지 3개월
3. 성실·정확하게 중개대상물의 확인·설명을 하지 아니하거나 설명의 근거자료를 제시하지 아니한 경우	자격정지 3개월
4. 해당 중개업무를 수행한 경우 중개대상물 확인·설명서에 서명 및 날인을 하지 아니한 경우	자격정지 3개월
5. 해당 중개업무를 수행한 경우 거래계약서에 서명 및 날인을 하지 아니한 경우	자격정지 3개월
6. 거래계약서에 거래금액 등 거래내용을 거짓으로 기재하거나 서로 다른 둘 이상의 거래계약서를 작성한 경우	자격정지 6개월
7. 「공인중개사법」 제33조 제1항 각 호 소정의 금지행위를 한 경우(중개의뢰인과 직접 거래 등)	자격정지 6개월

23 자격정지

정답 ②

2분의 1 범위 안에서 가중 또는 경감할 수 있다.

오답 NOTE

오답 NOTE

24 자격정지

정답 ②

- 성실·정확하게 중개대상물의 확인·설명을 하지 않은 경우 – 3개월
- 거래계약서에 거래금액을 거짓으로 기재한 경우 – 6개월
- 거래당사자 쌍방을 대리한 경우 – 6개월

25 자격정지

정답 ④

다른 사람에게 자격증을 양도 또는 대여한 경우는 자격취소사유이다(법 제35조 제1항 제2호). 자격정지사유는 다음과 같다.

1. 둘 이상의 중개사무소에 소속된 경우
2. 인장등록을 하지 아니하거나 등록하지 아니한 인장을 사용한 경우
3. 성실·정확하게 중개대상물의 확인·설명을 하지 아니하거나 설명의 근거자료를 제시하지 아니한 경우
4. 해당 중개업무를 수행한 경우 중개대상물 확인·설명서에 서명 및 날인을 하지 아니한 경우
5. 해당 중개업무를 수행한 경우 거래계약서에 서명 및 날인을 하지 아니한 경우
6. 거래계약서에 거래금액 등 거래내용을 거짓으로 기재하거나 서로 다른 둘 이상의 거래계약서를 작성한 경우
7. 「공인중개사법」 제33조 제1항 각 호 소정의 금지행위를 한 경우(중개의뢰인과의 직접 거래 등)

26 거래정보사업자의 지정취소

정답 ②

②는 지정요건에 적합하게 지정을 받은 경우이다. 따라서 지정취소사유에 해당하지 않는다.

이론+ 거래정보사업자의 지정취소사유

1. 거짓이나 그 밖의 부정한 방법으로 지정을 받은 경우
2. 운영규정의 승인 또는 변경승인을 받지 아니하거나, 운영규정을 위반하여 부동산거래정보망을 운영한 경우
3. 거래정보사업자가 개업공인중개사로부터 의뢰받지 아니한 중개대상물을 공개하거나 의뢰받은 내용과 다르게 정보를 공개한 경우 또는 개업공인중개사에 따라 차별적으로 정보를 공개한 경우
4. 정당한 사유 없이 지정받은 날부터 1년 이내에 부동산거래정보망을 설치·운영하지 아니한 경우
5. 개인인 거래정보사업자의 사망 또는 법인인 거래정보사업자의 해산 그 밖의 사유로 부동산거래정보망의 계속적인 운영이 불가능한 경우

오답 NOTE

PART 1

01	②	02	⑤	03	④	04	④	05	④
06	③	07	②	08	⑤	09	①	10	②
11	⑤	12	⑤						

01 행정형벌

정답 ②

공인중개사가 아닌 자로서 공인중개사 또는 이와 유사한 명칭을 사용한 경우 1년 이하의 징역 또는 1천만원 이하의 벌금사유에 해당한다(법 제49조 제1항 제2호).

02 행정벌

정답 ⑤

㉠ 3년 이하의 징역 또는 3천만원 이하의 벌금사유이다.
㉡ 100만원 이하의 과태료사유이다.

03 행정벌

정답 ④

㉠ 3년 이하의 징역 또는 3천만원 이하의 벌금
㉡ 1년 이하의 징역 또는 1천만원 이하의 벌금
㉢ 3년 이하의 징역 또는 3천만원 이하의 벌금
㉣ 1년 이하의 징역 또는 1천만원 이하의 벌금
㉤ 실무교육을 받은 후 2년마다 시·도지사가 실시하는 연수교육을 받아야 한다는 규정을 위반한 자의 경우 500만원 이하의 과태료대상이 된다.

04 3년 이하의 징역 또는 3천만원 이하의 벌금

정답 ④

㉠㉡㉤ 1년 이하의 징역 또는 1천만원 이하의 벌금사유에 해당한다.

이론+ 3년 이하의 징역 또는 3천만원 이하의 벌금사유(법 제48조)

1. 중개사무소의 개설등록을 하지 아니하고 중개업을 한 자
2. 거짓이나 그 밖의 부정한 방법으로 중개사무소의 개설등록을 한 자
3. 관계 법령에서 양도·알선 등이 금지된 부동산의 분양·임대 등과 관련 있는 증서 등의 매매·교환 등을 중개하거나 그 매매를 업으로 하는 행위
4. 중개의뢰인과 직접 거래를 하거나 거래당사자 쌍방을 대리하는 행위
5. 탈세 등 관계 법령을 위반할 목적으로 소유권보존등기 또는 이전등기를 하지 아니한 부동산이나 관계 법령의 규정에 의하여 전매 등 권리의 변동이 제한된 부동산의 매매를 중개하는 등 부동산투기를 조장하는 행위

오답 NOTE

6. 부당한 이익을 얻거나 제3자에게 부당한 이익을 얻게 할 목적으로 거짓으로 거래가 완료된 것처럼 꾸미는 등 중개대상물의 시세에 부당한 영향을 주거나 줄 우려가 있는 행위
7. 단체를 구성하여 특정 중개대상물에 대하여 중개를 제한하거나 단체 구성원 이외의 자와 공동중개를 제한하는 행위
8. 안내문, 온라인 커뮤니티 등을 이용하여 특정 개업공인중개사등에 대한 중개의뢰를 제한하거나 제한을 유도하는 행위
9. 안내문, 온라인 커뮤니티 등을 이용하여 중개대상물에 대하여 시세보다 현저하게 높게 표시·광고 또는 중개하는 특정 개업공인중개사등에게만 중개의뢰를 하도록 유도함으로써 다른 개업공인중개사등을 부당하게 차별하는 행위
10. 안내문, 온라인 커뮤니티 등을 이용하여 특정 가격 이하로 중개를 의뢰하지 아니하도록 유도하는 행위
11. 정당한 사유 없이 개업공인중개사등의 중개대상물에 대한 정당한 표시·광고 행위를 방해하는 행위
12. 개업공인중개사등에게 중개대상물을 시세보다 현저하게 높게 표시·광고하도록 강요하거나 대가를 약속하고 시세보다 현저하게 높게 표시·광고하도록 유도하는 행위

05 1년 이하의 징역 또는 1천만원 이하의 벌금 　정답 ④

㉠㉡㉢㉣ 1년 이하의 징역 또는 1천만원 이하의 벌금형의 사유에 해당한다.

㉤ 소속공인중개사가 서로 다른 둘 이상의 거래계약서를 작성하거나 거래금액 등 거래내용을 거짓으로 거래계약서에 기재한 경우 자격정지사유에 해당한다.

이론+ 1년 이하의 징역 또는 1천만원 이하의 벌금사유(법 제49조)

1. 다른 사람에게 자기의 성명을 사용하여 중개업무를 하게 하거나 공인중개사자격증을 양도·대여한 자 또는 다른 사람의 공인중개사자격증을 양수·대여받은 자
2. 누구든지 1.의 행위를 알선한 자
3. 공인중개사가 아닌 자로서 공인중개사 또는 이와 유사한 명칭을 사용한 자
4. 이중으로 중개사무소의 개설등록을 하거나 둘 이상의 중개사무소에 소속된 자
5. 둘 이상의 중개사무소를 둔 자
6. 임시 중개시설물을 설치한 자
7. 개업공인중개사가 아닌 자로서 '공인중개사사무소', '부동산중개' 또는 이와 유사한 명칭을 사용한 자
8. 개업공인중개사가 아닌 자로서 중개업을 하기 위하여 중개대상물에 대한 표시·광고를 한 자

9. 다른 사람에게 자기의 성명 또는 상호를 사용하여 중개업무를 하게 하거나 중개사무소등록증을 다른 사람에게 양도·대여한 자 또는 다른 사람의 성명·상호를 사용하여 중개업무를 하거나 중개사무소등록증을 양수·대여받은 자
10. 누구든지 9.의 행위를 알선한 자
11. 개업공인중개사로부터 공개를 의뢰받은 중개대상물의 정보에 한정하여 이를 부동산거래정보망에 공개하여야 하며, 의뢰받은 내용과 다르게 정보를 공개하거나 어떠한 방법으로든지 개업공인중개사에 따라 정보가 차별적으로 공개되도록 하여서는 아니 된다는 규정을 위반하여 정보를 공개한 거래정보사업자
12. 「공인중개사법」 및 다른 법률에 특별한 규정이 있는 경우를 제외하고는 그 업무상 알게 된 비밀을 누설하여서는 아니 된다는 규정을 위반하여 업무상 비밀을 누설한 자(단, 이 규정에 위반한 자는 피해자의 명시한 의사에 반하여 벌하지 아니한다)
13. 중개대상물의 매매를 업으로 하는 자
14. 중개사무소의 개설등록을 하지 아니하고 중개업을 영위하는 자인 사실을 알면서 그를 통하여 중개를 의뢰받거나 그에게 자기의 명의를 이용하게 한 자
15. 사례·증여 그 밖의 어떠한 명목으로도 법정보수 또는 실비를 초과하여 금품을 받은 자
16. 해당 중개대상물의 거래상의 중요사항에 관하여 거짓된 언행 그 밖의 방법으로 중개의뢰인의 판단을 그르치게 하는 자
17. 개업공인중개사가 고용한 중개보조원의 수가 개업공인중개사와 소속공인중개사를 합한 수의 5배를 초과한 경우

오답 NOTE

PART 1

06 1년 이하의 징역 또는 1천만원 이하의 벌금 정답 ③

㉠ 개업공인중개사가 아닌 자로서 중개업을 하기 위하여 중개대상물에 대한 표시·광고를 한 자는 1년 이하의 징역 또는 1천만원 이하의 벌금사유에 해당한다.
㉡ 공인중개사자격증, 중개사무소등록증을 양도·대여하거나 양도·대여받는 행위를 알선한 자는 1년 이하의 징역 또는 1천만원 이하의 벌금사유에 해당한다.
㉢ 개업공인중개사가 개업공인중개사와 소속공인중개사를 합한 수의 5배를 초과하여 중개보조원을 고용한 경우 1년 이하의 징역 또는 1천만원 이하의 벌금사유에 해당한다.
㉣ 탈세 등 관계 법령을 위반할 목적으로 소유권 보존등기 또는 이전등기를 하지 아니한 부동산의 매매를 중개하는 등 부동산투기를 조장하는 행위를 한 개업공인중개사는 3년 이하의 징역 또는 3천만원 이하의 벌금사유에 해당한다.

오답 NOTE

07 행정형벌·행정처분 정답 ②

① 상대적(임의적·재량적) 등록취소처분사유에 해당한다.
② 1년 이하의 징역 또는 1천만원 이하의 벌금에 해당하는 금지행위로서 임의적 등록취소처분사유에도 해당한다.
③ 행정질서벌인 100만원 이하의 과태료대상이 된다.
④ 업무정지처분사유에 해당한다.
⑤ 임의적(상대적) 등록취소처분사유에 해당한다.

08 과태료 부과대상자 및 부과기관 정답 ⑤

① 등록관청 ⇨ 국토교통부장관
② 시·도지사 ⇨ 국토교통부장관
③ 등록관청 ⇨ 국토교통부장관
④ 등록관청 ⇨ 시·도지사
⑤ 성실·정확하게 중개대상물의 확인·설명을 하지 아니하거나 설명의 근거자료를 제시하지 아니한 자의 경우 500만원 이하의 과태료대상이며, 이 경우 등록관청이 과태료 부과권자이다.

09 과태료 부과기준 정답 ①

① 중개의뢰인에게 본인이 중개보조원이라는 사실을 미리 알리지 아니한 사람 및 그가 소속된 개업공인중개사 ⇨ 500만원 이하의 과태료
② 거짓으로 공인중개사자격증을 반납할 수 없는 사유서를 제출한 경우 ⇨ 100만원 이하의 과태료
③ 중개사무소의 이전신고를 하지 않은 경우 ⇨ 100만원 이하의 과태료
④ 중개사무소등록증을 게시하지 않은 경우 ⇨ 100만원 이하의 과태료
⑤ 휴업기간의 변경신고를 하지 않은 경우 ⇨ 100만원 이하의 과태료

10 과태료 부과대상자 및 부과기관 정답 ②

㉣ 공인중개사자격이 취소된 자로 공인중개사자격증을 반납하지 아니한 자 – 시·도지사
㉤ 중개사무소 개설등록이 취소된 자로 중개사무소등록증을 반납하지 아니한 자 – 등록관청

11 과태료 부과기준 정답 ⑤

중개대상물에 대하여 표시·광고를 하는 경우로서 중개사무소, 개업공인중개사에 관한 사항 등을 명시하지 아니한 개업공인중개사는 100만원 이하의 과태료에 처한다.

12 과태료 부과기준

정답 ⑤

국토교통부장관의 필요한 조치를 요구받은 정보통신서비스 제공자가 정당한 사유 없이 요구에 따르지 아니하여 필요한 조치를 하지 아니한 경우 500만원 이하의 과태료의 대상이 된다.

오답 NOTE

PART 1

CHAPTER 12 부동산 거래신고 등에 관한 법률

01	⑤	02	①	03	③	04	④	05	②
06	④	07	④	08	④	09	③	10	⑤
11	②	12	④	13	②	14	③	15	④
16	③	17	⑤	18	③	19	⑤	20	①
21	⑤	22	③	23	①	24	⑤	25	③
26	①	27	②	28	⑤	29	③	30	④
31	⑤	32	②	33	④	34	①	35	⑤
36	④	37	②	38	③	39	④	40	①

01 부동산거래계약신고서의 작성

정답 ⑤

거래당사자 간 직접 거래의 경우에는 공동으로 신고서에 서명 또는 날인을 하여 거래당사자 중 일방이 신고서를 제출하고, 중개거래의 경우에는 개업공인중개사가 신고서를 제출해야 한다.

02 부동산 거래신고

정답 ①

② 수도권 등(수도권·광역시 및 세종특별자치시) 외의 지역에 소재하는 토지의 경우 실제 거래가격이 6억원 이상인 토지를 매수하려면 자금의 조달계획, 토지이용계획을 신고하여야 한다.

③ 법인 외의 자(국가등은 제외한다)가 실제 거래가격이 6억원 이상인 주택을 매수하거나 투기과열지구 또는 조정대상지역에 소재하는 주택을 매수하는 경우 자금조달·입주계획서를 신고관청에 제출하여야 한다.

④ 신고관청은 신고를 받은 경우 부동산거래가격 검증체계를 활용하여 그 적정성을 검증하여야 한다.

⑤ 개업공인중개사의 위임을 받은 소속공인중개사는 부동산거래계약신고서의 제출을 대행할 수 있다.

오답 NOTE

03 부동산 거래신고

정답 ③

① 부동산매매계약을 체결한 경우 거래당사자는 거래계약의 체결일부터 30일 이내에 신고관청에 공동으로 신고하여야 한다.

② 「주택법」에 따라 지정된 조정대상지역에 소재하는 주택으로서 실제 거래가격이 3억원이고, 매수인이 국가인 경우 국가가 실제 거래가격 등을 신고하여야 한다.

④ 개업공인중개사가 거래계약서를 작성·교부한 경우에는 해당 개업공인중개사가 신고를 하여야 한다.

⑤ 부동산거래계약을 신고하려는 개업공인중개사는 부동산거래계약신고서에 서명 또는 날인하여 관할 신고관청에 제출하여야 한다.

04 부동산 거래신고

정답 ④

「도시 및 주거환경정비법」에 따른 공급계약에 의해 부동산을 공급받는 자로 선정된 지위를 매매하는 계약은 부동산 거래신고의 대상이다.

05 부동산 거래신고

정답 ②

「주택법」에 따라 공급된 주택의 임대차계약은 부동산 거래신고의 대상이 되지 않는다.

이론+ 부동산 거래신고의 대상인 계약

1. 부동산의 매매계약
2. 「택지개발촉진법」, 「주택법」 등 다음의 법률에 따른 부동산에 대한 공급계약
   - 「건축물의 분양에 관한 법률」
   - 「공공주택 특별법」
   - 「도시개발법」
   - 「도시 및 주거환경정비법」
   - 「빈집 및 소규모주택 정비에 관한 특례법」
   - 「산업입지 및 개발에 관한 법률」
   - 「주택법」
   - 「택지개발촉진법」
3. 다음의 어느 하나에 해당하는 지위의 매매계약
   - 「택지개발촉진법」, 「주택법」 등에 따른 부동산에 대한 공급계약을 통하여 부동산을 공급받는 자로 선정된 지위
   - 「도시 및 주거환경정비법」에 따른 관리처분계획의 인가 및 「빈집 및 소규모주택 정비에 관한 특례법」에 따른 사업시행계획인가로 취득한 입주자로 선정된 지위

오답 NOTE

PART 1

06 부동산 거래신고

정답 ④

㉠ 자연인이 투기과열지구 또는 조정대상지역에 소재하는 주택을 매수하는 경우 주택의 실제 거래가격에 상관없이 그 주택에 입주할지 여부를 신고해야 한다. 따라서 맞는 지문이 된다.

㉡ 자연인이 투기과열지구 또는 조정대상지역에 소재하지 않으며, 실제 거래가격이 6억원 이상인 주택을 매수하는 경우에 그 주택에 입주할지 여부를 신고해야 한다. 따라서 실제 거래가격이 3억원인 경우 입주할지 여부는 신고사항이 아니다.

㉢ 「부동산 거래신고 등에 관한 법률 시행령」 제3조 제1항의 규정에 따라 매수인 중 국가등(丁)이 포함되어 있는 경우 그 주택에 입주할지 여부는 신고사항이 아니다. 그러나 국가등(丁)이 매도인이므로 그 주택에 입주할지 여부는 신고사항이다.

07 부동산거래계약신고서의 작성

정답 ④

'종전 부동산'란은 입주권 매매의 경우에만 작성하고, 거래금액란에는 추가 지급액 등(프리미엄 등 분양가격을 초과 또는 미달하는 금액) 및 권리가격, 합계 금액, 계약금, 중도금, 잔금을 적는다.

08 부동산거래계약신고서의 작성

정답 ④

거래계약의 종류가 공급계약(분양) 또는 전매계약(분양권, 입주권)인 경우 물건별 거래가격, 총 실제 거래가격에 부가가치세를 포함한 금액을 적는다.

09 부동산 거래신고

정답 ③

거래당사자는 부동산 거래신고를 한 후 해당 거래계약이 해제, 무효 또는 취소된 경우 해제등이 확정된 날부터 30일 이내에 해당 신고관청에 공동으로 신고하여야 한다.

10 부동산 거래신고

정답 ⑤

개업공인중개사가 거래계약서를 작성·교부하여 부동산 거래신고를 개업공인중개사가 한 경우에는 개업공인중개사가 30일 이내에 해제등의 신고(공동으로 중개를 한 경우에는 해당 개업공인중개사가 공동으로 신고하는 것을 말한다)를 할 수 있다.

오답 NOTE

11 정정신청

정답 ②

거래가격은 정정신청사항에 포함되지 않는다.

이론+ 정정신청사항

거래당사자 또는 개업공인중개사는 부동산거래계약 신고내용 중 다음의 어느 하나에 해당하는 사항이 잘못 기재된 경우에는 신고관청에 신고내용의 정정을 신청할 수 있다.

1. 거래당사자의 주소·전화번호 또는 휴대전화번호
2. 거래지분비율
3. 개업공인중개사의 전화번호·상호 또는 사무소 소재지
4. 거래대상 건축물의 종류
5. 거래대상 부동산등(부동산을 취득할 수 있는 권리에 관한 계약의 경우에는 그 권리의 대상인 부동산을 말한다)의 지목·면적·거래지분 및 대지권비율

12 정정신청

정답 ④

정정신청을 받은 신고관청은 정정사항을 확인한 후 지체 없이 해당 내용을 정정하고, 정정사항을 반영한 부동산거래 신고필증을 재발급해야 한다.

13 변경신고

정답 ②

거래당사자 또는 개업공인중개사는 부동산거래계약 신고내용 중 다음의 어느 하나에 해당하는 사항이 변경된 경우에는 「부동산등기법」에 따른 부동산에 관한 등기신청 전에 신고관청에 신고내용의 변경을 신고할 수 있다.

1. 거래지분비율
2. 거래지분
3. 거래대상 부동산등의 면적
4. 계약의 조건 또는 기한
5. 거래가격
6. 중도금·잔금 및 지급일
7. 공동매수의 경우 일부 매수인의 변경(매수인 중 일부가 제외되는 경우만 해당한다)
8. 거래대상 부동산등이 다수인 경우 일부 부동산등의 변경(거래대상 부동산등 중 일부가 제외되는 경우만 해당한다)
9. 위탁관리인의 성명, 주민등록번호, 주소 및 전화번호(휴대전화번호 포함)

②의 개업공인중개사의 전화번호·상호 또는 휴대전화번호는 변경신고사항이 아니라 정정신청 사유에 해당한다.

14 변경신고 정답 ③

다음에 해당하는 계약인 경우 변경신고사항인 거래가격 중 분양가격 및 선택품목은 거래당사자 일방이 단독으로 변경신고를 할 수 있다. 이 경우 거래계약서 사본 등 그 사실을 증명할 수 있는 서류를 첨부해야 한다.

1. 「택지개발촉진법」, 「주택법」 등 다음의 법률에 따른 부동산에 대한 공급계약
   - 「건축물의 분양에 관한 법률」
   - 「공공주택 특별법」
   - 「도시개발법」
   - 「도시 및 주거환경정비법」
   - 「빈집 및 소규모주택 정비에 관한 특례법」
   - 「산업입지 및 개발에 관한 법률」
   - 「주택법」
   - 「택지개발촉진법」
2. 다음의 어느 하나에 해당하는 지위의 매매계약
   - 「택지개발촉진법」, 「주택법」 등에 따른 부동산에 대한 공급계약을 통하여 부동산을 공급받는 자로 선정된 지위
   - 「도시 및 주거환경정비법」에 따른 관리처분계획의 인가 및 「빈집 및 소규모주택 정비에 관한 특례법」에 따른 사업시행계획인가로 취득한 입주자로 선정된 지위

15 주택임대차계약신고 정답 ④

㉠ 임대차계약 당사자는 주택(주택임대차보호법 제2조에 따른 주택을 말하며, 주택을 취득할 수 있는 권리를 포함한다. 이하 같다)에 대하여 보증금이 6천만원을 초과하거나 월차임이 30만원을 초과하는 주택임대차계약(계약을 갱신하는 경우로서 보증금 및 차임의 증감 없이 임대차 기간만 연장하는 계약은 제외한다)을 체결한 경우 임대차계약의 체결일부터 30일 이내에 주택 소재지를 관할하는 신고관청에 공동으로 신고하여야 한다. 따라서 보증금이 6천만원을 초과하므로 공동으로 신고하여야 한다.

16 주택임대차계약신고 정답 ③

임대차계약당사자는 주택(주택임대차보호법 제2조에 따른 주택을 말하며, 주택을 취득할 수 있는 권리를 포함한다)에 대하여 보증금이 (㉠ 6)천만원을 초과하거나 월차임이 (㉡ 30)만원을 초과하는 주택임대차계약을 체결한 경우 그 보증금 또는 차임 등을 임대차계약의 체결일부터 (㉢ 30)일 이내에 (㉣ 주택) 소재지를 관할하는 신고관청에 공동으로 신고하여야 한다(법 제6조의2 제1항).

오답 NOTE

오답 NOTE

17 주택임대차계약신고

정답 ⑤

임대차계약당사자는 주택임대차 신고사항 또는 주택임대차계약 변경신고의 내용이 잘못 적힌 경우에는 신고관청에 신고내용의 정정을 신청할 수 있다.

18 외국인등의 부동산 취득

정답 ③

- 외국인이 토지를 매수하는 계약을 체결하면 계약체결일부터 (㉠ 30)일 이내에 신고해야 한다.
  ⇨ 외국인 등이 매매계약을 체결한 경우 부동산 거래신고대상이며, 이 경우 계약체결일부터 30일 이내에 신고하여야 한다.
- 외국인이 토지의 교환계약을 체결하면 계약체결일부터 (㉡ 60)일 이내에 신고해야 한다.
  ⇨ 외국인등이 대한민국 안의 부동산등을 취득하는 계약(부동산 거래신고대상 계약을 한 경우는 제외한다)을 체결하였을 때에는 계약체결일부터 60일 이내에 신고관청에 신고하여야 한다.
- 외국인이 토지를 경매에 의하여 취득하면 취득일부터 (㉢ 6)개월 이내에 신고해야 한다.
  ⇨ 외국인등이 상속·경매 그 밖에 대통령령으로 정하는 계약 외의 원인으로 대한민국 안의 부동산등을 취득한 때에는 부동산등을 취득한 날부터 6개월 이내에 신고관청에 신고하여야 한다.

19 외국인등의 부동산 취득

정답 ⑤

① 「문화유산의 보존 및 활용에 관한 법률」에 따른 지정문화유산과 이를 위한 보호물 또는 보호구역에서 외국인이 토지취득의 허가를 받지 아니하고 체결한 토지취득계약은 무효이다.

② 외국인이 건축물의 개축을 원인으로 대한민국 안의 부동산을 취득한 때에는 부동산 등을 취득한 날부터 6개월 이내에 신고관청에 신고하여야 한다.

③ 외국인이 취득하려는 토지가 토지거래허가구역과 「군사기지 및 군사시설 보호구역」에 따른 군사기지 및 군사시설보호구역에 있으면 토지거래계약허가를 받으면 토지취득허가는 받지 않아도 된다.

④ 외국인이 해당 부동산등을 계속 보유하려는 경우에는 외국인등으로 변경된 날부터 6개월 이내에 신고관청에 신고하여야 한다.

이론+ 부동산등 취득의 사후신고 및 토지취득의 사전허가

구분	신고기간 및 허가대상토지	위반 시 제재	방법
취득 후 신고	계약(부동산 거래신고대상인 계약은 제외)으로 취득한 경우: 계약체결일로부터 60일 이내	300만원 이하 과태료	방문/전자문서 선택
	계약 외 원인(건축물의 신축·증축·개축·재축 포함)으로 취득한 경우: 취득일로부터 6개월 이내	100만원 이하 과태료	
	외국인등으로 국적을 변경하여 토지를 계속 보유하는 경우: 국적변경일부터 6개월 이내	100만원 이하 과태료	
사전 허가제	• 군사기지 및 군사시설 보호구역 • 「문화유산의 보존 및 활용에 관한 법률」에 따른 지정문화유산과 이를 위한 보호물 또는 보호구역 • 천연기념물등과 이를 위한 보호물 또는 보호구역 • 생태·경관보전지역 • 야생생물 특별보호구역	2년 이하의 징역 또는 2천만원 이하의 벌금	방문/전자문서 선택

20 외국인등의 부동산 취득 정답 ①

외국인등이 계약에 의하여 토지를 취득하는 경우에는 계약체결일로부터 60일 이내에 신고해야 한다.

21 외국인등의 부동산 취득 정답 ⑤

외국인등의 토지취득의 허가를 신청받은 시장·군수·구청장은 신청일로부터 15일 이내에 허가·불허가처분을 하여야 한다.

22 외국인등의 부동산 취득 정답 ③

ⓒ 외국인등이 취득하려는 토지가 「자연환경보전법」에 따른 생태·경관보전지역 안의 토지인 경우 토지취득계약을 체결하기 전에 신고관청으로부터 토지취득허가를 받아 취득이 가능하다. 토지거래허가를 받아야 하는 내용은 다음과 같다.

오답 NOTE

PART 1

오답 NOTE

구분	내용	위반 시 제재	방법
사전 허가제	1. 허가대상 토지 • 군사기지 및 군사시설 보호구역 • 지정문화유산과 이를 위한 보호물 또는 보호구역 • 천연기념물등과 이를 위한 보호물 또는 보호구역 • 생태·경관보전지역 • 야생생물 특별보호구역 2. 시·군·구청장은 허가신청을 받은 날부터 15일 이내에 허가·불허가처분을 하여야 함(단, 군사기지 및 군사시설 보호구역은 30일) 3. 토지거래허가규정을 위반하여 체결한 토지취득계약은 그 효력이 발생하지 않음	2년 이하의 징역 또는 2천만원 이하의 벌금	방문/전자문서 선택

23 외국인등의 부동산 취득

정답 ①

㉡ 외국인등이 대한민국 안의 부동산에 대한 매매계약을 체결하였을 때에는 계약체결일부터 30일 이내에 신고관청에 부동산 거래신고를 하여야 하며, 이 경우 부동산 거래신고를 하면 외국인등이 계약체결일부터 60일 이내에 신고관청에 신고하여야 하는 내용은 의제된다.

㉢ 외국인이 상속으로 대한민국 안의 부동산을 취득한 때에는 부동산을 취득한 날부터 6개월 이내에 신고관청에 신고하여야 한다.

㉣ 신고관청은 「군사기지 및 군사시설 보호법」에 따른 군사기지 및 군사시설 보호구역 내 허가신청을 받은 경우 30일 이내에 허가 또는 불허가처분을 하여야 한다.

이론+ 허가구역

1. 「군사기지 및 군사시설 보호법」에 따른 군사기지 및 군사시설 보호구역, 그 밖에 국방목적을 위하여 외국인등의 토지취득을 특별히 제한할 필요가 있는 지역으로서 국방목적상 필요한 섬 지역으로서 국토교통부장관이 국방부장관 등 관계 중앙행정기관의 장과 협의하여 고시하는 지역
2. 「문화유산의 보존 및 활용에 관한 법률」에 따른 지정문화유산과 이를 위한 보호물 또는 보호구역
3. 천연기념물등과 이를 위한 보호물 또는 보호구역
4. 「자연환경보전법」에 따른 생태·경관보전지역
5. 「야생생물 보호 및 관리에 관한 법률」에 따른 야생생물 특별보호구역

24 부동산 거래신고 등에 관한 법령상 외국인등의 정의

정답 ⑤

㉠㉡㉢㉣㉤ 모두 외국인등에 해당된다.

이론+ 외국인등의 정의

'외국인등'이란 다음의 어느 하나에 해당하는 개인·법인 또는 단체를 말한다.
1. 대한민국의 국적을 보유하고 있지 아니한 개인
2. 외국의 법령에 따라 설립된 법인 또는 단체
3. 사원 또는 구성원의 2분의 1 이상이 대한민국의 국적을 보유하고 있지 아니한 법인 또는 단체
4. 업무를 집행하는 사원이나 이사 등 임원의 2분의 1 이상이 대한민국의 국적을 보유하고 있지 아니한 법인 또는 단체
5. 대한민국의 국적을 보유하고 있지 아니한 사람이나 외국의 법령에 따라 설립된 법인 또는 단체가 자본금의 2분의 1 이상이나 의결권의 2분의 1 이상을 가지고 있는 법인 또는 단체
6. 외국 정부
7. 대통령령으로 정하는 국제기구
   - 국제연합과 그 산하기구·전문기구
   - 정부 간 기구
   - 준정부 간 기구
   - 비정부 간 국제기구

25 토지거래허가구역

정답 ③

㉡ 선매자가 토지를 매수할 때의 가격은 「감정평가 및 감정평가사에 관한 법률」에 따라 감정평가법인등이 감정평가한 감정가격을 기준으로 하되, 토지거래계약 허가신청서에 적힌 가격이 감정가격보다 낮은 경우에는 허가신청서에 적힌 가격으로 할 수 있다.

㉢ 토지거래허가를 받지 아니하여 유동적 무효상태에 있는 계약이라고 하더라도 일단 거래허가신청을 하여 불허되었다면 특별한 사정이 없는 한, 불허된 때로부터는 그 거래계약은 확정적으로 무효가 된다고 보아야 하고, 거래허가신청을 하지 아니하여 유동적 무효인 상태에 있던 거래계약이 확정적으로 무효가 된 경우에는 거래계약이 확정적으로 무효로 됨에 있어서 귀책사유가 있는 자라고 하더라도 그 계약의 무효를 주장하는 것이 신의칙에 반한다고 할 수는 없다(이 경우 상대방은 그로 인한 손해의 배상을 청구할 수는 있다)(대판 1995.2.28, 94다51789).

26 토지거래허가구역

정답 ①

허가구역의 토지이용의무를 이행하지 아니한 자에 대하여 시장·군수 또는 구청장은 이행을 명할 수 있으며, 이 경우 이행기간은 3개월 이내로 정하여야 한다.

오답 NOTE

PART 1

오답 NOTE

27 토지거래허가기준

정답 ②

국토교통부장관 또는 시·도지사가 허가구역을 지정할 당시 해당 지역에서의 거래실태 등을 고려하여 다음의 면적으로 하는 것이 타당하지 않다고 인정하여 해당 기준면적의 10% 이상 300% 이하의 범위에서 따로 정하여 공고한 경우에는 그에 따른다. 기준면적에 관한 사항은 다음과 같다.

1. 「국토의 계획 및 이용에 관한 법률」에 따른 도시지역: 다음의 세부 용도지역별 구분에 따른 면적
   (1) 주거지역: $60m^2$
   (2) 상업지역: $150m^2$
   (3) 공업지역: $150m^2$
   (4) 녹지지역: $200m^2$
   (5) 위 (1)부터 (4)까지의 구분에 따른 용도지역의 지정이 없는 구역: $60m^2$
2. 도시지역 외의 지역: $250m^2$. 다만, 농지(농지법에 따른 농지를 말한다)의 경우에는 $500m^2$로 하고, 임야의 경우에는 $1,000m^2$로 한다.

28 토지거래허가

정답 ⑤

㉠㉡㉢ 허가구역 내 토지거래에 대한 허가의 규정이 적용되지 않는다. 「부동산 거래신고 등에 관한 법률」에 따르면 다음의 경우에는 토지거래허가규정을 적용하지 아니한다.

1. 「공익사업을 위한 토지 등의 취득 및 보상에 관한 법률」에 따른 토지의 수용
2. 「민사집행법」에 따른 경매
3. 그 밖에 다음에서 정하는 경우
   - 「공익사업을 위한 토지 등의 취득 및 보상에 관한 법률」에 따라 토지를 협의취득·사용하거나 환매하는 경우
   - 「국유재산법」에 따른 국유재산종합계획에 따라 국유재산을 일반경쟁입찰로 처분하는 경우
   - 「공유재산 및 물품 관리법」에 따른 공유재산의 관리계획에 따라 공유재산을 일반경쟁입찰로 처분하는 경우
   - 「도시 및 주거환경정비법」에 따른 관리처분계획 또는 「빈집 및 소규모주택 정비에 관한 특례법」에 따른 사업시행계획에 따라 분양하거나 보류지 등을 매각하는 경우
   - 「도시개발법」에 따른 조성토지 등의 공급계획에 따라 토지를 공급하는 경우, 환지 예정지로 지정된 종전 토지를 처분하는 경우, 환지처분을 하는 경우 또는 체비지 등을 매각하는 경우
   - 「주택법」에 따른 사업계획의 승인을 받아 조성한 대지를 공급하는 경우 또는 주택(부대시설 및 복리시설을 포함하며, 주택과 주택 외의 시설을 동일 건축물로 건축하여 공급하는 경우에는 그 주택 외의 시설을 포함한다)을 공급하는 경우

오답 NOTE

PART 1

- 「택지개발촉진법」에 따라 택지를 공급하는 경우
- 「산업입지 및 개발에 관한 법률」에 따른 산업단지개발사업 또는 준산업단지를 개발하기 위한 사업으로 조성된 토지를 사업시행자(사업시행자로부터 분양에 관한 업무를 위탁받은 산업단지관리공단을 포함한다)가 분양하는 경우
- 「농어촌정비법」에 따른 환지계획에 따라 환지처분을 하는 경우 또는 농지 등의 교환·분할·합병을 하는 경우
- 「농어촌정비법」에 따른 사업시행자가 농어촌정비사업을 시행하기 위하여 농지를 매입하는 경우
- 「상법」, 「채무자 회생 및 파산에 관한 법률」의 절차에 따라 법원의 허가를 받아 권리를 이전하거나 설정하는 경우
- 국세 및 지방세의 체납처분 또는 강제집행을 하는 경우
- 국가 또는 지방자치단체가 법령에 따라 비상재해 시 필요한 응급조치를 위하여 권리를 이전하거나 설정하는 경우
- 「한국농어촌공사 및 농지관리기금법」에 따라 한국농어촌공사가 농지의 매매·교환 및 분할을 하는 경우
- 「부동산 거래신고 등에 관한 법률」에 따라 외국인등이 토지취득의 허가를 받은 경우
- 한국자산관리공사가 「한국자산관리공사 설립 등에 관한 법률」에 따라 토지를 취득하거나 경쟁입찰을 거쳐서 매각하는 경우 또는 한국자산관리공사에 매각이 의뢰되어 3회 이상 공매하였으나 유찰된 토지를 매각하는 경우
- 「국토의 계획 및 이용에 관한 법률」 또는 「개발제한구역의 지정 및 관리에 관한 특별조치법」에 따라 매수청구된 토지를 취득하는 경우
- 「신행정수도 후속대책을 위한 연기·공주지역 행정중심복합도시 건설을 위한 특별법」, 「혁신도시 조성 및 발전에 관한 특별법」 또는 「기업도시개발 특별법」에 따라 조성된 택지 또는 주택을 공급하는 경우
- 「건축물의 분양에 관한 법률」에 따라 건축물을 분양하는 경우
- 「산업집적활성화 및 공장설립에 관한 법률」에 따라 지식산업센터를 분양하는 경우
- 법령에 따라 조세·부담금 등을 토지로 물납하는 경우

29 토지거래허가

정답 ③

- 농지에 대하여 토지거래계약허가를 받은 경우에는 「부동산등기 특별조치법」에 따른 검인을 받은 것으로 본다.
- 시장·군수 또는 구청장은 토지의 이용의무기간이 지난 후에는 이행강제금을 부과할 수 없다.

오답 NOTE

30 토지거래허가구역

정답 ④

토지거래허가구역 내에서 허가 또는 변경허가를 받지 아니하고 토지거래계약을 체결한 경우 2년 이하의 징역 또는 토지가격의 100분의 30에 해당하는 금액 이하의 벌금형에 해당한다.

31 토지거래허가

정답 ⑤

① 토지거래허가구역의 지정은 지정을 공고한 날부터 5일 후에 효력이 발생한다.
② 토지거래허가구역의 지정 당시 국토교통부장관 또는 시·도지사가 따로 정하여 공고하지 않은 경우, 「국토의 계획 및 이용에 관한 법률」에 따른 도시지역 중 녹지지역 안의 200m² 이하 면적의 토지거래계약에 관하여는 허가가 필요 없다.
③ 토지거래계약을 허가받은 자는 대통령령으로 정하는 사유가 있는 경우 외에는 토지 취득일부터 5년의 범위에서 그 토지를 허가받은 목적대로 이용해야 한다.
④ 허가받은 목적대로 토지를 이용하지 않았음을 이유로 이행강제금 부과처분을 받은 자가 시장·군수·구청장에게 이의를 제기하려면 그 처분을 고지받은 날부터 30일 이내에 해야 한다.

32 토지거래허가구역

정답 ②

㉠ 허가구역의 지정은 그 지정을 공고한 날부터 5일 후에 그 효력이 발생한다.
㉣ 시장·군수·구청장은 이행명령을 받은 자가 그 명령을 이행하는 경우에는 새로운 이행강제금의 부과를 즉시 중지하되, 명령을 이행하기 전에 이미 부과된 이행강제금은 징수하여야 한다.

33 토지거래허가

정답 ④

허가구역에 거주하는 농업인·임업인·어업인 등이 그 허가구역에서 농업·축산업·임업 또는 어업을 경영하기 위하여 필요한 경우 이용의무기간은 2년이다.

34 토지거래허가

정답 ①

시장·군수·구청장은 최초의 이행명령이 있었던 날을 기준으로 1년에 한 번씩 그 이행명령이 이행될 때까지 반복하여 이행강제금을 부과·징수할 수 있다.

오답 NOTE

PART 1

35 선매협의 및 매수청구

정답 ⑤

매수청구를 받은 시장·군수 또는 구청장은 매수할 자로 하여금 예산의 범위에서 공시지가를 기준으로 하여 해당 토지를 매수하게 하여야 한다.

36 이행강제금

정답 ④

시장·군수 또는 구청장은 이행명령이 정해진 기간에 이행되지 아니한 경우에는 토지 취득가액(실제 거래가격)의 100분의 (㉠ 10)의 범위에서 이행강제금을 부과한다. 이행명령은 문서로 하여야 하며, 이행기간은 (㉡ 3)개월 이내로 정하여야 한다. 이 경우 토지거래계약허가를 받아 토지를 취득한 자가 직접 이용하지 아니하고 임대한 경우 토지 취득가액의 100분의 (㉢ 7)에 상당하는 금액을 이행강제금으로 부과한다.

이론+ 이행강제금의 부과금액

1. 토지거래계약허가를 받아 토지를 취득한 자가 당초의 목적대로 이용하지 아니하고 방치한 경우: 토지 취득가액의 100분의 10에 상당하는 금액
2. 토지거래계약허가를 받아 토지를 취득한 자가 직접 이용하지 아니하고 임대한 경우: 토지 취득가액의 100분의 7에 상당하는 금액
3. 토지거래계약허가를 받아 토지를 취득한 자가 허가관청의 승인 없이 당초의 이용목적을 변경하여 이용하는 경우: 토지 취득가액의 100분의 5에 상당하는 금액
4. 위 1.부터 3.까지에 해당하지 아니하는 경우: 토지 취득가액의 100분의 7에 상당하는 금액

37 이행강제금

정답 ②

① 이행명령은 문서로 하여야 하며, 이행기간은 3개월 이내로 정하여야 한다.
③ 이행강제금 부과처분을 받은 자는 이의를 제기하려는 경우에는 부과처분을 고지받은 날부터 30일 이내에 하여야 한다.
④ 시장·군수 또는 구청장은 이행명령을 받은 자가 그 명령을 이행하는 경우 새로운 이행강제금의 부과를 즉시 중지하되, 명령을 이행하기 전에 이미 부과된 이행강제금은 징수하여야 한다.
⑤ 시장·군수 또는 구청장은 최초의 이행명령이 있었던 날을 기준으로 1년에 한 번씩 그 이행명령이 이행될 때까지 반복하여 이행강제금을 부과·징수할 수 있다.

38 포상금

정답 ③

신고관청 또는 허가관청은 신청서가 접수된 날부터 2개월 이내에 포상금을 지급하여야 한다.

오답 NOTE

39 포상금

정답 ④

㉡ 신고관청 또는 허가관청은 신청서가 접수된 날부터 2개월 이내에 포상금을 지급하여야 한다.

㉢ 신고관청 또는 허가관청은 하나의 위반행위에 대하여 2명 이상이 공동으로 신고 또는 고발한 경우에는 포상금을 균등하게 배분하여 지급한다. 이 경우 2명 이상이 각각 신고 또는 고발한 경우에는 최초로 신고 또는 고발한 사람에게 포상금을 지급한다.

40 포상금

정답 ①

시장·군수 또는 구청장은 다음의 어느 하나에 해당하는 자를 관계 행정기관이나 수사기관에 신고하거나 고발한 자에게 예산의 범위에서 포상금을 지급할 수 있다(부동산 거래신고 등에 관한 법률 제25조의2 제1항).

1. 부동산등의 실제 거래가격을 거짓으로 신고한 자(신고의무자가 아닌 자가 거짓으로 신고한 경우를 포함한다)
2. 신고대상에 해당하는 계약을 체결하지 아니하였음에도 불구하고 거짓으로 부동산 거래신고를 한 자
3. 신고 후 해당 계약이 해제등이 되지 아니하였음에도 불구하고 거짓으로 부동산 거래의 해제등 신고를 한 자
4. 주택임대차계약의 신고, 변경 및 해제신고 규정을 위반하여 주택임대차계약의 보증금·차임 등 계약금액을 거짓으로 신고한 자
5. 토지거래허가 또는 변경허가를 받지 아니하고 토지거래계약을 체결한 자 또는 거짓이나 그 밖의 부정한 방법으로 토지거래계약허가를 받은 자
6. 토지거래계약허가를 받아 취득한 토지에 대하여 허가받은 목적대로 이용하지 아니한 자

따라서 ㉡, ㉣은 포상금사유에 해당하지 않으며, 500만원 이하의 과태료사유에 해당한다(동법 제28조 제2항 제2호·제3호).

PART 2 중개실무

CHAPTER 01 중개실무 총설 및 중개의뢰접수

01	①	02	④

01 중개계약 정답 ①

전속중개계약은 「공인중개사법」상 명문규정을 두고 있는 중개계약이다.

02 중개계약 정답 ④

① 일반중개계약은 개업공인중개사의 책임중개를 기대할 수 없다.
② 우리나라에서 가장 많이 사용되고 있는 중개계약은 일반중개계약이다.
③ 부동산거래정보망을 통하여 중개하는 것은 공동중개계약과 가장 밀접한 관련이 있다.
⑤ 순가중개계약으로 「공인중개사법」상 중개보수를 초과하여 수수하는 행위는 금지행위에 해당될 수 있지만, 순가중개계약 자체를 금지행위로 규정하고 있는 것은 아니다.

CHAPTER 02 중개대상물 조사 및 확인

01	②	02	①	03	③	04	④	05	⑤
06	①	07	③	08	②	09	①	10	②
11	①	12	④	13	②	14	①	15	④
16	③	17	③	18	③	19	①	20	③
21	③	22	④	23	③				

01 중개대상물의 조사 및 확인방법 정답 ②

㉠ 지형 및 경계는 토지대장을 통해 확인할 수 없으며, 지적도나 임야도를 통해 확인하여야 한다.

오답 NOTE

PART 2

오답 NOTE

㉢ 지적도상의 경계와 실제 경계가 일치하지 않는 경우 특별한 사정이 없는 한 지적도상의 경계를 기준으로 한다.

02 중개대상물의 조사 및 확인방법

정답 ①

㉠ 공유물의 소수지분권자인 피고가 다른 공유자와 협의하지 않고 공유물의 전부 또는 일부를 독점적으로 점유하는 경우 다른 소수지분권자인 원고가 피고를 상대로 공유물의 인도를 청구할 수는 없다고 보아야 한다. 일부 공유자가 공유물의 전부나 일부를 독점적으로 점유한다면 이는 다른 공유자의 지분권에 기초한 사용·수익권을 침해하는 것이다. 공유자는 자신의 지분권 행사를 방해하는 행위에 대해서 「민법」 제214조에 따른 방해배제청구권을 행사할 수 있고, 공유물에 대한 지분권은 공유자 개개인에게 귀속되는 것이므로 공유자 각자가 행사할 수 있다(대판 전합체 2020.5.21, 2018다287522).

㉡ 甲의 지분이 3분의 2, 乙의 지분이 3분의 1인 경우, 甲이 X토지를 임대하였다면 乙은 그 임대차의 무효를 주장할 수 없다.

㉢ 甲의 지분이 3분의 1, 乙의 지분이 3분의 2인 경우, 乙은 甲의 동의 없이 X토지를 타인에게 매도할 수 없다.

03 분묘기지권

정답 ③

㉠ 분묘는 장래의 묘소로서 설치하는 등 그 내부에 시신이 안장되어 있지 않거나 평장 또는 암장되어 있어 객관적으로 분묘로 인식할 수 있는 외형을 갖추고 있지 아니한 경우에는 분묘기지권은 인정되지 아니한다(대판 1991.10.25, 91다18040).

㉢ 자기소유 토지에 분묘를 설치한 사람이 그 토지를 양도하면서 분묘를 이장하겠다는 특약을 하지 않음으로써 분묘기지권을 취득한 경우 특별한 사정이 없는 한 분묘기지권자는 분묘기지권이 성립한 때부터 토지소유자에게 그 분묘의 기지에 대한 토지사용의 대가로서 지료를 지급할 의무가 있다(대판 2021.5.27, 2020다295892).

04 분묘기지권

정답 ④

분묘기지권에는 기존의 분묘 외에 새로운 분묘를 신설할 권능은 포함되지 아니하므로, 기존의 분묘에 합장하여 단분형태·쌍분형태의 분묘를 설치하는 것 모두 허용되지 않는다.

오답 NOTE

PART 2

05 분묘기지권 정답 ⑤

「장사 등에 관한 법률」의 시행일 이전에 타인의 토지에 분묘를 설치한 다음 20년간 평온·공연하게 그 분묘의 기지를 점유함으로써 분묘기지권을 시효·취득하였더라도 분묘기지권자는 토지소유자가 분묘기지에 관한 지료를 청구하면 그 청구한 날부터의 지료를 지급할 의무가 있다(대판 전합체 2021.4.29, 2017다228007).

06 분묘기지권 정답 ①

「장사 등에 관한 법률」은 매장, 화장 및 개장에 관한 사항 등을 규정함으로써 국토의 효율적인 이용에 이바지하기 위하여 2001년 1월 13일부터 설치하는 장사시설에 관하여 적용되는 법이다. 동법이 시행되기 전에 설치된 묘지에는 동법이 적용되지 않는다. 따라서 분묘가 1995년에 설치된 경우 동법이 적용되지 않으므로 분묘기지권을 시효취득할 수 있다(대판 전합체 2017.1.19, 2013다17292).

07 장사 등에 관한 법률상 사설묘지 정답 ③

법인묘지의 형태는 봉분, 평분 또는 평장으로 하되, 봉분의 높이는 지면으로부터 1m 이하, 평분의 높이는 50cm 이하여야 한다.

08 장사 등에 관한 법률상 사설묘지 정답 ②

① 가족묘지를 설치하려면 그 묘지를 설치하기 전에 해당 묘지를 관할하는 시장 등으로부터 묘지설치허가를 받아야 한다.
③ 개인묘지나 가족묘지의 면적은 제한을 받으며, 분묘의 형태는 봉분, 평분 또는 평장으로 하되, 봉분의 높이는 지면으로부터 1m, 평분의 높이는 50cm 이하여야 한다.
④ 공설묘지 및 사설묘지에 설치된 분묘의 설치기간은 30년으로 한다. 다만, 설치기간이 경과한 분묘의 연고자가 시·도지사, 시장·군수·구청장 또는 법인묘지의 설치·관리를 허가받은 자에게 당해 설치기간의 연장을 신청하는 경우에는 1회에 한하여 그 설치기간을 30년으로 하여 연장하여야 한다.
⑤ 분묘의 연고자는 설치기간이 끝난 날부터 1년 이내에 해당 분묘에 설치된 시설물을 철거하고 매장된 유골을 화장 또는 봉안하여야 한다.

09 장사 등에 관한 법률상 사설묘지 정답 ①

개인묘지는 $30m^2$를 초과해서는 안 된다.

오답 NOTE

10 중개대상물 확인·설명서의 작성방법

정답 ②

㉢ 중개보수 및 실비는 개업공인중개사와 중개의뢰인이 협의하여 결정한 금액을 적되 '중개보수'는 거래예정금액을 기준으로 계산한다.

11 중개대상물 확인·설명서의 작성방법

정답 ①

㉠ 취득 시 부담할 조세의 종류 및 세율은 중개가 완성되기 전 「지방세법」의 내용을 확인하여 적는다(임대차의 경우에는 제외한다).

㉡ 거래예정금액 등의 '거래예정금액'은 중개가 완성되기 전 거래예정금액을, '개별공시지가(m^2당)' 및 '건물(주택)공시가격'은 중개가 완성되기 전 공시된 공시지가 또는 공시가격을 적는다[임대차계약의 경우에는 '개별공시지가(m^2당)' 및 '건물(주택)공시가격'을 생략할 수 있다].

12 중개대상물 확인·설명서의 확인사항

정답 ④

개업공인중개사 기본 확인사항 중 '임대차 확인사항'의 기재사항은 다음과 같다.

1. 확정일자 부여현황정보
2. 국세 및 지방세 체납정보
3. 전입세대확인서
4. 최우선변제금
5. 민간임대등록 여부
6. 계약갱신요구권 행사 여부

13 중개대상물 확인·설명서의 작성방법

정답 ②

비선호시설(1km 이내)에 관한 사항은 매도인 등에게 자료를 요구하여 기재할 수 없다. 따라서 개업공인중개사가 조사하여 기재한다.

14 중개대상물 확인·설명서의 작성방법

정답 ①

최우선변제금은 「주택임대차보호법」을 확인하여 각각 적되, 근저당권등 선순위 담보물권이 설정되어 있는 경우 선순위 담보물권설정 당시의 소액임차인범위 및 최우선변제금액을 기준으로 적어야 한다.

15 중개대상물 확인·설명서의 기재사항

정답 ④

입지조건란에 도로와의 관계, 대중교통, 주차장은 기재하지만, 교육시설, 판매 및 의료시설은 기재하지 않는다.

오답 NOTE

PART 2

16 중개대상물 확인·설명서의 확인사항

정답 ③

비선호시설(1km 이내)의 유무에 관한 사항은 확인·설명서[Ⅰ], 확인·설명서[Ⅲ]에는 기재되지만, 확인·설명서[Ⅱ], 확인·설명서[Ⅳ]에는 기재되지 않는다.

17 중개대상물 확인·설명서의 확인사항

정답 ③

대중교통의 유무는 입지조건에 해당하며, 이 경우 입지조건은 기본 확인사항에 해당한다.

18 중개대상물 확인·설명서의 확인사항

정답 ③

㉠ 중개대상물 확인·설명서[Ⅰ](주거용 건축물)에서 '단독경보형 감지기' 설치 여부는 세부 확인사항에 해당한다. 하지만 중개대상물 확인·설명서[Ⅱ](비주거용 건축물)에서는 내부·외부시설물의 상태의 내용인 소방에 관한 사항에 '소화전, 비상벨'은 포함되지만 '단독경보형 감지기'는 포함되지 않는다.

㉣ 중개대상물 확인·설명서[Ⅰ](주거용 건축물)에서 '환경조건(일조량·소음·진동)'은 세부 확인사항이다. 하지만 중개대상물 확인·설명서[Ⅱ](비주거용 건축물)에서는 세부 확인사항에 환경조건이 포함되지 않는다.

19 중개대상물 확인·설명서의 기재사항

정답 ①

확인·설명서[Ⅰ], 확인·설명서[Ⅲ]에는 비선호시설을 기재하지만, 확인·설명서[Ⅱ], 확인·설명서[Ⅳ]에는 비선호시설을 기재하지 않는다.

20 중개대상물 확인·설명서의 기재사항

정답 ③

일조량 등 환경조건, 관리주체의 유형에 관한 사항은 기재사항에 포함되지 않는다.

21 중개대상물 확인·설명서의 기재사항

정답 ③

㉡ 비선호시설은 확인·설명서[Ⅰ](주거용 건축물), 확인·설명서[Ⅲ](토지)에 기재되지만, 확인·설명서[Ⅱ](비주거용 건축물), 확인·설명서[Ⅳ](입목·광업재단·공장재단)에는 기재되지 않는다.

㉣ 환경조건(일조량·소음)은 확인·설명서[Ⅰ](주거용 건축물)에만 기재된다.

오답 NOTE

22 부동산 전자계약

정답 ④

① 국토교통부장관은 부동산 거래 및 주택임대차의 계약·신고·허가·관리 등의 업무와 관련된 정보체계를 구축·운영할 수 있다.
② 부동산거래계약의 신고를 하는 경우 전자인증의 방법으로 신분을 증명할 수 있다.
③ 정보처리시스템을 이용하여 주택임대차계약을 체결한 경우 주택임대차 확정일자는 자동으로 부여된다.
⑤ 거래계약서 작성 시 확인·설명사항이 「전자문서 및 전자거래 기본법」에 따른 공인전자문서센터에 보관된 경우 개업공인중개사는 별도로 확인·설명서를 보존하지 않아도 된다.

23 부동산 전자계약

정답 ③

부동산거래계약시스템을 이용하여 주택임대차계약을 체결한 경우 임대차계약서에 확정일자가 자동으로 부여된다.

CHAPTER 03 개별적 중개실무

01	③	02	④	03	④	04	③	05	①
06	④	07	④	08	③	09	④	10	①
11	⑤	12	③	13	③	14	③	15	⑤
16	④	17	②	18	③	19	⑤	20	④
21	①	22	③	23	③	24	⑤	25	④
26	②	27	④	28	④	29	⑤	30	⑤
31	⑤	32	⑤	33	④	34	⑤	35	④
36	⑤	37	④	38	④	39	②	40	⑤
41	①	42	③	43	②	44	①		

01 명의신탁

정답 ③

㉠ 甲과 乙 사이의 명의신탁약정은 무효이다.
㉡ X부동산의 소유자가 甲이라면, 명의신탁약정에 기하여 甲에서 乙로 소유권이전등기가 마쳐졌다는 이유만으로 당연히 불법원인급여에 해당한다고 볼 수 없다(대판 전합체 2019.6.20, 2013다218156).
㉢ X부동산의 소유자가 丙이고 계약명의신탁이라면, 丙이 그 약정을 모른 경우 丙으로부터 소유권이전등기를 마친 乙은 유효하게 소유권을 취득한다.

만약 丙이 그 약정을 알았던 경우라면 丙으로부터 소유권이전등기를 마친 乙은 유효하게 소유권을 취득하지 못한다.

오답 NOTE

02 명의신탁

정답 ④

㉠ 부동산의 위치와 면적을 특정하여 2인 이상이 구분소유하기로 하는 약정을 하고 그 구분소유자의 공유로 등기하는 이른바 상호명의신탁은 「부동산 실권리자명의 등기에 관한 법률」상의 명의신탁약정에 해당하지 않는다. 따라서 그 등기는 「부동산 실권리자명의 등기에 관한 법률」 위반이 아니므로 유효하다.

03 계약명의신탁

정답 ④

① 수탁자 乙과 매수인 丁 간의 매매계약은 유효하고, 丁이 명의신탁약정 사실을 알았더라도 丁은 소유권을 취득할 수 있다.
② 丁의 명의로 경료된 소유권이전등기의 효력은 유효하므로, 신탁자 甲은 丁에게 소유권을 주장할 수 없다.
③ 乙의 처분행위는 횡령죄로 처벌되지 아니한다.
⑤ 乙은 3년 이하의 징역이나 1억원 이하의 벌금에 처해진다.

04 등기명의신탁

정답 ③

㉠ 3자 간의 등기명의신탁(중간생략형 명의신탁)이므로, 甲이 丙 명의로 마쳐 준 소유권이전등기는 무효이다.
㉡ 丙이 제3자에게 X토지를 처분한 것은 아니므로, 乙은 丙을 상대로 매매대금 상당의 부당이득반환청구권을 행사할 수 없다.

05 주택임대차보호법

정답 ①

㉡ 乙이 임차권등기를 한 이후에 甲으로부터 X주택을 임차한 임차인은 최우선 변제권을 가지지 못한다.
㉢ 乙이 임차권등기를 한 이후 대항요건을 상실하더라도, 乙이 이미 취득한 대항력이나 우선변제권을 잃지 않는다.

06 주택임대차보호법

정답 ④

갱신되는 임대차는 전 임대차와 동일한 조건으로 다시 계약된 것으로 본다. 다만, 차임과 보증금은 약정한 차임이나 보증금의 20분의 1의 범위에서 증액할 수 있다.

오답 NOTE

07 주택임대차보호법

정답 ④

㉡ 「주택임대차보호법」상 임대인은 임차인이 임대차기간이 끝나기 6개월 전부터 2개월 전까지의 기간 이내에 계약갱신을 요구할 경우 정당한 사유 없이 거절하지 못한다.

㉢ 임차권등기 없이 우선변제청구권이 인정되는 소액임차인의 소액보증금반환채권은 배당요구가 필요한 배당요구채권에 해당한다.

08 주택임대차보호법

정답 ③

법정갱신이 되었더라도 임차인은 언제든지 임대인에 대하여 계약해지의 통지를 할 수 있다. 이러한 해지통지는 임대인이 그 통지를 받은 날로부터 3개월이 지나면 그 효력이 발생한다.

09 주택임대차보호법

정답 ④

확정일자로 인한 우선변제권의 경우 후순위물권자 기타 일반채권자보다 우선하여 보증금을 변제받는 권리이다.

10 주택임대차보호법

정답 ①

② 저당권등기 이후에 임대인과의 합의에 의하여 보증금을 증액한 경우 보증금 중 증액부분에 관하여 저당권에 기하여 낙찰받은 자에게 대항할 수 없다.

③ 주택의 인도와 주민등록을 마친 다음 날을 기준으로 우선변제권이 발생한다고 설명해야 한다.

④ 임대차계약서는 주민등록과 같이 임차권을 공시하는 것이 아니므로 계약서에 동·호수가 누락되었다고 하여도 확정일자의 요건을 갖춘 것으로 본다.

⑤ 사실상의 혼인관계에 있는 자와 2촌 이내의 친족이 공동으로 임차인의 권리와 의무를 승계한다.

11 주택임대차보호법

정답 ⑤

① 丙은 임차권등기명령신청을 기각하는 결정에 대하여 항고할 수 있다.

② 丙은 임차권등기명령의 신청 및 그에 따른 임차권등기와 관련하여 소요된 비용을 乙에게 청구할 수 있다.

③ 임차권등기명령의 집행에 따른 임차권등기를 마치면 丙은 대항력과 우선변제권을 모두 유지한다.

④ 금융기관 등은 丙을 대위하여 임차권등기명령을 신청할 수 있다.

12 주택임대차보호법 정답 ③

임차보증금액이 주어지지 아니하였고 乙이 대항요건과 확정일자인을 갖추었으므로 乙은 丁보다 우선하여 보증금을 배당받을 수 있을 뿐이다.

13 주택임대차보호법 정답 ③

ⓒ 소액임차인의 최우선변제권은 주택가액(대지가액 포함)의 2분의 1에 해당하는 금액까지만 인정된다.

ⓔ 임차인이 사망한 경우에 사망 당시 상속권자가 그 주택에서 가정공동생활을 하고 있지 아니한 때에는 그 주택에서 가정공동생활을 하던 사실상의 혼인관계에 있는 자와 2촌 이내의 친족이 공동으로 임차인의 권리와 의무를 승계한다.

14 상가건물 임대차보호법 정답 ③

ⓛ 임대인은 임차인이 임대차기간 만료 전 6개월부터 1개월까지 사이에 행하는 계약갱신요구에 정당한 사유 없이 거절하지 못한다.

15 상가건물 임대차보호법 정답 ⑤

상가임대차의 확정일자는 세무서장으로부터 받아야 효력이 있다.

16 상가건물 임대차보호법 정답 ④

① 서울특별시 소재 상가는 환산보증금이 9억원 이하이어야 적용된다. 이 경우 환산보증금이 10억원이므로 적용되지 않는다.

② 그날 0시부터 ⇨ 그 다음 날부터

③ 서울특별시 소재 상가의 경매 시 최우선변제대상인 보증금은 6천5백만원 이하이어야 한다. 이 경우 환산보증금이 8천만원이므로 최우선변제를 받을 수 없다.

⑤ 제외하고 ⇨ 포함하여

17 상가건물 임대차보호법 정답 ②

임대인은 임대차기간이 끝나기 6개월 전부터 임대차종료 시까지 임차인이 주선한 신규임차인이 되려는 자로부터 권리금을 지급받는 것을 방해해서는 아니 된다.

오답 NOTE

PART 2

오답 NOTE

18 상가건물 임대차보호법

정답 ③

② 서울특별시는 9억원 이하의 경우 「상가건물 임대차보호법」이 적용되므로, 보증금이 15억원인 X건물에 「상가건물 임대차보호법」이 적용되지 않는다. 따라서 확정일자를 받은 경우라도 우선변제권은 취득하지 못한다.

③ 丙은 乙이 임대차기간이 만료되기 6개월 전부터 1개월 전까지 사이에 계약갱신을 요구할 경우, 정당한 사유 없이 거절하지 못한다.

19 상가건물 임대차보호법

정답 ⑤

① 임차인의 연체차임액이 3기에 달하는 경우 임대인은 계약을 해지할 수 있으므로, 400만원이 아닌 600만원이 되어야 한다.

② 차임 또는 보증금의 감액에 관하여는 동법상 제한이 없으므로 감액이 있은 후 1년 이내에 다시 감액을 할 수 있다.

③ 甲은 乙이 임대차기간 만료 전 6개월부터 1개월까지 사이에 행하는 계약갱신요구에 대하여 정당한 사유 없이 이를 거절하지 못한다.

④ 보증금 5천만원, 월차임 200만원을 환산하면 환산보증금은 2억 5천만원이다. 따라서 소액임차인이 되지 않으므로 선순위저당권자보다 우선하여 변제받을 수 없다.

20 상가건물 임대차보호법

정답 ④

「상가건물 임대차보호법」에 의하면, 서울특별시 기준으로 환산보증금이 9억원이 넘어가면 동법을 적용하지 않는다. 하지만 다음의 경우는 예외적으로 적용된다.

1. 대항력 등(법 제3조)
2. 계약갱신의 특례(법 제10조의2)
3. 권리금 관련 규정(법 제10조의3~9)
4. 표준계약서의 작성 등(법 제19조)
5. 계약갱신 요구 등(법 제10조)
6. 폐업으로 인한 임차인의 해지권(법 제11조의2)
   (1) 임차인은 「감염병의 예방 및 관리에 관한 법률」에 따른 집합 제한 또는 금지 조치(운영시간을 제한한 조치를 포함한다)를 총 3개월 이상 받음으로써 발생한 경제사정의 중대한 변동으로 폐업한 경우에는 임대차계약을 해지할 수 있다.
   (2) 위 (1)에 따른 해지는 임대인이 계약해지의 통고를 받은 날부터 3개월이 지나면 효력이 발생한다.

보증금 6억원, 월차임 600만원의 환산보증금은 12억원이 된다. 따라서 동법이 적용되지 않지만 위에서 언급한 6가지 내용은 예외로 한다.

㉠ 최단존속기간의 규정은 적용되지 않는다.

㉢ 임차인의 차임연체액이 3기의 차임액에 달하는 때에는 임대인은 임대차계약을 해지할 수 있다.

오답 NOTE

PART 2

21 민사집행법상 경매 정답 ①

말소기준권리보다 먼저 설정된 전세권은 배당요구의 종기까지 배당요구를 하면 매각으로 인하여 소멸한다.

22 민사집행법상 경매 정답 ③

경매개시결정의 등기가 되기 전에 취득(점유를 개시)한 유치권은 말소기준권리보다 먼저 설정되었건 나중에 설정되었건 무조건 낙찰자가 인수하여야 한다.

23 민사집행법상 경매 정답 ③

임의경매에 있어서 물상보증인 및 채무자의 가족은 경매에 참가할 수 있다.

이론+ **경매참여자격 유무**

매수신청을 할 수 없는 자	매수신청을 할 수 있는 자
1. 채무자, 소유자(강제경매의 경우) 2. 재매각에 있어서의 전 매수인 3. 매각절차에 관여한 집행관 및 그 친족, 매각부동산을 평가한 감정인 및 그 친족	1. 채권자 2. 담보권자 3. 제3취득자 4. 채무자의 가족 5. 물상보증인(임의경매)

24 민사집행법상 경매 정답 ⑤

매각금액의 10분의 1에 해당하는 금전 또는 법원이 인정한 유가증권을 공탁하여야 한다.

25 민사집행법상 경매 정답 ④

① 새 매각사유이다.
② 새 매각의 경우라도 유찰로 인하여 새 기일을 정하여 새 매각하는 경우에만 저감된다.
③ 저감 없이 새 매각을 실시한다.
⑤ 저감 없이 재매각을 실시한다.

오답 NOTE

26 민사집행법상 경매

정답 ②

유치권은 경매로 소멸되지 않고 매수인이 인수해야 한다.

27 민사집행법상 경매

정답 ④

재매각절차에서는 전(前)의 매수인은 매수신청을 할 수 없으며, 매수신청의 보증을 돌려줄 것을 요구하지 못한다.

28 민사집행법상 경매

정답 ④

① 입찰에 참가하는 자는 법원에서 정한 최저매각가격의 10분의 1에 해당하는 금액을 매수보증금으로 제공하여야 한다. 따라서 최저매각가격이 2억원이므로 매수보증금은 2천만원이 된다.

② 최고가매수신고를 한 사람이 2명인 때에는 법원은 그 2명을 상대로 다시 입찰하게 하여 최고가매수인을 결정한다.

③ 다른 사람과 동일한 금액으로 최고가매수신고를 하여 다시 입찰하는 경우, 전의 입찰가격에 못미치는 가격으로는 입찰하여 매수할 수 없다.

⑤ 차순위매수신고인의 경우 최고가매수인이 대금납부기한 이내에 대금을 납부한 경우, 즉시 매수신청의 보증을 돌려줄 것을 신청할 수 있다.

29 매수신청대리인의 등록

정답 ⑤

① 개업공인중개사는 공유자의 우선매수신고에 관한 행위를 위임받아 행할 수 있다.

② 공유자의 우선매수신고에 따라 차순위매수신고인으로 보게 되는 경우 그 차순위매수신고인의 지위를 포기하는 행위는 매수신청대리권의 범위에 속한다.

③ 소속공인중개사는 매수신청대리인으로 등록할 수 없다. 매수신청대리인으로 등록할 수 있는 자는 법인인 개업공인중개사, 공인중개사인 개업공인중개사이다.

④ 개업공인중개사는 매수신청대리 사건카드를 비치하고, 사건을 위임받은 때에는 사건카드에 필요한 사항을 기재하고 서명·날인한 후 5년간 보존하여야 한다.

30 매수신청대리인의 등록

정답 ⑤

甲은 기일입찰의 방법에 의한 매각기일에 매수신청대리행위를 할 때 집행법원이 정한 매각장소 또는 집행법원에 직접 출석하여야 한다.

31 차순위매수신고인 자격 정답 ⑤

차순위매수신고인의 경우 최고가 매수신고가액에서 입찰보증금을 뺀 금액을 넘어야 된다. 따라서 3억 5천만원에서 3천만원을 빼면 최소한 3억 2천만원을 넘어야 된다.

32 매수신청대리인의 등록 정답 ⑤

매수신청대리인이 되고자 하는 자는 중개사무소 관할 지방법원장에게 매수신청대리인 등록을 하여야 한다.

33 매수신청대리인의 등록 정답 ④

1년 이내에 다시 등록신청을 하고자 하는 자는 실무교육을 이수하지 아니하여도 된다.

34 매수신청대리인의 업무범위 정답 ⑤

인도명령신청과 대금납부는 매수신청대리의 위임을 받은 경우 할 수 있는 행위가 아니다.

이론+ 매수신청대리인의 업무범위

1. 매수신청보증의 제공
2. 입찰표의 작성 및 제출
3. 차순위매수신고
4. 매수신청의 보증을 돌려줄 것을 신청하는 행위
5. 공유자의 우선매수신고
6. 구(舊) 「임대주택법」상 임차인의 임대주택 우선매수신고
7. 공유자 또는 임대주택 임차인의 우선매수신고에 따라 차순위매수신고인으로 보게 되는 경우 그 차순위매수신고인의 지위를 포기하는 행위

35 매수신청대리인의 등록 정답 ④

매수신청대리인 등록을 하고자 하는 개업공인중개사는 등록신청일 전 1년 이내에 법원행정처장이 지정하는 교육기관에서 부동산경매에 관한 실무교육을 이수하여야 한다.

36 매수신청대리와 관련된 개업공인중개사의 업무 정답 ⑤

다른 개업공인중개사의 매수신청대리인이 되는 행위는 금지행위가 아니다.

오답 NOTE

PART 2

오답 NOTE

37 매수신청대리인의 등록 정답 ④

민사집행절차에서의 매각에 관하여 유죄판결을 받고 3년이 지나지 아니한 자
⇨ 민사집행절차에서의 매각에 관하여 유죄판결을 받고 2년이 지나지 아니한 자

38 매수신청대리인의 등록 정답 ④

① 7일 이내 ⇨ 14일 이내
② 지방법원장이 지정하는 교육기관 ⇨ 법원행정처장이 지정하는 교육기관
③ 동일 부동산에 대하여 이해관계가 다른 2인 이상의 대리인이 되는 행위를 하여서는 아니 된다.
⑤ 감정가의 1.5%와 최저매각가격의 1% 범위 안 ⇨ 감정가의 1%와 최저매각가격의 1.5% 범위 안

39 매수신청대리와 관련된 개업공인중개사의 업무 정답 ②

매수신청대리 보수는 위임을 받기 전에 설명하여야 한다.

40 매수신청대리 업무에 대한 손해배상책임 정답 ⑤

중개업을 영위하기 위한 보증설정의 최소한도는 법인은 4억원, 분사무소는 각각 2억원 이상이고, 이와는 별도로 매수신청대리 업무를 영위하기 위한 보증설정의 최소한도는 법인은 4억원, 분사무소는 각각 2억원 이상이어야 한다. 따라서 전체 보증금은 총 24억원 이상이어야 한다.

41 매수신청대리와 관련된 개업공인중개사의 업무 정답 ①

개업공인중개사는 사건을 위임받은 때에는 사건카드에 필요한 사항을 기재하고, 서명·날인한 후 5년간 이를 보존하여야 한다.

42 매수신청대리인의 등록 정답 ③

① 중개사무소의 개설등록을 하지 않으면 매수신청대리인으로 대리등록을 할 수 없다.
② 매수신청대리인으로 등록된 개업공인중개사는 매수신청대리행위를 함에 있어 매각장소 또는 집행법원에 직접 출석하여야 하며, 소속공인중개사로 하여금 대리출석하게 할 수 없다.
④ 매수신청대리인으로 등록된 개업공인중개사는 매수신청대리의 위임을 받은 경우라도 항고업무는 할 수 없다.

⑤ 개업공인중개사는 매수신청대리행위를 하는 경우 각 대리행위마다 대리권을 증명하는 문서(본인의 인감증명서가 첨부된 위임장과 대리인등록증 사본)를 제출하여야 한다.

오답 NOTE

43 집합건물의 소유 및 관리에 관한 법률 정답 ②

소유자가 기존 건물에 증축을 하고 기존 건물에 마쳐진 등기를 증축한 건물의 현황과 맞추어 1동의 건물로서 증축으로 인한 건물표시변경등기를 마친 경우, 그 증축부분에 대해서는 구분소유권이 성립하지 않는다(대판 1999.7.27, 98다35020).

44 집합건물의 소유 및 관리에 관한 법률 정답 ①

전유부분이 속하는 1동의 건물의 설치 또는 보존이 흠으로 인하여 다른 자에게 손해를 입힌 경우, 그 흠은 공용부분에 존재하는 것으로 추정한다.

memo

memo

memo

memo

memo

memo

memo

오답 노트가 되는

정답 및 해설

2025

에듀윌 공인중개사 기출응용 예상문제집

2차 공인중개사법령 및 중개실무

고객의 꿈, 직원의 꿈, 지역사회의 꿈을 실현한다

에듀윌 도서몰
book.eduwill.net

• 부가학습자료 및 정오표: 에듀윌 도서몰 > 도서자료실
• 교재 문의: 에듀윌 도서몰 > 문의하기 > 교재(내용, 출간) / 주문 및 배송

에듀윌 부동산 아카데미 강의 듣기

성공 창업의 필수 코스 부동산 창업 CEO 과정

1 튼튼 창업 기초

- 창업 입지 컨설팅
- 중개사무 문서작성
- 성공 개업 실무TIP

2 중개업 필수 실무

- 온라인 마케팅
- 세금 실무
- 토지/상가 실무
- 재개발/재건축

3 실전 Level-Up

- 계약서작성 실습
- 중개영업 실무
- 사고방지 민법실무
- 빌딩 중개 실무
- 부동산경매

4 부동산 투자

- 시장 분석
- 투자 정책

부동산으로 성공하는 컨설팅 전문가 3대 특별 과정

마케팅 마스터

- 데이터 분석
- 블로그 마케팅
- 유튜브 마케팅
- 실습 샘플 파일 제공

디벨로퍼 마스터

- 부동산 개발 사업
- 유형별 절차와 특징
- 토지 확보 및 환경 분석
- 사업성 검토

빅데이터 마스터

- QGIS 프로그램 이해
- 공공데이터 분석 및 활용
- 컨설팅 리포트 작성
- 토지 상권 분석

경매의 神과 함께 '중개'에서 '경매'로 수수료 업그레이드

- 공인중개사를 위한 경매 실무
- 투자 및 중개업 분야 확장
- 고수들만 아는 돈 되는 특수 물권
- 이론(기본) - 이론(심화) - 임장 3단계 과정
- 경매 정보 사이트 무료 이용

실전 경매의 神
안성선
이주왕
장석태

에듀윌 부동산 아카데미 | uland.eduwill.net
문의 | 온라인 강의 1600-6700, 학원 강의 02)6736-0600